社会稳定风险评估：
类型与运作

·················· 笪素林 著

江苏人民出版社

图书在版编目（CIP）数据

社会稳定风险评估：类型与运作：基于典型案例的
分析 / 笪素林著. — 南京：江苏人民出版社，2023.12
ISBN 978 - 7 - 214 - 28544 - 7

Ⅰ. ①社⋯ Ⅱ. ①笪⋯ Ⅲ. ①社会稳定－风险评价－
研究－中国 Ⅳ. ①D63

中国国家版本馆 CIP 数据核字（2023）第 209087 号

书　　　名	社会稳定风险评估：类型与运作
著　　　者	笪素林
责 任 编 辑	陆诗濛
装 帧 设 计	许文菲
责 任 监 制	王　娟
出 版 发 行	江苏人民出版社
地　　　址	南京市湖南路 1 号 A 楼，邮编：210009
照　　　排	江苏凤凰制版有限公司
印　　　刷	江苏凤凰通达印刷有限公司
开　　　本	652 毫米×960 毫米　1/16
印　　　张	18.5
字　　　数	246 千字
版　　　次	2023 年 12 月第 1 版
印　　　次	2023 年 12 月第 1 次印刷
标 准 书 号	ISBN 978 - 7 - 214 - 28544 - 7
定　　　价	98.00 元

（江苏人民出版社图书凡印装错误可向承印厂调换）

本书为江苏省社科基金项目"社会稳定风险评估的'江苏经验'研究"(18JD003)的研究成果。

前　言

　　保持社会稳定是国家治理的基本目标,古今中外,概莫能外。二十世纪八十年代以来,中国围绕发展、改革、稳定构筑政策体系、调整治理策略,保持了四十多年的经济高速发展和社会总体稳定,成就举世瞩目。社会稳定风险评估是防范化解社会风险、统筹发展和稳定的重要机制和有效手段。

　　2005年初,四川遂宁出台《重大工程建设项目稳定风险预测评估制度》,在全国率先开展社会稳定风险评估的实践探索。2007年4月,中央维护稳定工作领导小组办公室在深入调研总结之后,决定在全国推广遂宁经验。2009年3月,上海市委制定了《关于建立重大事项社会稳定风险分析和评估机制的意见(试行)》,此后不久又出台了《上海市重大决策社会稳定风险分析和评估实施办法(试行)》和《上海市重点建设项目社会稳定风险分析和评估试点办法(试行)》,最先在省级层面建立起了社会稳定风险评估的制度体系。2010年10月,国务院《关于加强法治政府建设的意见》中明确提出"完善行政决策风险评估机制",中共十七届五中全会明确要求"建立社会稳定风险评估机制";2012年初,中央办公厅、国务院办公厅发布《关于建立健全重大决策社会稳定风险评估机制的指导意见(试行)》,至此,社会稳定风险评估上升为国家层面安全治理的制度设计;2019年4月,国务院颁布《重大行政决策程序暂行条例》,将风险评估确定为重大行政决策的法定程序,进一步推动了社会稳定风险评估的法治化、规范化和实践化进程。截至目前,全国所有省(自治区、直辖市)都已制定了社会稳定风险评估的政策规定和实施办法，大多数省（自治区、直辖市）也都建立了第三方社会评估机构。

社会稳定风险评估对促进科学决策、维护社会稳定发挥了重要作用。据统计，在 2013 年至 2017 年的 5 年间，各地对约 37.63 万起重大决策事项进行了社会稳定风险评估。其中，因评估结果为高风险而停止决策的有 2807 起，占比为 0.75%；因评估结果为中风险而暂缓决策、待施消除风险后予以决策实施的 9674 起，占比为 2.57%；因评估结果为低风险而予以决策实施的重大事项共 36.38 万起，占比为 96.68%。①

根据政策规定和实践经验，党政机关、企事业单位和社会团体做出的凡是直接关系民众切身利益且对社会稳定、公共安全等方面可能造成较大影响的决策事项，均应纳入社会稳定风险评估范围。主要包括涉及民生的教育、住房、就医、就业、养老、食品安全、服务收费等重大政策制定或者调整，涉及人员安置和重大利益调整的事业单位改革、国有企业改制等重大举措出台，涉及征地拆迁、生态环保、资源开发、垃圾处理等容易引发大规模集体上访或群体性事件的重大项目建设，涉及对民众生产生活秩序造成较大影响的经贸、文化、体育、民族、宗教类重大活动安排以及其他事关群众利益且可能对社会稳定有较大影响的重大决策事项。

社会稳定风险评估内容一般包括四个方面：

一、合法性。 决策主体、内容、程序是否符合有关法律法规、政策规定及强制性标准，包括决策主体是否有法定权限并在权限范围内决策、决策内容和程序是否符合法律法规及政策规定等。

二、合理性。 决策事项是否符合经济社会发展规律和促进人的全面发展，是否贯彻创新、协调、绿色、开放、共享的新发展理念，是否兼顾现实利益和长远利益、整体利益和局部利益，是否遵循公开、公平、公正原则，是否尊重公序良俗，是否体现以人为本等。

---

① 孔祥涛：《推进重大决策社会稳定风险评估治理》，《中国党政干部论坛》2018 年第 11 期。

三、可行性。决策事项是否与本地经济社会发展水平相适应,包括人力、物力、财力等决策条件是否具备,决策方案、配套措施是否周全,决策时机是否成熟,依法应给予的补偿和救济等是否及时、充分,是否超出大多数群众的承受能力,是否得到大多数群众支持,是否会导致相关行业、相邻地区群众攀比等。

四、可控性。对可能出现的大规模集体上访、非法聚集事件、群体性事件、个人极端案事件,潜在的网上网下跨界联动传导风险,以及可能引发的重大舆情事件等,是否具备防范化解能力。

社会稳定风险评估工作需遵循以下程序:

一、制定评估方案。评估主体需根据决策事项具体情况编制评估方案,明确评估人员、内容、方法、程序、时限及经费保障等。

二、充分听取意见。听取意见要兼具广泛性和代表性,充分掌握利益相关者真实诉求。通过宣传、沟通、解释等让民众了解真实情况、表达真实意见。对受决策影响较大的主体要重点走访。

三、全面分析论证。分类梳理各方情况和意见,对决策方案的合法性、合理性、可行性、可控性进行认真研究,深入开展风险调查,全面、全程查找社会稳定风险点。对所有风险点逐一进行分析,参考相同或者类似决策引发的社会稳定风险情况,研判风险发生概率,以及可能引发矛盾纠纷的激烈程度和持续时间、涉及人员数量,可能产生的各种负面影响,相关风险的可控程度等。

四、确定风险等级。在全面分析论证基础上,按照决策实施后可能对社会稳定造成的影响程度将决策事项划分为高风险、中风险、低风险3个等级。大部分群众有意见,反应特别强烈,可能引发大规模群体性事件或者重大舆情事件的,为高风险;部分群众有意见,反应强烈,或者参与评估的部门、单位和专业机构对重大风险处理意见存在较大分歧,可能引发较大矛盾冲突的,为中风险;绝大多数群众理解支持,少部分群众有意见的,为低风险。

五、编制评估报告。评估报告包括决策事项和评估过程,各方意见及其采纳情况,决策合法性、合理性、可行性及可控性分析论证,决策可能引发的社会稳定风险等级及评判依据、风险评估结论、应对建议及应急处置预案等内容。

六、组织报告评审。评估报告编制完成后，评估主体应当按照编审分离原则，组织党政部门代表、专业人员等进行集体评审。与该评审事项有直接利益关系的评审人员应当回避。评审人员应当出具本人签名的书面意见。

七、评估报告备案。评估报告由评估主体主要负责人签字并加盖单位印章，报同级党委政法委备案后按程序报送决策机关。

社会稳定风险评估推展至今，方兴未艾，尚有许多理论问题需要深入阐释，评估机构的独立性、评估人员的专业性、评估方式的科学性、评估过程的规范性等也亟须加强。

本书所选三个案例，皆为笔者主持的社会稳定风险评估项目，具有不同的类型特征，全面展示了社会稳定风险评估的具体过程、主要方式、基本内容，意在为学术界提供理论研究的鲜活素材，为实务界提供实践操作的经验借鉴。

目 录

第一篇

事项类

第一部分　概述

事项类项目社会稳定风险评估,是指针对直接关系民众切身利益且对社会稳定、公共安全等方面可能造成较大影响的具体事项,在决策之前或实施过程中,决策部门(或决策执行部门)或其委托的第三方机构对决策内容及其实施可能引发的社会稳定风险所进行的评估。

事项类项目是针对特定对象所做的只能适用一次的决策事项。相对于政策类项目和综合类项目,事项类项目的决策和实施环境较为确定,利益相关群体比较明确,风险因素的梳理和识别较为容易。

事项类项目社会稳定风险评估的关键在于:(一) 深入分析合法性。事项类项目多属具体事务,所涉面广量大、细致入微,决策的程序和方式相对便捷和简单,决策和实施时容易疏忽相关具体规定。同时,中国正处于急剧转型时期,社会生活复杂多变,法规体系、政策规定调整频繁,同类事项,昨天可能合法合规,今天则会违法违规;新生事物层出不穷,法律法规无法及时跟进,存在法律法规"空白地带",决策事项时常无"法"可依。在依法治国和依法行政背景下,合法合规是公共决策的根本前提和应有之义,合法性缺失则会引发决策事项的总体性风险。进行合法性分析,一是分析决策事项是否符合决策主体的职责要求和权限范围;二是分析事项内容是否符合相关法律法规和方针政策的具体规定;三是分析决策程序和方式是否符合合法合规。对于尚无具体法律法规明确规定的事项,则要分析其是否符合法律精神和法治原则。(二)关注两类利益相关群体。事项类项目利益相关群体比较明确,但评估分析中,大家往往只关注直接利益相关群体，而忽略了间接利益相关群体。实践中，这种事情比比皆是：直接利益相关群体"风平浪静"，间接利益相关群体"波涛汹涌"。比如，在一些工程拆迁项目中，列入拆迁范围的居民没有意见，而没有划入拆迁范围的居民却颇为不满，进而以各种方式表达诉求、进行抗争；有些开发建设项目中，当期的征地拆迁居民没有意见，但此前甚至多年以前已经获得补偿的征地拆迁居民却很有意见，要求旧账新算。所以，事项类项目评估中，对于利益相关群体的梳理、分析需全面、细致，直接利益相关群体和间接利益相关群体都需关注，不可疏漏和偏失。（三）细致梳理历史遗留问题。有些地区，日积月累了一些历史遗留问题，隐藏着不少社会矛盾，平常看似风平浪静，而往往一起决策事项却成为引爆这些问题和矛盾的"引子"。所以，分析决策事项所在地区的社会状况和风土人情，仔细梳理和深入排查历史问题和社会矛盾，是事项类社会稳定风险评估的主要内容。

本篇所选案例为笔者2012年5月主持的地方重大决策社会稳定风险评估项目，当时，关于公共决策事项社会风险评估，全国各地仍在初步探索之中，尚未形成一致的评估内容、评估方式、评估程序和报告体例，该案例有着初步探索的鲜明特征。评估报告的基本结论为事项决策部门所认可，所提建议亦被采纳，后期决策实施较为顺利。该项目被评为N市2012年度全市社会稳定风险评估示范项目。

第二部分 案例: N 市关停露采矿山社会稳定风险评估

第一章 前言

为了落实 N 市委、市政府提出的"民生为先、统筹为要、生态为基、文化为魂"战略方针,建设"现代化国际性人文绿都",切实转变粗放发展模式,有效保护生态环境,集约使用土地资源,根据《中华人民共和国矿产资源法》、江苏省人民代表大会常务委员会《关于限制开山采石的决定》(2001 年公告第 3 号)等法律、法规的要求以及中共 N 市委、N 市人民政府《关于印发〈N 国土资源管理转型创新总体方案〉的通知》(宁委发〔2012〕26 号)等文件精神,N 市国土资源局制订了《关于大力关停露采矿山的实施意见》(以下简称"意见")(2012 年 5 月)。为从源头上控制和减少社会矛盾,降低该"意见"落实中的社会风险,根据《关于健全社会稳定风险评估和决策失误责任追究机制的实施意见》(宁委办发〔2011〕50 号),特开展关停露采矿山社会稳定风险评估。

一、评估目的

围绕关停露采矿山目标任务,评估关停露采矿山可能导致的社会风险,预测可能引发的社会矛盾,制订相应的化解方案和应急预案,提出优化关停露采矿山政策的相关建议。

二、评估原则

（一）**突出保障民生**。坚持以人为本，将关停露采矿山所涉及的主要利益相关者可接受性，作为关停露采矿山工作实施方式选择的根本标准。

（二）**聚焦科学发展**。通过科学原则评估关停露采矿山社会稳定风险，及早预防、发现、化解和防范可能存在的风险，着力解决关停露采矿山中存在的突出矛盾，保障关停露采矿山工作的顺利实施，促进N市经济社会的全面协调可持续发展，建设生态N市、绿色N市、人文N市。

（三）**坚持民主决策**。充分听取关停露采矿山所涉及的主要利益相关者意见，并充分考虑关停露采矿山主要利益相关者的合法利益和长远利益。

（四）**注重防范化解**。科学开展关停露采矿山社会稳定风险的第三方评估，并制订相应的社会风险防范化解方案，提出优化或修正关停露采矿山政策的建议。

三、评估方法

（一）**研读文献**。通过研读相关法律法规、政策文件及统计资料，分析关停政策的合法性、合理性、可行性及安全性，了解所涉行业与企业的经营状况与市场影响，掌握相关利益群体的总体规模、人口特性与分布范围。

（二）**了解民意**。采取座谈会、问卷调查、民意测评、重点走访等多种形式，广泛征求关停露采矿山工作涉及的属地政府、国土资源管理部门以及社会各界的意见和建议，充分听取相关利益群体对关停露采矿山工作的各种诉求，及时搜集网络舆情民意，深入了解和准确把握民众对关停露采矿山工作的反应。

（三）**预测风险**。根据民意诉求，对关停露采矿山工作实施的社会风险进行科学的分析和研究，特别是对关停露采矿山工作可能引发的各类矛盾及所涉及的人员数量、分布范围和激烈程度做出评估预测。

（四）**制定预案**。根据风险预测,提出完善关停露采矿山政策及其实施方式的相关建议,制定相应的化解方案和应急预案。

四、评估内容

本项研究在对关停露采矿山政策进行基本评价基础上,重点分析政策执行过程中的社会稳定风险。根据《关于健全社会稳定风险评估和决策失误责任追究机制的实施意见》的相关要求,针对关停露采矿山社会稳定风险评估的内容主要如下:

（一）关停政策对行政相对人(主要是直接利益相关者和间接利益相关者)可能产生的影响,包括影响的内容和程度大小。

（二）关停政策所涉及的行政相对人可能出现的思想和行为取向。

（三）行政相对人特别是企业主(经营者)和职工的行为反应可能引发的连带性社会风险。

（四）关停政策实施过程中相关政府部门的执行力问题。

五、评估过程

本项评估工作在N市维稳办指导下,由N市国土资源局和M大学方面共同组成评估工作组具体实施。评估过程按照广泛公示、了解民意、预测化解风险、专家论证、做出结论、全程稳控六个规范性程序进行。

（一）**广泛公示**。市级政府有关部门召开了新闻发布会,相关媒体做了报道,让此次关停工作所涉及的利益相关者和社会公众了解了关停露采矿山政策的相关情况。

（二）**了解民意**。评估小组通过座谈、问卷调查、民意测评、重点走访、网络搜索等形式,广泛征求到了关停工作所涉及的市级政府相关部门、区县政府主管部门、基层政府、砖瓦行业协会、关停企业的企业主(经营者)和职工、村社集体和居民等社会各界的意见和建议。

2012年7月19日,评估小组在N市国土资源局会议室召开了N

市矿山关停维稳评估工作座谈会，参加人员包括市局矿产资源管理处、执法监察局(信访办公室)相关人员，J、L、P、X分局以及K、G县局矿管科、信访办负责人等。与会人员主要就以下问题做了充分交流和探讨：1. 关停露采矿山工作推进情况。2. 关停企业的配合情况。3. 企业主(经营者)和企业职工的利益诉求有哪些？有无上访事件或其他滋事行为(事件的起数和频率)？有哪些典型案例？4. 主管部门为推进关停工作和维护社会稳定采取了哪些措施？效果如何？5. 关停露采矿山的社会反响(特别是关停企业周边村集体、居民、企业的意见、建议与评论)。6. 根据推进情况和以往经验，关停露采矿山存在哪些社会风险？

此后，评估小组选择P和J两区进行重点调研。

7月26日，在P区，评估小组调研了具有代表性的建设砖瓦厂和华山砖瓦厂两家企业。建设砖瓦厂被业内认为是转型升级的典型代表。该厂两年前已停止开采页岩，转以煤矸石为原料，采用隧道窑生产工艺，拥有国内先进的60/60型双极真空挤出机、全自动切配机，基本实现生产自动化。企业拥有职工150多人，年产1亿块砖，产品供不应求，经济效益较好。华山砖瓦厂则是必须关停企业的典型代表。规模较小，雇工20多名，年产200多万块砖，采用黏土原料，生产工艺落后，机械设备较旧。通过实地查看和深度访谈，评估小组对企业的经营状况、企业主的利益诉求、职工的生活状况和思想动态有了切实了解和准确把握。

J区列入关停名单的企业共50家，占了全市关停企业总数的几乎一半，是全市关停工作的重点区域。8月3日上午，评估小组在J分局召开座谈会，参加人员包括分局分管领导、矿产资源管理科与法规监察科相关工作人员以及相关街道负责关停工作的副主任。下午评估小组分赴C街道和J街道进行调研。在两个街道，评估小组召开了由街道国土资源所工作人员、关停矿山企业主(经营者)及其邻近社区负责人等参加的座谈会，深入关停矿山现场，走访了企业职工及其所在社区居民。通过调研，评估小组对J区关停政策的推进情况、工作难点、社会反响、关键事件、相关各方的利益诉求有了全面和深入了解,掌握了第一手材料,获取了典型案例。

（三）**预测风险**。根据收集到的相关信息,评估小组对这次关停N市露采矿山可能导致的社会风险进行分析和研究,拟制化解方案和应急预案,进而撰写了稳评报告初稿。在征求了M大学政府管理学院和地理与海洋科学学院的专家学者、市县（区）相关政府部门和基层政府的工作人员等的意见与建议之后,评估小组对评估报告做了多次修改与完善,形成了评估报告终稿。

（四）**专家论证**。组织专家对评估事项进行听证和论证。

（五）**做出结论**。根据评估情况,做出同意实施、暂缓实施、不予实施的相关建议,形成此次关停工作的评估报告。

（六）**全程稳控**。关停N市露采矿山需要全程的协调、配合,不能放松对有可能导致的社会风险的警惕。

第二章　理论基础

一、公共政策理论

公共政策是公共管理的主要手段,是政府治理的基本工具。

为了制定科学合理的公共政策,综合协调公共政策相关利益群体间的关系,需要重点考量公共政策的价值取向问题。正义、效率、平等、民主、秩序、发展、利益等构成了现代公共政策的主要价值关怀。公共政策必须以社会公平正义为宗旨,保障公共秩序,提升公共利益;追求政策效率,投入少而产出多;依照对等原则和平衡原则处理各种社会关系;坚持公开性和公共性原则,努力扩大公民参与;坚持科学发展,促进人类社会与生态环境协调发展。公共政策的各类价值之间可能存在一定冲突,这就要求政策主体权衡轻重,依据特定情境进行恰当取舍。

公共政策具有完整过程。一般而言,公共政策过程包含以下几个环节。（一）公共政策问题确认。政策问题是确立公共政策最基本的依据，三方面因素决定了一项政策问题是否可以成立：是否社会问题、是否公众普遍关心的问题、是否政府应予干预的问题。为确保政策问题的科学性，需要通过翔实的调查研究和分析评估，并在理论与实证两个层面上取得合理性。（二）公共政策形成。公共政策的形成是从政策建议、政策草案再到政策方案的过程，要求公共政策必须具有具体明确、科学合理的目标，必须依据特定标准进行多样化方案设计，随后按照政策本身的价值要求选择最优方案。（三）公共政策实施，包含政策实施、政策结果和政策纠正三个阶段。为确保政策有效实施，需提升政策实施者的综合素质，并建立响应的责任制。（四）公共政策评估，即对政策实施之后的效果进行判断，以决定政策的延续、修正或终止情况。（五）公共政策修正、终结和创新。在评估的基础上，须对公共政策做适应性的改变。修正表明政策仍可继续发挥效力但须调整；终结表明政策在实施中无法发挥既有的政治功能，应予取缔；根据新情况做必要的创新和优化，从而成为后续公共问题解决的标准和凭据。

二、利益相关者理论

美国学者米切尔（Mitchell）等认为，一个组织的利益相关者具有三个属性：（一）影响力，即利益相关者具有得到他们所希望结果的能力；（二）合法性，即利益相关者具有社会所接受和预期的结构或行为；（三）紧迫性，即利益相关者要求即刻关注其利益的程度。按照拥有的属性不同，可以区分出七种类型的利益相关者：1. 确定型利益相关者；2. 支配型利益相关者；3. 依赖型利益相关者；4. 危险型利益相关者；5. 自主型利益相关者；6. 静态型利益相关者；7. 苛求型利益相关者。[①]

[①] Mitchell，R. Agle，B. and Wood D，1997. To ward a Theory of Stakeholder Identification and Salience：Defining the Principle of Who and What Really Counts，Academy of Management Review，22. Pfeffer，J. and Salancik，G，1978，The External Control of Organizations，New York：Harper.

在更多情况下,为了方便起见,政策分析中人们一般将利益相关者分为直接利益相关者与间接利益相关者。近年以来,利益相关者理论因其强大的解释力和有效的应用性而被频频用于社会治理实践,成为政府决策的重要分析工具。

沿着利益相关者理论的分析路径,我们将此次关停所涉利益群体分为直接利益相关者和间接利益相关者两类。直接利益相关者包括厂矿业主及经营者、企业职工等;间接利益相关者包括矿区所在的社区及其居民,产业延伸链上的相应主体,如原材料供应商、特定范围内的产品需求者、市场竞争者、与矿业相关的各类社会团体或者组织等,更宽泛一点,相关的政府部门(如国土、工商、供电等机构)、部分媒体也可纳入这一范畴。从利益相关者理论着眼,政策制定者和执行者要能够时刻关注与准确把握与政策相关的各类社会群体的动向,重点考察和权衡直接利益相关者的利益诉求,并同时兼顾间接利益相关者的反应和要求。

三、群体性突发事件理论

群体性突发事件在公共危机中占有特殊地位。就其本质而言,群体性事件是社会风险动态演化为公共危机过程中的触发事件。南京大学的童星教授通过两个基本的分析维度(一是看其是否有组织,二是看其是否有直接的利益诉求)将群体性突发事件分为四大类:"有组织—有直接利益诉求"的群体性事件、"有组织—无直接利益诉求"的群体性事件、"无组织—有直接利益诉求"的群体性事件、"无组织—无直接利益诉求"的群体性事件。其中,有组织的群体性突发事件通常有较为明确的目标指向,事件的形态相对稳定,影响范围也比较固定,并且在发生之前很容易为相应的党政部门所觉察,从而可以有一个提前防范的时间差。事实上,有关部门已经在长期实践过程中形成了一套系统的"接访"制度和侦察、防控手段,较为有效地防范了此类群体性事件。与之相反,无组织的群体性突发事件通常难以发觉,且很多时候并无明显征兆,管理难度比较大,特别是"无组织—

无直接利益诉求"的群体性突发事件,参与者通常以发泄情绪为主,事件形态多变,影响范围难以控制,可能在瞬间急剧扩大,处理起来比较棘手,因此很多情况下需要重点考虑处理此类突发事件的方式方法问题以及解决问题的时机问题。[1] 政府部门对待群体性突发事件应该有一个理性认识,而且不是每一个这类事件都是恶性的,政府完全可以借助媒体舆论等工具引导群体性事件的良性化操作;此外,借助群体性事件,政府部门可以充分了解到社会群体的利益诉求以及民众心声,这也是检验政策效果的一条途径。

　　群体性突发事件异于常态条件下的事件类型,具有自身独有的属性,因此,把握这些特性对于充分了解和预期群体性事件的发生机制和发生过程应是大有裨益。第一,群体性突发事件并不只是一个事件,更重要的是一个过程,即一个从社会风险到公共危机逐步演化的动态过程,这就表明群体性事件的发生必然有一定的引发因素,因此作为政府管理部门,其重点应是抑制和控制社会风险的逐步扩大,将其限制在狭小的范围之内,同时建立常态化的风险排查与预防机制,做到"防患于未然";第二,一般的群体性突发事件并不只是一件孤立的事件,而是由多个事件彼此之间相互影响所形成的一套系统,本质上属于利益格局调整所引发的矛盾和冲突,单一的矛盾难以成为社会普遍存在的矛盾,但是当一系列矛盾同时出现时,必然会导致群体性事件的发生;第三,群体性突发事件所牵涉的相关主体并不只有政府一家,还有更多的利益相关者,特定范围内的经济主体、社会舆论媒体、普通公众等构成了决定局势的基本力量,这就需要政府部门更好地区分参与主体的不同诉求;第四,在认识和管理群体性突发事件时,主体性视角比客体性视角更为重要。

　　此次关停露采矿山可能主要面对的是"有组织—有直接利益诉求"和"无组织—有直接利益诉求"两类群体性事件,前者基本在可控

---

① 童星、张海波:《群体性突发事件及其治理——社会风险与公共危机综合分析框架下的再考量》,《学术界》2008 年第 2 期。

范围之内,政府部门可以通过各种途径和手段提前察觉并防范此类社会风险;后者因为没有组织性和特定的预期发生机制,相对难以提前察觉,所以应该作为政府部门防范和针对的重点。

第三章 事项分析

为切实转变传统粗放发展模式,优化生态环境,2012年5月N市政府以宁政发〔2012〕131号文件批转了市国土资源局《关于大力关停露采矿山的实施意见》(以下简称《意见》),在N全市开展露采矿山关停工作。

N市有148家矿山(数据截至2012年5月),其中露采矿山120家。《意见》明确要求,2012年底前,绕越公路外侧可视范围内、绕越公路以内露采矿山全部停止开采;2013年底前,全市露采矿山基本停止开采,砖瓦黏土矿全部关停。据此,2012年底前关停露采矿山80家,其中绕越公路以内11家;2013年底前再关停23家,其中采矿许可证未到期的7家。

103家企业中,从产品类型来看,建筑用砂石14家,砖瓦用黏土79家,砖瓦用页岩7家,膨润土3家(见图1-2-3-1);从企业性质来看,国有企业1家,集体企业23家,私营独资企业51家,私营合伙企业7家,有限责任公司12家,股份合作制企业8家,外资企业1家;从分布区域来看,J区50家、P区5家、L区26家、X区2家、K县13家、G县7家。

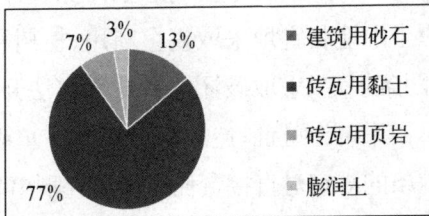

图1-2-3-1 103家露采矿山企业产品类型

在推进关停工作的同时，根据《N 市国土资源管理转型创新总体方案》及其配套方案之一《N 市露采矿山环境治理实施方案》的要求，对废弃露采矿山环境开展治理。

一、合法性

合法性，是指出台关停露采矿山政策必须遵循国家法律法规，符合国家方针政策，合乎上级政府相关规定，履行审批、核准、备案等相关的法定程序等。

《实施意见》的立法精神和基本内容符合《中华人民共和国矿产资源法(1996)》和江苏省人大常委会《关于限制开山采石的决定》(2001 年公告第 3 号)的规定，也与现行国家、省发展新型墙体材料的产业政策相吻合，并经市政府同意后实施。

（一）法律法规

《中华人民共和国矿产资源法(1996)》第三条规定"矿产资源属于国家所有"，"禁止任何组织或者个人用任何手段侵占或者破坏矿产资源。各级人民政府必须加强矿产资源的保护工作"；第七条规定"国家对矿产资源的勘查、开发实行统一规划、合理布局、综合勘查、合理开采和综合利用的方针"；第二十条规定，非经国务院授权的有关主管部门同意，重要工业区、大型水利工程设施、城镇市政工程设施附近，铁路、重要公路、重要河流、堤坝两侧一定距离以内，国家划定的自然保护区、重要风景区等，不得开采矿产资源；第三十二条规定"开采矿产资源，必须遵守有关环境保护的法律规定，防止污染环境"，"开采矿产资源，应当节约用地。耕地、草原、林地因采矿受到破坏的，矿山企业应当因地制宜地采取复垦利用、植树种草或者其他利用措施"；第四十四条规定"采取破坏性的开采方法开采矿产资源的，处以罚款，可以吊销采矿许可证；造成矿产资源严重破坏的，依照《刑法》第一百五十六条的规定对直接责任人员追究刑事责任"。

江苏省人大常委会《关于限制开山采石的决定》(2001 年公告第 3 号)中规定"本省行政区域内的山地丘陵必须加以保护，严禁非法开山采石",同时该决定明确将特定的区域、地段(包括设区的市的城市规划区范围内,自然保护区、风景名胜区和地质遗址保护区范围内,港口、机场、军事措施等重要设施的保护范围内,铁路、高速公路、国道、省道等重要交通干线和重要旅游线路至两侧直观可视的范围内,长江等重要流域性河流两岸、湖泊岸线和水库、堤坝至两侧自然地形的第一层山脊及水土流失重点防治区范围内等)列入禁止开山采石区,并进一步指出"禁采区内不得开办新的开山采石企业"。

《江苏省发展新型墙体材料条例》(2009年5月1日施行)第十七条规定"本省行政区禁止生产黏土实心砖;城镇范围内禁止生产黏土空心砖;城镇范围内禁止使用黏土实心砖,其中框架(含框剪、剪力墙、框筒)结构的建筑工地禁止使用黏土空心砖";第二十六条规定"国土资源管理部门应当对黏土空心砖生产项目实行限制供地,对生产黏土空心砖的黏土资源实行限制开采"。

(二)政策规定

国家发改委《关于印发十二五墙体材料革新指导意见的通知》(国环资〔2011〕2437号)提出"城市限黏、县城禁实"的目标。

《江苏省墙体材料革新十二五规划》(苏经信节能〔2011〕710号)下达了"十二五"期间N市创建禁黏城区名单,要求在5年内全面禁止生产和使用黏土墙材。

中共N市委、N市人民政府《关于印发〈N市国土资源管理转型创新总体方案〉的通知》要求:"关停重点区域和重点线路两侧露采矿山,修复废弃露采矿山环境。确保2012年底前,绕越公路外侧可视范围内和绕越公路以内露采矿山全部停止开采;2013年底前,全市露采矿山基本停止开采,砖瓦黏土矿全部关停;2014年底,通过对废弃露采矿山开展环境治理,消除地质灾害,复绿山体创面,减小视觉污染,改善生态环境。"

(三)审批程序

2012年5月市国土资源局将《关于大力关停露采矿山的实施意见》报市政府审批,后市政府以宁政发〔2012〕131号文件下发《批转市国土资源局关于大力关停露采矿山的实施意见的通知》，要求各区县人民政府、市府各委办局、市各直属单位贯彻执行。

在计划关停的 103 家露采矿山企业中，2012 年底前关停的 80 家属于采矿许可证到期关停；2013 年底前关停的 23 家中，采矿许可证未到期的 7 家。

根据已经出台的相关法律法规及政策文件的具体规定和有关精神，N 市关停露采矿山工作总体是合法的。

二、合理性

合理性，是指关停露采矿山政策必须基于公共利益和民众意愿，落实科学发展观的要求，符合 N 市经济社会发展的总体要求。

随着城市化的迅速发展和城市建设的持续推进，资源、环境对我市经济社会发展的制约作用越发明显。目前，N 市人均耕地面积仅为 0.55 亩（按常住人口计算），远低于联合国人均 0.8 亩的警戒线水平。露采矿山因其对资源环境的巨大侵蚀和破坏而与 N 市现代化国际性人文绿都的发展定位极不相符。

首先，在矿山露天开采过程中，表层土壤的剥离将对原土壤的结构和层次造成破坏，使其丧失抗侵蚀能力，土壤生态系统的功能恶化，当遭遇强降雨时会很容易发生水土流失。

其次，矿山开采对地表植被及土壤的清除将破坏野生动物原有的栖息地和生存环境，同时矿山爆破、振动、机械运行和人群活动等将对一定区域内的野生动物产生惊吓、干扰，迫使野生动物迁移，使其群落组成和分布发生一定变化。

再次，矿山在开采过程中形成的高陡边坡在人工爆破、大气降水等触发条件下，可能引发崩塌及滑坡等地质灾害，对区域生态环境造成破坏。

总之，露采矿山会直接对土壤和植被造成很大的负面效应，引发水土流失，破坏自然景观，并对特定区域内的野生动物产生一定程度的影响，开采过程中形成的高陡边坡又可能引发地质灾害等。

此外,N市现存120多家黏土砖窑企业,总占地8300多亩,每亩利税不足3400元,拉动就业仅7700多人,其中本地用工仅占42.6%。关停露采矿山工作可以减少土地资源消耗,促进土地资源集约使用。关闭黏土和页岩矿山,切断了传统制砖原料的供给,有利于促进墙材产品的更新换代、提档升级。

因此,关停露采矿山政策是对生态环境的有效保护和对土地资源的集约使用,也是贯彻落实科学发展观的具体措施,符合N市经济社会发展的总体要求,合乎公共利益和民众意愿。

三、可行性

可行性,是指关停露采矿山政策必须兼顾群众的现实利益和长远利益,遵循公开、公平、公正原则,大多数群众接受和支持这项工作,与有关部门、行业及周边地区相关政策基本协调一致等,资金能够有效落实,实施时机选择恰当等。

关停露采矿山和黏土砖窑符合墙材行业产业结构调整要求,不会对市场形成冲击。目前N市全市已有各类非黏土新型墙体材料企业200多家,非黏土新型墙体材料年生产能力40亿块以上,每年可消化工业废渣164万吨,能满足各类建筑市场的需要。2011年,关停企业年黏土砖产量占全市墙材总量不足10%。黏土砖市场为农村地区,多用于农民自建房。最近几年,N市地区的农村居民基本完成了房屋翻新。103家厂矿关停之后,不多的墙材需求可由废旧砖瓦、非黏土新型墙体材料和N市周边地区产品替代,增加的成本因单个农民家庭需求量不很大,总体可以承受。

关停露采矿山政策不会对本地居民就业造成根本影响。103家关停厂矿企业就业人员7000多人,其中本地用工约占40%。本地职工由于人数较少,且总体素质较好,就地转业和消化安置并非难事。人数占多的外地职工多与企业"一年一签",并且绝大多数尚未办理"五险一金",他们流动性强、期望值低,只要不拖欠工资,并对其疏散遣返、子女就学、失业补偿做适当安排,关停工作不会受到他们的太多阻力。在走访的每一家砖瓦企业，我们都问一线生产工人："你们知不知道厂子马上要关停了？""你们以后怎么办呢？"他们的回答几乎千篇一律："听说了。""能怎么办呢？我们也做不了其他活儿，已通过亲戚、朋友打听哪里可以打工，事情总是可以找到。"

关停露采矿山政策得到民众普遍欢迎。通过座谈、问卷调查、现场访谈和网络搜索，我们确切感知，关停政策得到社会各界普遍认同，即使抵触情绪最大的关停企业的企业主（经营者）也都认为，关停露采矿山利于环境保护和资源节约，实属大势所趋，他们不满意的主要在于政策实施过于急促和补偿不能如愿，而非政策本身。

政策实施所需资金可以落实。一是通过"增减挂钩，总量占补平衡"方式筹措资金，经过测算，借此可以筹集政策实施所需的大部分资金。二是根据"谁治理、谁投资、谁得益"原则，通过市场化运作机制筹集部分社会资金。三是通过"适度财政补贴"补足剩余资金，这是目前 N 市、县（区）政府财力可以承受的。

两年的政策周期，只要筹划得当，也可大体做好关停企业的转产、工人的转业工作。

因此，此次关停政策总体上也是可行的。

四、可控性

可控性，主要指的是此次关停工作是否会引发较大影响社会稳定的事件，根据风险等级，针对性地制定解决问题的方案，积极创造条件化解矛盾，既保障项目顺利实施，又不引发群体性事件等。

我们根据评估可能导致的风险大小情况，分为三种类型：

（一）低风险，能够化解的风险或者可以通过调整政策来减少风险的项目，可以同意实施。

（二）中风险，关停工作所涉及的利益群体没有完全接受，心理比较抵触，或者相关部门发现有可能导致不可预测的风险，应暂缓实施。

（三）高风险，短期内可能引发不可控制的大规模群体性事件或者其他极端的行为，因此应不予实施。

总体说来,此次N市关停露采矿山工作所涉社会稳定风险在可控范围之内,可以实施。但是,在关停的实际过程中,必须注意策略和方法,防患于未然。

第四章　风险分析

社会稳定风险,在广义上是指一种导致社会冲突、危及社会稳定和社会秩序的可能性,涵盖了政治领域、经济领域、社会领域、生态环境领域和文化领域等的各种风险因素,是一类基础性、深层次、结构性的潜在危害因素,对社会的安全运行和健康发展会构成严重的威胁,而且一旦这种可能性变成现实,社会风险就会转变成公共危机;从狭义上说,社会稳定风险主要是由于所得分配不均、发生天灾、政府施政引起对抗、结社群斗、失业人口增加造成社会不安、宗教纠纷、社会各阶级对立、社会发生内争等社会因素所引起的风险,即仅代表社会领域方面的风险。那么,我们所认为的露采矿山关停引发的社会稳定风险,主要就是体现在政府部门在执行矿山关停政策过程中给相关利益群体的生产、生活、生命、财产等与其切身利益相关的各个方面造成负面影响和损失的可能性,其重心体现在社会领域的风险。

一、风险梳理

通过对此次关停政策的社会影响所进行的实证性考察,特别是对一部分具有典型性的行政相对人的访谈,以及对区县、街道(镇)两级政策执行部门在实际行政过程中遇到的阻力和困难的了解,我们对关停工作可能引发的社会风险进行归纳和梳理,并对行为主体的动机等进行解析。为便于分析,我们将重点放在直接利益相关者和间接利益相关者这样两个层面。

(一)直接利益相关者

本次关停露采矿山所涉及的直接利益相关者主要包括企业主、承包人和企业职工。

1. 企业主

这里的企业主主要是指私营独资企业的业主、私营合伙企业的合伙人、有限责任公司和股份合作制企业的股东、外资企业的业主等，共130人左右，国有企业和集体企业所有者不在其列。

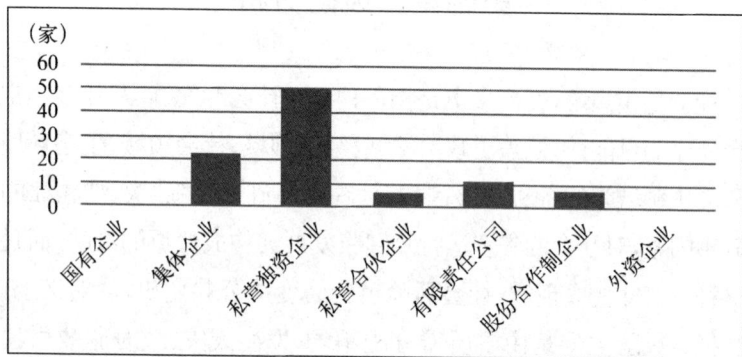

（家）

图1-2-4-1　103家露采矿山企业性质

由于此次关停企业中，私营企业、有限责任公司和股份合作制企业占近80%，N市此次关停露采矿山政策所涉及的最主要利益相关群体就是这类企业的业主，关停工作会对他们直接造成经济利益上的损失。对于已经到期或者正处于非法运营状态下的厂矿，对其执行强制性的关停政策势在必行，实施起来也比较容易；但是也有部分厂矿企业目前仍处于合法经营过程当中，其经营权、采矿权等权限并未到期，政府强制性"一刀切"式的关停政策会直接导致其经济利益损失，尤其是对一些刚刚实现产品、技术、设备等转型升级的企业，极易引起企业主的强烈不满。

此外，很多企业主基本上是集人生大部分精力于所在企业之中，突然性关停从个人感情上也是难以接受的。因此，总体而言，企业主对关停政策产生的抵制和反对情绪也属情理之中。

根据调查，企业主的主要诉求包括：

（1）保留自己企业。有此强烈诉求的主要是一些规模较大、效益颇佳且已根据产业政策和政府要求实现了转型升级的厂矿业主。比如,P区建设砖瓦厂、X区建茂建材公司的企业主认为,他们的企业都在前几年投入巨资实现了转型升级,目前均使用国家鼓励支持发展的隧道窑生产工艺,且已获得江苏省的资质认证,两年前就已停止开采页岩,转而采用河道淤泥、煤矿废弃煤矸石等废弃物为原料,生产规模、装置工艺、产品种类等均符合产业发展导向,产品质量好,受到市场欢迎,企业效益好,为本地创造了就业机会和财政税收,也为附近社区和民众提供了部分公共设施和生活福利。对于这些企业,政府有关部门应当加以扶持和引导,而非关闭。此外,也有部分传统砖窑企业主认为,自己企业地处偏僻,使用黏土取自荒山或外地,不对本地环境和资源造成破坏,可以保留。

(2) 延长关停期限。不少企业主表示,关停决定过于突然,没有缓冲期,部分设备刚刚添置,不少原料和产品难以处置,也会产生众多违约赔偿,转产和专业毫无准备,因此,希望政府给他们留有时间加以"消化"。比如,J区陆郎安山轮窑厂企业主表示,相关部门要求其于2012年9月30号之前停产,但是其已经与很多客户签有供货合同,而且还有剩余原材料及已签购货合同的处理问题,加之9月、10月砖瓦市场需求量较大,因此对矿厂而言将是非常大的损失,希望政府能够宽限一段时间。

(3) 进行合理经济赔偿。不少企业主表示,自己是合法生产,关停政策给自己造成经济损失,比如设备、厂房废弃,原料和产品处理,用工、购货、供货违约赔偿等,政府应予合理赔偿。

(4) 出台转产转业扶持政策。有企业主表示,自己准备关停企业,也在考虑出路问题,利用现有厂房、土地、人员等资源实现就地转产转业是最佳选择,希望政府能在资金、税收、用地、技术等方面提供支持。比如,J区陆郎安山轮窑厂企业主就表示,自己已在考虑转行物流产业,但对有关政策还吃不透,也会遇到用地等方面不少困难,希望政府能够扶持。

(5) 帮助处理应收账款、债权、债务处理问题。

(6) 帮助处理本地职工安置、外地职工遣返及子女就学问题。

　　综合来看，上述诉求与关停政策本身并不相悖。那些强烈要求予以保留的企业都是一些已经实行了转型升级的企业，他们的诉求符合政策精神。比如，P区建设砖瓦厂董事长表示："关停政策是要保护环境，节约资源，这是好事，也是必须的，我们拥护。但是，我们企业在几年前就已响应政府号召，投入好几百万进行转型升级，露采矿山两年前就已停开。现在，我们的生产工艺、所用原料、产品性能符合国家产业政策、政府要求和市场需求，我们这样的企业应该保留。"部分传统砖窑企业提出保留，一是感情难以割舍，二是对关停方式和有关人员工作态度不满，三是出于获得较多赔偿的谈判策略。J区陆郎安山轮窑厂企业主和P区顶山砖瓦厂企业主都说："关停是大势所趋，也能理解。""但是，自己干这一行已经二三十年，现在也都六十岁了，可以说一辈子的心血和精力都花在厂子上了，对企业有感情，突然要关，感情难以割舍。""有关部门和政府干部也不找我们沟通，一点不听我们意见，说关就关，一点不尊重我们的权利，这种方式，我们难以接受。""我们都是合法生产，就这么关了，损失太大，应该得到补偿。"

　　结合调研情况，企业主当前情况下并没有出现将内心不满扩大化的趋势，其主要还是力争与相关政府主体进行沟通和协商，以了解政策实质并进一步寻求政策的支持。大体上说，我们分析认为经营业主很有可能在当前或者后续的一段时期内采取以下几方面的措施来表达自己的不满进而引发相关社会稳定风险：

　　第一，企业主会进一步就关停政策同政府相关部门进行接洽与沟通，以便充分掌握政策的变动趋向以及后续的政策配套情况，在此基础上，此类主体会围绕个人合法权益开展维权运动，从而达到保留自己企业的目的。采取这种行动的主要是规模较大、社会影响度较高的企业主，如X区建茂建材公司，J区福亚新型建筑材料厂、闽乐新型建材有限公司，P区建设砖瓦厂、沿江镇砖瓦厂、青平砖瓦厂等。P区建设砖瓦厂董事长联合其他企业主，以砖瓦行业协会名义向市委、市府主要领导写信，表达了希望保留自己企业的愿望。

　　第二，企业主可能会就近向所在街道、社区等基层组织以及区、县相关部门讨要说法，通过对这些组织施加压力，层层上移，将其不满传递到政府高层，从而获取个人经济补偿金额的最大化。这主要是规模较小的厂矿企业，他们虽然社会影响度较小，但是通常与所在基层组织有直接联系，这样一来基层组织就会承受较大压力。如2012年4月中旬，涉及4个街道共8家砖瓦企业和负责人或其代表到J国土分局讨要说法。

第三，企业主也可能通过上访的形式，尝试表达和追求自身合法利益，在此需要提防的是矿主之间结成利益同盟，一旦这一同盟形成，势必就会造成不良的社会影响，这也是政府相关部门亟须警惕的地方。当同盟内的成员较少时，较低层次的政府部门可能会面临一定压力；相反，当同盟内成员比较多时，较高层次的政府部门将要面临压力。比如，J区属于福建商会成员的几家企业主就极有可能采取集体行动。

第四，现代互联网技术很有可能成为企业主表达利益和诉求的重要工具。企业主以不当方式进行表达，加之网络所具有的传播速度快、传播面积广以及不确定性与模糊性等特性，将可能对政府声誉造成一定程度上的影响。除网络媒体之外，电视电台、报纸杂志、广播等都可能成为其主要的表达媒介。

第五，在上述利益表达途径无果时，企业主可能会鼓动职工和村民等进行集体上访、围堵基层政府办公场所、堵塞公路干道或者其他更为极端的闹事行为，形成大规模群体性事件。如2012年4月中旬，涉及4个街道共8家砖瓦企业和负责人或其代表到J国土分局讨要说法，表示如合理要求达不到满足，将与厂里工人一道去市、区政府上访。

第六，无视采矿权和经营权的期限，利用现有设备、技术和人员继续从事非法经营活动，以攫取经济利益，重点是利用夜间等非正常工作时间实施非法开采活动，进而引发一些安全事故以及相关社会问题；或是囤积原材料以便成为日后跟政府博弈的条件。当然也不乏一些私营企业响应政府号召，准备实施转产，如N市P区顶山砖瓦厂、J区陆郎安山轮窑厂。

最后，关停政策可能会对一些企业造成严重经济危机，致其难以正常支付职工工资、举借的外债难以偿还，等等；部分企业也有可能以政府突然关停造成财务危机为由，停止支付职工工资、各类货款和有关债务，甚至出现所谓"跑路现象"。2012年8月，P区就发生了一起"跑路事件"。这些情况可能导致矛盾转嫁到政府身上，从而引发社会稳定风险。

2. 承包人（经营者）

在此次关停企业中，集体企业共23家，占22%。承包人（经营者）主要是集体企业的承包者（经营者），也包括少数私营企业的承包者，共30人左右。

承包人（经营者）虽然不如企业主为创建或购买以及经营企业而投入那么大的资金、情感和精力，但也会在改造工艺、添置设备、建造厂房等方面形成资产性投入，也为企业经营付出了相当的心血和情感，最主要的是，他们都是企业发展的最大受益者。因此，承包人（经营者）对于关停政策的某种抵触也在情理之中。

承包人（经营者）的利益诉求主要体现在如下方面：

（1）保留自己企业。集体企业承包人会以自己企业承担了较多社会责任、为当地居民和集体创造了较多福利为名要求保留企业。以J区淳化采石厂为例，该厂是J区具有代表性的一家集体企业，规模较大，现有职工230多人且多为工龄较长的本地职工，同时承担了当地安置残疾人和救助贫困者的责任，因而该厂经营者与内部职工及所在地方之间存在着很大的利益契合性。同时，作为集体老厂，历史负担包袱很重，很难按照要求改制和转型。所以，该厂厂长一再表示："我们这个企业性质特殊，社会贡献巨大，最好保留。"

（2）帮助处理职工安置问题。集体企业职工中本地人、老职工较多，再就业比较困难，且很多人家庭贫困。企业关停之后，这些人怎么办？政府必须考虑并予妥善解决。这是集体企业利益诉求中的重点所在。

(3)进行合理经济赔偿。承包人(经营者)也都表示,关停政策给企业和自己造成了经济损失,比如,有的承包人已预交了未来几年土地租金,以及原料和产品处理、合同违约赔偿等费用,政府应予合理赔偿。

(4)帮助处理应收账款、债权、债务处理问题。

(5)推迟关停时间。比如,前述淳化采石厂厂长认为:"如果可以在时间上更充裕一些,缓和两三年,逐步完善宕口建设,以及复垦荒山,慢慢地解散职工,那么很多问题就会迎刃而解了。"

细细深究,上述诉求其实与关停政策本身并不根本冲突。我们访谈的几乎所有承包人(经营者)都表示,他们本人是拥护政府的这项政策的,认为矿山整治是好的政策,有利于保护环境和节约资源,还N市一片绿水蓝天。他们也会给厂里工人做思想工作,争取早日停产,彻底贯彻政府决策。但是,他们也都认为,政府应该出台配套政策,相应解决关停企业所带来的一系列问题。

据此,承包人(经营者)针对关停政策可能采取如下行为:

第一,承包人(经营者)可能会针对关停政策同政府相关部门(包括国土、工商、信访、税务等部门)进行接洽,以便了解政策初衷、政策趋向及后续的政策配套情况。集体企业异于私营企业,职工的安置和企业的转型等都是非常棘手的问题,正如调研中淳化采石厂厂长所说:"关停政策所面临的人员过渡、职工安置等都是最头疼的问题,……这是政府相关部门需要着力处理的问题。"

第二,现代互联网技术、电视电台、报纸杂志、广播等也都会成为承包人(经营者)表达利益和诉求时非常重要的工具。

第三,如果政府部门没有给予满意说法,承包人(经营者)可能会协同其内部职工进行各种形式的维权活动。集体性质的厂矿决定了企业职工与承包人(经营者)的利益契合度更高,加之本地人和老职工较多,集体行动的概率更高。这样,集体性上访、通过舆论媒体夸大其词、围堵政府办公场所等都将成为政府需要面临的问题。同时,基于集体企业与所在地方之间的多重关联性,地方相关利益团体也有可能通过直接或者间接方式予以声援甚至直接参与。

总体来看，承包人（经营者）的利益诉求与行为取向与企业主较为相似，只是抵触情绪和对抗程度相对较弱一些。

综合实际调研情况，当下所有类型的露采矿山企业并没有出现将内心不满扩大化的趋势，其主要还是力争与相关政府主体进行沟通和协商，以了解政策实质并进一步寻求政策支持或较多补偿。

3. 企业职工

关停政策第二个直接利益相关群体就是企业职工。103家关停企业，职工总数约7000多人，年龄大多集中在40—60岁之间，往往是拖家带口；职工来源构成中外地人居多，约占60%，本地人相对较少，约占40%。总体上说，关停政策对所有企业职工的正常生活特别是经济收益和社会关系等方面都会造成最直接的影响。

我们在分析时将职工分为外地职工、企业管理人员和本地一般职工三类，关停政策所引起的此三类行为主体的行为取向和行为反应都会存在一定差异。

（1）外地职工

关停政策对外地职工造成的影响主要体现在以下几个方面：

第一，关停政策直接导致关停企业职工暂时失业，造成直接经济损失，甚至使得部分职工家庭陷入生活困境。关停企业一线职工基本来自四川、贵州、安徽等欠发达地区困难家庭，都是家中的主劳力。这些职工普遍教育水平较低，社会资源较少，再就业能力较弱，他们与企业大多实行"一年一签"用工形式，也基本不享受社会保障。关停厂矿可能会使部分职工一时失去家庭收入来源，导致生活困难甚至生存危机。

第二，关停政策可能导致关停企业部分职工家庭生活失序、子女教育犯难等问题。相当部分外地职工拖家带口在就业厂矿"安家落户"，夫妻两人在同一企业上班，孩子就近入学。关停厂矿也就意味着使他们失去了"家园"，诸多不便不言而喻。再者，部分厂矿关停时间与学校假期不一致，对于部分外地职工来说，在本地再就业比较困难,赴外地就业又会给子女入学带来不便,从而陷入痛苦的两难境地。

第三,当企业主或经营者以政府强制关停导致企业严重亏损等为由拒绝支付职工工资或拒绝对其进行必要的经济补偿时,职工正当利益就会受到损害。

关停厂矿企业职工的后续行为及相关的社会稳定风险可能会体现在以下方面:

第一,当企业主或经营者拒绝支付职工工资或拒绝对其进行必要经济补偿时,职工可能对其进行口头警告、侵占或破坏财产、人身攻击甚至威胁生命等,进而引发激烈冲突。

第二,随同企业主和经营者采用各种请愿形式实施维权活动;特别是当条件具备时,可能会联合相关群体进行集体上访,进而试图影响政府决策。

第三,受生活所迫,一些职工可能进行偷窃、抢劫等违法活动,从而带来社会治安问题,引发社会不安和不满。陷入窘境的个别职工也有可能采取一些较为极端的方式来表达不满情绪。

第四,外地职工也会就近重新寻求工作机会,以便维持正常生活开支。根据调查,很多外地职工在得知要关停厂矿时并没有过激的情绪反应,相反认为"给谁打工都一样,可以另谋工作"。当然这一过程会对其他地区或者行业的就业市场造成一定压力。

(2)企业管理人员

管理人员占职工人数比例不大,仅5%左右,但对企业日常运作却发挥着非常重要的作用,企业的发展状况对其也具有直接影响。企业管理人员主要有两个来源:企业主的亲戚朋友和亲朋以外的雇用人员。

一方面,很多企业会基于改进技术或者提升管理的需要从社会上招聘一些管理技术人员,这类人员与企业仅仅是一种雇用与被雇用关系,关停政策对其所产生的影响也不是非常突出,而且这类企业管理人员都具有一定知识和专业技术,关停矿厂不会导致其长期失业或生存危机。当然,作为利益中人,也不能完全排除他们与企业主协调一致进行维权行动。

另一方面,大批企业主会雇用自己的亲戚朋友等作为管理人员,因此,这类人员与企业主的关系就更为密切,其针对关停政策的行为取向会与企业主趋于高度一致。

进一步分析,关停政策对企业管理人员可能造成的影响包括:

关停将会使其收入来源暂时受阻,导致经济利益上的损失;既有的企业管理权力丧失,产生一定的失落感和被剥夺感;个人事业发展受阻,一时迷茫;也会对家庭生活产生一定影响,等等。

企业管理人员针对关停政策可能采取的行为方式包括以下方面:

第一,协同企业主通过各种形式开展维权活动,并利用掌握的知识和技术为企业诉求在社会上扩大影响力和渗透力。

第二,向所在企业施加压力,以求维护和保障自身经济利益,从而加剧企业主压力。

第三,上述活动如若无法达到其利益所求,这一群体就可能会利用其具备的管理经验、知识技术和社会关系等另觅工作。

(3) 本地一般职工

关停政策对本地一般职工的影响可能包括:

第一,关停致使其正常经济来源渠道中断,从而面临生活上的困境。

第二,由于长期在露采矿山企业工作,工作技能相对比较单一,且知识水平不高,年龄偏大,因此再就业相对比较困难,未来生活很难保障,家庭关系也有可能受到影响。

本地一般职工基于关停政策可能采取以下行动:

第一,协同企业主开展各种利益表达和维权活动,力争避免其经济利益上的损失,可能的形式包括参与集体上访、围堵政府办公场所等等。

第二,对企业主施加压力,要求保障其正常的经济利益,从而对企业主的行为产生影响,对关停政策也会有所制约。一旦企业主难以满足其正当诉求,也可能采取极端方式来表达不满,从而产生较为严重的矛盾纠纷,引发社会治安问题。

(二)间接利益相关者

1. 社区集体及当地居民

间接利益相关者中最主要的就是厂矿所在的社区集体及当地居民。相对于企业主(经营者)和企业职工,社区集体及当地居民的利益受关停政策的影响相对较小。在103家需要关停的厂矿企业中,绝大多数为原先乡镇集体企业转制而成的私营企业,少数虽仍属集体企业但都由私人承包经营。这些企业与所在社区都有一定的历史渊源和现实关系,厂矿每个年度都会给付社区集体一定的土地租金、承包费或管理费等,成为社区集体重要收入之一;另一方面,厂矿企业也会为社区大型活动等提供赞助,一般也会对具有特殊困难的居民家庭提供一些帮助。此外,如果有当地居民在厂矿就业,彼此之间的联系将更为密切。相对而言,集体厂矿企业与所在社区集体和当地居民具有更大的利益契合性,这也是政府部门需要重点关注的地方。所以关停露采矿厂需要考虑企业自身的性质,区分私营企业和集体企业两种类型。

关停政策对社区集体和当地居民的影响主要体现在积极和消极两个方面:

一方面,从积极层面看,关停一些污染程度较大的厂矿,有利于保护当地的空气、土壤、植被和道路等,能够改善当地居民的生活环境和生产条件,因而也得到了当地居民的支持和理解。

另一方面,从消极层面看,关停政策会直接导致社区集体和部分居民收入的减少,尤其是集体性质的厂矿企业,一旦关停会造成社区集体收入的锐减;同时,关停厂矿会使其所在地区失去便利的建筑材料来源,致使当地居民需要从更远的地方、付出更大的成本来获取,而且据了解,N市周边地区的建材质量总体不如N市本地(如L区玄武岩、J区闪长玢岩等),这就很容易引起当地居民的不满。

社区集体和居民可能的行为及相关社会稳定风险体现在这样两个方面:

第一，对于与所在社区集体和当地居民有着较多利益关联的厂矿企业，当地居民很有可能通过各种渠道对厂矿表示心理上或者精神上的支持和理解，但是根据调查所显示的结果，其与厂矿方一道开展集体上访、请愿等可能性极小。

第二，对于污染程度较大、对当地造成负面影响的矿厂，社区及村民可能会对政府政策持支持态度，因此相关执行部门就可以利用这一有利条件实施关停。

2. 其他类型的间接利益相关者

关停政策所涉及的其他间接利益相关者主要包括产业延伸链上的相关主体，如材料供应商、特定范围内的产品需求者、市场竞争者、与矿业相关的各类社会团体或者组织等。关停政策对这些间接相关者所带来的影响要小得多，而且在此项政策实施过程中，这些间接利益相关者总体上的行为反应程度不会很大，但是在政策分析中还是应该予以权衡。具体来说，关停矿厂会对原材料供应商造成经济利益上的损失；对特定范围内的产品需求者造成不便，使其从更远的地方获取砖瓦材料，而且也要付出更大的成本；对市场竞争者而言，关停政策的实施会对其提供更大的市场空间，可能会提升其经济利益；对于与矿业相关的社会团体或者组织而言，他们将面临的是组织成员的减少以及团体实力的削弱，等等。面对这些问题，此类群体在总体上不会表现出较大的行为反应，但政府有关部门仍需特别关注两类情况：

第一，部分厂矿企业主和经营者可能借口政府突然关停造成经济危机，停止支付各类货款、有关债务，停止供货甚至"跑路"，从而将矛盾转嫁到政府身上，引发社会不满。

第二，间接利益相关者与直接利益相关者之间形成"利益同盟"，进而采取共同行动。

二、原因分析

我们认为引发露采矿山关停社会稳定风险的原因主要体现在以

下几个方面:

(一)政策执行的细分度不足

此次关停政策总体上是合理的、可行的,但"一刀切"式的实施方式在区分度和灵活性上仍显不足,主要体现为两个方面:

1. 在关停对象上,未能对厂矿企业进行细分进而适度区别对待。比如,在需要关停的103家厂矿企业中,有7家非黏土烧结砖生产企业。这7家企业都在前几年投入巨资实现了转型升级,目前均使用国家鼓励支持发展的隧道窑生产工艺,且已获得江苏省的资质认证,其生产规模、装置工艺、产品种类等均符合产业发展导向,生产的烧结砖性能稳定,耐久性好,受到市场欢迎。对于这些企业,政府有关部门应当适时引导,加大扶持,强化监管,促其调整原料结构,逐步转到消化建筑渣土、城市污泥、河道淤泥等各类废弃物上,而非一关了之。

2. 在实施时间上,未能充分考虑企业用工和生产周期以及学生入学周期的特点。如前所述,企业与职工一般实行"一年一签"的用工方式,如到年底关停,用工纠纷自然较少,职工就业及其家庭生活也便于安顿;合同尚未到期,如果没有合理补偿,强制性的突然关停当会产生纠纷并使双方蒙受损失,职工再就业及其家庭生活、子女教育也会受到重大影响。此外,突然关停也会使一些企业在原料处理、产品销售等诸多方面受到重大影响,产生经济上的损失。

(二)补偿不足及补偿不平衡

关停政策在执行中面临着补偿不足和补偿不平衡的问题,这也是很多企业主和经营者最为关心的内容。现存的露采矿山企业在经营规模、生产工艺、所用设备、管理模式、职工构成以及盈利状况等方面都存在很大差异,很显然,规模大且经营好的企业会提出更多的补偿要求;此外,随着城市化的演进和城市的不断扩张,部分企业对其产品的市场前景和所占土地的升值空间有着乐观预期,所以补偿要求和附带条件也会越来越高。同时,区县之间以及街道(乡镇)之间财力不同,对关停企业的补偿标准和补偿方式很难一致,这容易引起企业主的不公平感。而从政府层面分析,财力短缺的现实使得政府在处理企业主的补偿问题时,会与企业主及经营者的补偿要求有较大差距,企业主和经营者经济利益未能获得足够的补偿,必然导致其强烈不满。

(三) 职工保障力度不够

露采矿山关停政策面临着社会保障力度不足的问题,容易引起企业职工的不满,且当矛盾凸显时极易引发群体性事件。绝大多数关停厂矿企业的职工没有参加"五险一金"的社会保障项目,少数厂矿企业虽已办理但实施时间并不很长,因此关停政策会使部分企业职工的基本生存需要难以得到保障;对于已为职工缴纳社会保障金的企业,关停会破坏其延续性,对职工的后续生活造成不利影响;另外,矿山企业的职工在年龄构成上多处于40—60岁,且外地人居多,所以一旦失业其未来就业方向便不是非常明朗,当缺乏失业保险等社会保障待遇时,很可能成为诱发社会不稳定的因素。

(四) 短期内对个别地方的负面影响

关停政策总体上是科学合理的,而且从长远看对地方发展也是有益的,但是关停政策会在短期内对个别基层政府的财政收入和社区集体的收入来源产生一定影响,尤其是贫穷落后地区,这些企业很有可能是所在基层政府和社区集体的主要甚至唯一收入来源;关停厂矿企业约有40%的就业人员为本地居民,这些人员大多从事一些管理工作或清闲岗位,并且厂矿企业也都或多或少帮助当地兴办一些公共事业,为困难家庭提供一些资助,厂矿关停会使当地居民的就业、收入和福利受到一定影响;关停厂矿企业不仅使部分职工失去工作机会和固定生活来源,也会使其失去已经建立起来的社会关系,改变原有的生活方式和邻里关系,从而产生失落感、剥夺感等不良情绪;关停厂矿还会对其上下游关联企业造成不利影响,也会提高所在地区居民的建房成本。这些情况短期内会对地方发展产生一定影响。最后非常重要的一点,上述各类利益群体如果结成"利益同盟",便很可能会基于共同的利益诉求通过各种渠道对政府施加压力。

(五) 前期政策宣传的深度不够

在调研过程中,我们发现很多厂矿企业主和经营者对关停政策并没有清晰恰当的认识,对政策初衷、相关政策内容和政策程序等都不甚了解,尤其是针对一些规模相对较小的企业,当其缺乏对政策的正确理解时,往往会使后续的关停工作面临诸多困境。究其原因,这很大程度上是由于我们的相关政府部门没有在前期对行政相对人做更加详细和深入的政策宣传,也没有一个恰当的渠道和程序来对企业主进行政策初衷的解释,使企业主所了解到的政策与政府真实的政策之间存在一定的差距,因而政策实施起来必然会存在诸多困境。

第五章　相关建议

一、根据企业特点,分类区别对待

国内外很多类似的实践表明,资源型地区的经济转型应该是逐步推进的,全部"一刀切"式的关停方法无异于"休克疗法"。"一刀切"地关停这些企业,会在短期内引发很多问题。基于此,需要根据实际情况进行政策修正,对已经列入关停的103家企业适当区别对待:

第一,对于已经转型成功、实现了洁净生产、符合政府产业导向的企业应予保留,因为这种类型的企业对环境、资源造成的污染和破坏程度较小,对职工和当地居民的身体健康也不会有很大影响;同时,生产工艺、技术设备的转型升级会促使其生产能力和产品质量的提升,有利于促进市场良性竞争和产业健康发展。

第二,对于合同到期(包括采矿许可证、经营许可证等)企业,要严格按照政策规定及时予以关闭,对非法生产、偷采盗采的行为要坚决予以打击。

第三,对于合同尚未到期仍属合法经营但对环境、资源损害严重的企业要实施关闭,同时给予合理经济补偿,妥善安置失业人员,帮助其尽快处理生产设备、积压的原料和成品。

二、细化实施周期，分段梯度推进

对露采矿山的关停工作应该按照科学的步骤和阶段进行梯度式推进，防止强制性、突击式关停所带来的诸多问题。正如调研过程中一位街道党委书记所说，"如果给我们一个关停的期限，比如 5—10 年，那么经济转型就会容易很多，也不会有那么多的矛盾"。因此，政府相关部门尤其是各区、县政府应当根据具体的实际情况设计出更为细化的实施方案，特别是要根据关停厂矿的不同特点以及企业生产周期、社会就业周期和学生入学周期等情况，制定一个合情合理、切实可行的时间表。对一些落实起来难度较大的厂矿应予以重点关注，政府主管部门应当制定专项应对措施并协同其他部门齐抓共管、有效推进。而且，关停政策实施之后，政府相关部门需要及时跟进和实施环境治理政策，以便尽快实现消除地质灾害、复绿山体创面、减少环境污染及改善生态环境的目的。

三、及时筹措资金，进行合理补偿

关停政策最主要的问题是补偿资金问题，这也是关停政策难以迅速推进的关键所在。面对大批企业主（经营者）高额的补偿或赔偿期望值，政府一方面要准确评估其经济损失，另一方面要设法筹措资金，给予其合理补偿。

第一，增减挂钩，总量占补平衡。通过置换建筑用地为农业用地或林业用地的方式换取指标，来获取资金；对原已办理征（使）用手续的建设用地（砖瓦窑、煤矿、矿山宕口等），通过复垦整治成耕地或其他农用地的，可等质等量置换异地农用地成非农建设用地；对矿山废弃地复垦整治成可利用建设用地的，按照利用存量土地的政策办理用地手续。

第二，通过政策优惠措施鼓励企业、个人及社会资本参与废弃矿山环境整治，多渠道、多层次地筹集矿山环境整治资金；对可以通过市场机制来运作的矿山环境整治项目,可根据废弃矿山区位、山体资源、废弃地利用方向,实行"谁治理、谁投资、谁得益",通过招标等市场运作确定治理者的治理权和一定年限内的土地使用权。

第三,根据政府财力进行适度财政补贴。面对基层政府财政紧张的现实,上级政府应该设法对其提供必要补贴,从而对关停厂矿企业进行一定补偿。

四、出台配套措施,完善政策体系

市级政府部门及区级政府应在《实施意见》的基础上尽快出台实施细则和配套措施,进一步完善政策体系,使总体上好的关停政策能充分执行到位。这套政策体系至少应该包括以下几个方面的细化内容:

第一,关停的依据和标准。调研中,我们经常遭遇企业主(经营者)追问:"为什么关我的,不关他的?""为什么我已按照政府要求实行了转型升级却还要被关?"制定合法、合理的依据和科学、具体的标准,利于对民众进行政策解释,便于基层政府执行,能够在一定程度上消除关停企业的质疑和抵触。

第二,实施的程序和方式。调研中,我们发现,企业主(经营者)基本清楚政府产业政策导向基本清楚,大体了解相关法律、法规,也都认为关闭露采矿山和黏土砖窑乃大势所趋,但让他们反感和抵触的是,在未与他们做必要沟通和充分解释的情况下,关停决定便"从天而降",他们感觉自己的人格和权利不被尊重,于是采取种种不合作行为。科学的程序和合理的方式既是对行政相对人合法权利的保护,也是对公共政策有效执行的保障。

第三,企业和职工的补偿标准。采取完全一致的补偿标准并不符合现实状况,各区县基于经济发展水平的差异也难以实现绝对意义上的标准一致,而且重要的是,各类砖瓦和采矿企业之间的实际情况亦千差万别。因此在对企业及其职工的补偿问题上,具体的各区县执行层应当在综合权衡各种现实条件的基础上制定适应性的补偿标准体系。

第四，企业转产、转业的扶持政策。加大扶持力度，鼓励技术研发，促进墙体企业转型升级，实现以粉煤灰、矿山尾矿（选矿废渣、石屑）、脱硫石膏等工业废弃材料和建筑渣土、城市污泥、河湖淤泥替代黏土生产新型墙体材料；鼓励关停厂矿企业按照国家法律法规和政府产业政策导向转行转业，并为其项目选择、登记注册、税费减免等提供信息引导和政策支持。

第五，职工安置政策。制定切实措施，保障关停企业职工的合法权益不受侵害，妥善解决其就业安置和工资福利问题，要特别注重解决集体企业老职工的福利待遇、"五险一金"续缴、外地职工的就近转业、失业补偿、疏散遣返、子女转学等问题，绝对杜绝拖欠职工工资现象。

需要指出的是，在完善政策体系的过程中要着重体现公共政策的公平、正义、效率、民主、发展等价值关怀，并利用公共政策的作用来平衡和处理各类社会关系，预防并减少社会风险，从而实现社会的和谐稳定。

五、建立责任机制，畅通信息渠道

要避免关停可能引起的社会风险，就要求政府部门提供强有力的组织领导和机制保障。借鉴 W 区前段时间推行"政府主导、街镇实施、部门配合"的成功经验，根据多个区县的实践情况，关停工作必须建立区县"主要领导亲自主抓，分管领导具体负责，相关部门齐抓共管，区（县）街（镇）联动协作"运行机制；要依据目标责任制的总体要求，对相关政府主体的权责进行清晰界定，明确各自责任，防止出现推诿现象；要建立社会风险预警机制，制定各类应急预案，组织相关人员进行适时检测和及时评估；针对关停过程中的诸多困难，要求发扬民主，充分吸纳下级部门和基层政府的有效经验，并及时加以总结和推广。

此外，决策层与执行层之间、上级与下级之间、相关部门之间时刻保持信息沟通渠道上的顺畅。下级相关部门要及时、有效、准确地向上级传达政策执行过程中遇到的新问题、新情况;各级执行层要时刻与决策层保持信息畅通,以便决策者能够适时进行政策调适;相关部门之间要力争保持一致,如国土、工商、发改、经信、墙办、信访等部门要彼此协调,做到思想一致、口径一致、行动一致。

六、政策解释到位,争取民意支持

针对调查中发现的许多行政相对人对政策内容和政策初衷不甚了解的情况,政府部门必须进行充分的政策解释和宣传。一方面,细化条款,明确赔偿的原则和标准,形成一套切实可行的政策细则和具体措施,统一实施,区分责任,从而使具体的政策执行者可以有效地加以应用;另一方面,对于关停矿厂所涉及的直接利益相关者做更深入的政策解释,通过多种渠道阐明政策意图;政策执行中要与厂矿负责人及时沟通,并密切关注社会反应,从而及时了解和准确把握政策相关者的思想和行为动态,为适时修正和完善有关政策,提供准确信息。

此外,值得一提的是,在政策解释、政策宣传以及后续政策执行的整个过程中应当充分发挥媒体舆论的宣传导向作用,积极营造良好的社会舆论氛围,扩大关停政策在整个社会和民众之中的影响度和支持度。

七、排查重点企业,实施有效监控

根据调研情况,我们认为,需对五类企业进行重点监控:一是规模大、效益好的企业,如J区N宝华石材有限公司、K县N昌久建材有限公司等;二是已经投入巨资实行改造扩能或转型升级的企业,如X区建茂建材公司、J区福亚新型建筑材料厂、P区沿江镇砖瓦厂、青平砖瓦厂等;三是拥有较大集体行动能力的企业,如P区建设砖瓦厂、J区闽乐新型建材有限公司等;四是雇用较多本地工人,特别是带有福利性质的企业,如J区司家轮窑厂、G县漆桥砖瓦厂、漕塘建材有限公司等；五是采矿许可证到关停之日仍未到期的，如 N 市 P 区青平砖瓦厂、G 县国华建材厂、G 县镇南建材厂、G 县固城蒋山砖瓦厂、G 县漕塘建材有限公司。

针对这些企业，区、县政府应该建立由主管部门、所在街道（乡镇）和社区参加的专门小组，一企业一方案，责任到人，定期上门进行政策解释和情感沟通，听取意见和建议，基于法律和政策对其合理诉求设法予以满足，为其转产转业提供帮助，全程掌控其思想和行为动态。

表 1-2-5-1 重点监控企业名单

所在地	矿山名称	开采主矿种	注册资金（万元）	从业人数	年末资产（万元）	类型
X 区	N 建茂新型建材有限公司	砖瓦用页岩	360	12	1400	
P 区	P 区建设砖瓦厂	砖瓦用黏土	700	150	500	转型升级（隧道窑烧结砖企业）
	P 区沿江镇砖瓦厂	砖瓦用黏土	111	42	207	
	P 区青平砖瓦厂（未到期）	砖瓦用页岩	200	28	292	
	P 区永宁镇同家冲矿区	砖瓦用黏土	40	30	1200	
J 区	N 汤山膨润土有限公司	膨润土	50	41	923	资产规模大、效益较好
	J 区禄口新型建材厂	砖瓦用黏土	150	40	850	
	N 万利砖瓦厂	砖瓦用黏土	20	52	850	
	N 宝华石材有限公司	建筑用花岗岩		43	1000	
K 县	K 县苏宜轧石厂	建筑石料用灰岩		56	2360	
	K 县常驰采石厂	建筑石料用灰岩		26	995	
	N 昌久建材有限公司	建筑用安山岩	50	38	1480	

续表

所在地	矿山名称	开采主矿种	注册资金(万元)	从业人数	年末资产(万元)	类型
G县	G县国华建材厂	砖瓦用黏土	50	66	275	采矿许可证未到期
	G县镇南建材厂	砖瓦用黏土	165	52	300	
	G县固城蒋山砖瓦厂	砖瓦用黏土	16	55	240	
	G县漕塘建材有限公司	砖瓦用黏土	53	96	560	
	G县漆桥砖瓦厂	砖瓦用黏土	61	103	425	
	G县阳江丹农砖瓦厂	砖瓦用黏土	22	45	100	
J区	J区铜井第二砖瓦厂	砖瓦用黏土	84	80	84.5	用工较多
	J区司家轮窑厂	砖瓦用黏土	79	94	75	
P区	P区顶山砖瓦厂	砖瓦用黏土	102	71		
K县	K县徐溪砖瓦厂	砖瓦用黏土	300	70	500	

第六章 基本结论

本报告对N市露采矿山关停政策执行过程中可能发生的社会稳定风险进行了识别与评价,得出结论为露采矿山关停政策可能会引发六类不利于社会稳定的风险,这六类风险发生的可能性大小(分三个等级:低度、中度和高度)评价如下:

风险种类	具体内容	风险发生的可能性
第一类	项目合法性、合理性遭质疑的风险	低度
第二类	项目可能造成环境破坏的风险	低度
第三类	企业主(经营者)及其职工抵制矿山关停的风险	高度
第四类	当地居民对生活环境变化的不适风险	低度
第五类	企业职工对生活保障担忧的风险	中度
第六类	项目引发社会矛盾的风险	中度

综合评价，露采矿山关停政策引发社会稳定风险的等级为"中度"，而其中可能面临的最大风险就是直接利益相关者也即企业主（经营者）及其职工的反对和抵制。除此之外，其他方面造成风险的可能性都不是很大，而且除非各种条件成熟，其不可能恶化为更大的社会性风险。此外，目前已经采取和下一步即将采取的系列风险防范措施，在一定程度上会起到降低乃至消除社会稳定风险的效果，当然效果的好坏很大程度上取决于防范措施的具体执行力度。

附　件

附件1：相关法律法规、政策文件

一、中华人民共和国矿产资源法

（1986 年 3 月 19 日第六届全国人民代表大会常务委员会第十五次会议，通过根据 1996 年 8 月 29 日第八届全国人民代表大会常务委员会第二十一次会议《关于修改〈中华人民共和国矿产资源法〉的决定》修正）

第一章　总　则

第一条　为了发展矿业，加强矿产资源的勘查、开发利用和保护工作，保障社会主义现代化建设的当前和长远的需要，根据中华人民共和国宪法，特制定本法。

第二条　在中华人民共和国领域及管辖海域勘查、开采矿产资源，必须遵守本法。

第三条　矿产资源属于国家所有，由国务院行使国家对矿产资源的所有权。地表或者地下的矿产资源的国家所有权，不因其所依附的土地的所有权或者使用权的不同而改变。

国家保障矿产资源的合理开发利用。禁止任何组织或者个人用任何手段侵占或者破坏矿产资源。各级人民政府必须加强矿产资源的保护工作。

勘查、开采矿产资源,必须依法分别申请、经批准取得探矿权、采矿权,并办理登记;但是,已经依法申请取得采矿权的矿山企业在划定的矿区范围内为本企业的生产而进行的勘查除外。

国家保护探矿权和采矿权不受侵犯,保障矿区和勘查作业区的生产秩序、工作秩序不受影响和破坏。

从事矿产资源勘查和开采的,必须符合规定的资质条件。

第四条 国家保障依法设立的矿山企业开采矿产资源的合法权益。

国有矿山企业是开采矿产资源的主体。国家保障国有矿业经济的巩固和发展。

第五条 国家实行探矿权、采矿权有偿取得的制度;但是,国家对探矿权、采矿权有偿取得的费用,可以根据不同情况规定予以减缴、免缴。具体办法和实施步骤由国务院规定。

开采矿产资源,必须按照国家有关规定缴纳资源税和资源补偿费。

第六条 除按下列规定可以转让外,探矿权、采矿权不得转让:

(一)探矿权人有权在划定的勘查作业区内进行规定的勘查作业,有权优先取得勘查作业区内矿产资源的采矿权。探矿权人在完成规定的最低勘查投入后,经依法批准,可以将探矿权转让他人。

(二)已取得采矿权的矿山企业,因企业合并、分立,与他人合资、合作经营,或者因企业资产出售以及有其他变更企业资产产权的情形而需要变更采矿权主体的,经依法批准可以将采矿权转让他人采矿。

前款规定的具体办法和实施步骤由国务院规定。

禁止将探矿权、采矿权倒卖牟利。

第七条　国家对矿产资源的勘查、开发实行统一规划、合理布局、综合勘查、合理开采和综合利用的方针。

第八条　国家鼓励矿产资源勘查、开发的科学技术研究，推广先进技术，提高矿产资源勘查、开发的科学技术水平。

第九条　在勘查、开发、保护矿产资源和进行科学技术研究等方面成绩显著的单位和个人，由各级人民政府给予奖励。

第十条　国家在民族自治地方开采矿产资源，应当照顾民族自治地方的利益，做出有利于民族自治地方经济建设的安排，照顾当地少数民族群众的生产和生活。

民族自治地方的自治机关根据法律规定和国家的统一规划，对可以由本地方开发的矿产资源，优先合理开发利用。

第十一条　国务院地质矿产主管部门主管全国矿产资源勘查、开采的监督管理工作。国务院有关主管部门协助国务院地质矿产主管部门进行矿产资源勘查、开采的监督管理工作。

省、自治区、直辖市人民政府地质矿产主管部门主管本行政区域内矿产资源勘查、开采的监督管理工作。省、自治区、直辖市人民政府有关主管部门协助同级地质矿产主管部门进行矿产资源勘查、开采的监督管理工作。

第二章　矿产资源勘查的登记和开采的审批

第十二条　国家对矿产资源勘查实行统一的区块登记管理制度。矿产资源勘查登记工作，由国务院地质矿产主管部门负责；特定矿种的矿产资源勘查登记工作，可以由国务院授权有关主管部门负责。矿产资源勘查区块登记管理办法由国务院制定。

第十三条　国务院矿产储量审批机构或者省、自治区、直辖市矿产储量审批机构负责审查批准供矿山建设设计使用的勘探报告，并在规定的期限内批复报送单位。勘探报告未经批准，不得作为矿山建设设计的依据。

第十四条　矿产资源勘查成果档案资料和各类矿产储量的统计

资料,实行统一的管理制度,按照国务院规定汇交或者填报。

第十五条 设立矿山企业,必须符合国家规定的资质条件,并依照法律和国家有关规定,由审批机关对其矿区范围、矿山设计或者开采方案、生产技术条件、安全措施和环境保护措施等进行审查;审查合格的,方予批准。

第十六条 开采下列矿产资源的,由国务院地质矿产主管部门审批,并颁发采矿许可证:

(一)国家规划矿区和对国民经济具有重要价值的矿区内的矿产资源;

(二)前项规定区域以外可供开采的矿产储量规模在大型以上的矿产资源;

(三)国家规定实行保护性开采的特定矿种;

(四)领海及中国管辖的其他海域的矿产资源;

(五)国务院规定的其他矿产资源。

开采石油、天然气、放射性矿产等特定矿种的,可以由国务院授权的有关主管部门审批,并颁发采矿许可证。

开采第一款、第二款规定以外的矿产资源,其可供开采的矿产的储量规模为中型的,由省、自治区、直辖市人民政府地质矿产主管部门审批和颁发采矿许可证。

开采第一款、第二款和第三款规定以外的矿产资源的管理办法,由省、自治区、直辖市人民代表大会常务委员会依法制定。

依照第三款、第四款的规定审批和颁发采矿许可证的,由省、自治区、直辖市人民政府地质矿产主管部门汇总向国务院地质矿产主管部门备案。

矿产储量规模的大型、中型的划分标准,由国务院矿产储量审批机构规定。

第十七条 国家对国家规划矿区、对国民经济具有重要价值的矿区和国家规定实行保护性开采的特定矿种,实行有计划的开采;未经国务院有关主管部门批准,任何单位和个人不得开采。

第十八条　国家规划矿区的范围、对国民经济具有重要价值的矿区的范围、矿山企业矿区的范围依法划定后，由划定矿区范围的主管机关通知有关县级人民政府予以公告。

矿山企业变更矿区范围，必须报请原审批机关批准，并报请原颁发采矿许可证的机关重新核发采矿许可证。

第十九条　地方各级人民政府应当采取措施，维护本行政区域内的国有矿山企业和其他矿山企业矿区范围内的正常秩序。

禁止任何单位和个人进入他人依法设立的国有矿山企业和其他矿山企业矿区范围内采矿。

第二十条　非经国务院授权的有关主管部门同意，不得在下列地区开采矿产资源：

（一）港口、机场、国防工程设施圈定地区以内；

（二）重要工业区、大型水利工程设施、城镇市政工程设施附近一定距离以内；

（三）铁路、重要公路两侧一定距离以内；

（四）重要河流、堤坝两侧一定距离以内；

（五）国家划定的自然保护区、重要风景区，国家重点保护的不能移动的历史文物和名胜古迹所在地；

（六）国家规定不得开采矿产资源的其他地区。

第二十一条　关闭矿山，必须提出矿山闭坑报告及有关采掘工程、不安全隐患、土地复垦利用、环境保护的资料，并按照国家规定报请审查批准。

第二十二条　勘查、开采矿产资源时，发现具有重大科学文化价值的罕见地质现象以及文化古迹，应当加以保护并及时报告有关部门。

第三章　矿产资源的勘查

第二十三条　区域地质调查按照国家统一规划进行。区域地质调查的报告和图件按照国家规定验收，提供有关部门使用。

第二十四条　矿产资源普查在完成主要矿种普查任务的同时，应当对工作区内包括共生或者伴生矿产的成矿地质条件和矿床工业远景做出初步综合评价。

第二十五条　矿床勘探必须对矿区内具有工业价值的共生和伴生矿产进行综合评价，并计算其储量。未作综合评价的勘探报告不予批准。但是,国务院计划部门另有规定的矿床勘探项目除外。

第二十六条　普查、勘探易损坏的特种非金属矿产、流体矿产、易燃易爆易溶矿产和含有放射性元素的矿产,必须采用省级以上人民政府有关主管部门规定的普查、勘探方法,并有必要的技术装备和安全措施。

第二十七条　矿产资源勘查的原始地质编录和图件,岩矿心、测试样品和其他实物标本资料,各种勘查标志,应当按照有关规定保护和保存。

第二十八条　矿床勘探报告及其他有价值的勘查资料,按照国务院规定实行有偿使用。

第四章　矿产资源的开采

第二十九条　开采矿产资源,必须采取合理的开采顺序、开采方法和选矿工艺。矿山企业的开采回采率、采矿贫化率和选矿回收率应当达到设计要求。

第三十条　在开采主要矿产的同时,对具有工业价值的共生和伴生矿产应当统一规划,综合开采,综合利用,防止浪费;对暂时不能综合开采或者必须同时采出而暂时还不能综合利用的矿产以及含有有用组分的尾矿,应当采取有效的保护措施,防止损失破坏。

第三十一条　开采矿产资源,必须遵守国家劳动安全卫生规定,具备保障安全生产的必要条件。

第三十二条　开采矿产资源,必须遵守有关环境保护的法律规定,防止污染环境。

开采矿产资源,应当节约用地。耕地、草原、林地因采矿受到破坏的,矿山企业应当因地制宜地采取复垦利用、植树种草或者其他利用措施。

开采矿产资源给他人生产、生活造成损失的,应当负责赔偿,并采取必要的补救措施。

第三十三条 在建设铁路、工厂、水库、输油管道、输电线路和各种大型建筑物或者建筑群之前,建设单位必须向所在省、自治区、直辖市地质矿产主管部门了解拟建工程所在地区的矿产资源分布和开采情况。非经国务院授权的部门批准,不得压覆重要矿床。

第三十四条 国务院规定由指定的单位统一收购的矿产品,任何其他单位或者个人不得收购;开采者不得向非指定单位销售。

第五章 集体矿山企业和个体采矿

第三十五条 国家对集体矿山企业和个体采矿实行积极扶持、合理规划、正确引导、加强管理的方针,鼓励集体矿山企业开采国家指定范围内的矿产资源,允许个人采挖零星分散资源和只能用作普通建筑材料的砂、石、黏土以及为生活自用采挖少量矿产。

矿产储量规模适宜由矿山企业开采的矿产资源、国家规定实行保护性开采的特定矿种和国家规定禁止个人开采的其他矿产资源,个人不得开采。

国家指导、帮助集体矿山企业和个体采矿不断提高技术水平、资源利用率和经济效益。

地质矿产主管部门、地质工作单位和国有矿山企业应当按照积极支持、有偿互惠的原则向集体矿山企业和个体采矿提供地质资料和技术服务。

第三十六条 国务院和国务院有关主管部门批准开办的矿山企业矿区范围内已有的集体矿山企业,应当关闭或者到指定的其他地点开采,由矿山建设单位给予合理的补偿,并妥善安置群众生活;也可以按照该矿山企业的统筹安排,实行联合经营。

第三十七条 集体矿山企业和个体采矿应当提高技术水平,提高矿产资源回收率。禁止乱挖滥采,破坏矿产资源。

集体矿山企业必须测绘井上、井下工程对照图。

第三十八条　县级以上人民政府应当指导、帮助集体矿山企业和个体采矿进行技术改造,改善经营管理,加强安全生产。

第六章　法律责任

第三十九条　违反本法规定,未取得采矿许可证擅自采矿的,擅自进入国家规划矿区、对国民经济具有重要价值的矿区范围采矿的,擅自开采国家规定实行保护性开采的特定矿种的,责令停止开采、赔偿损失,没收采出的矿产品和违法所得,可以并处罚款;拒不停止开采,造成矿产资源破坏的,依照刑法第一百五十六条的规定对直接责任人员追究刑事责任。

单位和个人进入他人依法设立的国有矿山企业和其他矿山企业矿区范围内采矿的,依照前款规定处罚。

第四十条　超越批准的矿区范围采矿的,责令退回本矿区范围内开采、赔偿损失,没收越界开采的矿产品和违法所得,可以并处罚款;拒不退回本矿区范围内开采,造成矿产资源破坏的,吊销采矿许可证,依照刑法第一百五十六条的规定对直接责任人员追究刑事责任。

第四十一条　盗窃、抢夺矿山企业和勘查单位的矿产品和其他财物的,破坏采矿、勘查设施的,扰乱矿区和勘查作业区的生产秩序、工作秩序的,分别依照刑法有关规定追究刑事责任;情节显著轻微的,依照治安管理处罚条例有关规定予以处罚。

第四十二条　买卖、出租或者以其他形式转让矿产资源的,没收违法所得,处以罚款。

违反本法第六条的规定将探矿权、采矿权倒卖牟利的,吊销勘查许可证、采矿许可证,没收违法所得,处以罚款。

第四十三条　违反本法规定收购和销售国家统一收购的矿产品的,没收矿产品和违法所得,可以并处罚款;情节严重的,依照刑法第一百一十七条、第一百一十八条的规定，追究刑事责任。

第四十四条　违反本法规定，采取破坏性的开采方法开采矿产资源的，处以罚款，可以吊销采矿许可证；造成矿产资源严重破坏的，依照刑法第一百五十六条的规定对直接责任人员追究刑事责任。

第四十五条　本法第三十九条、第四十条、第四十二条规定的行政处罚，由县级以上人民政府负责地质矿产管理工作的部门按照国务院地质矿产主管部门规定的权限决定。第四十三条规定的行政处罚，由县级以上人民政府工商行政管理部门决定。

第四十四条　规定的行政处罚，由省、自治区、直辖市人民政府地质矿产主管部门决定。给予吊销勘查许可证或者采矿许可证处罚的，须由原发证机关决定。

依照第三十九条、第四十条、第四十二条、第四十四条规定应当给予行政处罚而不给予行政处罚的，上级人民政府地质矿产主管部门有权责令改正或者直接给予行政处罚。

第四十六条　当事人对行政处罚决定不服的，可以依法申请复议，也可以依法直接向人民法院起诉。

当事人逾期不申请复议也不向人民法院起诉，又不履行处罚决定的，由做出处罚决定的机关申请人民法院强制执行。

第四十七条　负责矿产资源勘查、开采监督管理工作的国家工作人员和其他有关国家工作人员徇私舞弊、滥用职权或者玩忽职守，违反本法规定批准勘查、开采矿产资源和颁发勘查许可证、采矿许可证，或者对违法采矿行为不依法予以制止、处罚，构成犯罪的，依法追究刑事责任；不构成犯罪的，给予行政处分。违法颁发的勘查许可证、采矿许可证，上级人民政府地质矿产主管部门有权予以撤销。

第四十八条　以暴力、威胁方法阻碍从事矿产资源勘查、开采监督管理工作的国家工作人员依法执行职务的，依照刑法第一百五十七条的规定追究刑事责任；拒绝、阻碍从事矿产资源勘查、开采监督管理工作的国家工作人员依法执行职务未使用暴力、威胁方法的，由公安机关依照治安管理处罚条例的规定处罚。

第四十九条　矿山企业之间的矿区范围的争议,由当事人协商解决,协商不成的,由有关县级以上地方人民政府根据依法核定的矿区范围处理;跨省、自治区、直辖市的矿区范围的争议,由有关省、自治区、直辖市人民政府协商解决,协商不成的,由国务院处理。

第七章　附　则

第五十条　外商投资勘查、开采矿产资源,法律、行政法规另有规定的,从其规定。

第五十一条　本法施行以前,未办理批准手续、未划定矿区范围、未取得采矿许可证开采矿产资源的,应当依照本法有关规定申请补办手续。

第五十二条　本法实施细则由国务院制定。

第五十三条　本法自1986年10月1日起施行。

二、江苏省人大常委会关于限制开山采石的决定

(二○○一年八月二十四日江苏省第九届人民代表大会常务委员会第二十五次会议通过)

为有效保护生态环境和自然景观,保障和促进本省经济、社会的可持续发展,根据《中华人民共和国矿产资源法》《中华人民共和国水土保持法》等有关法律、法规的规定,结合本省实际,对限制开山采石做出如下决定:

一、本省行政区域内的山地丘陵必须加以保护,严禁非法开山采石。

二、下列区域、地段列入禁止开山采石区(以下简称禁采区):

(一)设区的市的城市规划区范围内;

(二)自然保护区、风景名胜区和地质遗迹保护区范围内;

(三)港口、机场、军事设施等重要设施的保护范围内;

（四）铁路、高速公路、国道、省道等重要交通干线和重要旅游线路至两侧直观可视的范围内；

（五）本省境内长江、淮河、大运河、太湖等主要流域性河流两岸、湖泊岸线和水库、堤坝至两侧自然地形的第一层山脊及水土流失重点防治区范围内；

（六）法律、法规和省人民政府规定禁止开山采石的其他地区。

省、设区的市人民政府应当根据前款的规定具体划定禁采区。

三、禁采区内不得开办新的开山采石企业。

除国务院国土资源行政主管部门批准并颁发采矿许可证的开山采石企业外，禁采区内其他开山采石企业由县级以上地方人民政府予以关闭。采矿许可证到期的，必须立即予以关闭。采矿许可证未到期的，应当制定关闭计划，在本决定施行之日起三年内分批予以关闭。确因特殊需要继续开采的，必须经省人民政府批准。

对开山采石企业关闭前的开采量，县级以上地方人民政府国土资源行政主管部门应当逐年核减。开山采石企业不得超量开采。

四、对禁采区内采矿许可证未到期予以关闭的开山采石企业，地方各级人民政府应当做好善后工作；对开山采石企业采取转产以及开发利用采矿废弃地等措施的，地方各级人民政府应当给予支持。

五、在禁采区以外的地区开山采石，贯彻从严管理的原则，按照矿产资源规划实行限制性开采，并逐步缩小开采范围和开采量。采矿权必须严格按照县级以上地方人民政府国土资源行政主管部门核定的开采范围、开采方式、开采量进行开采。

采矿权人在开采过程中，必须做好环境治理工作。采矿权人应当向有关国土资源行政主管部门做出书面承诺，并缴纳矿山环境恢复治理保证金。保证金本金及利息属采矿权人所有，由县级以上地方人民政府国土资源行政主管部门监督使用，专项用于矿山环境恢复治理。矿山环境恢复治理保证金的收缴及使用管理办法，由省级人民政府另行规定。

六、对开山采石企业供应民用爆炸物品的，依照国家有关法律、法规的规定办理,民用爆炸物品供应单位应当按照有关行政主管部门核定的计划向开山采石企业供应爆炸物品。

对予以关闭的开山采石企业,有关行政主管部门应当核销其民用爆炸物品供应计划;公安机关应当收回核发的有关许可证件;民用爆炸物品供应单位不得向其供应爆炸物品;供电单位不得向其供电;任何单位不得向其转供电。

七、在禁采区内非法开山采石的,由县级以上地方人民政府国土资源行政主管部门责令立即停止开采,没收违法所得,并处以违法所得百分之五十以下的罚款,违法所得无法计算的,处以五万元以上十万元以下的罚款;构成犯罪的,依法追究刑事责任。

在禁采区内的开山采石企业未按期关闭的,由县级以上地方人民政府责令关闭,没收违法所得,并处以三万元以上五万元以下的罚款;构成犯罪的,依法追究刑事责任。

采矿权人不按照核定的开采范围、开采方式、开采量开采的,由县级以上地方人民政府国土资源行政主管部门责令改正,没收违法所得,处以违法所得百分之三十以下的罚款,违法所得无法计算的,处以一万元以上三万元以下的罚款;拒不改正的,由原发证机关吊销采矿许可证。

八、民用爆炸物品供应单位、供电和转供电单位违反本决定供应爆炸物品、供电和转供电的,分别由公安机关和电力管理部门依照《中华人民共和国民用爆炸物品管理条例》和《电力供应与使用条例》予以处罚;对直接负责的主管人员和其他直接责任人员,由其主管部门给予行政或者纪律处分;构成犯罪的,依法追究刑事责任。

九、国土资源行政管理部门违反本决定规定的,擅自办法采矿许可证的,对其直接负责的主管人员和其他直接责任人员依法给予行政处分;构成犯罪的,依法追究刑事责任。

十、本决定所称开山采石,是指在山地丘陵露天开采石材石料及其他矿产资源的行为。

十一、本决定自2001年10月1日起施行。

三、中共 N 市委　N 市人民政府

关于印发《N 国土资源管理转型创新总体方案》的通知

（宁委发〔2012〕26 号）

各区县委和人民政府，市委各部委，市府各委办局，市各直属单位：

市国土资源局拟定的《N 国土资源管理转型创新总体方案》已经市委、市政府批准，现印发给你们，请认真贯彻执行。

中共 N 市委

N 市人民政府

2012 年 2 月 25 日

N 国土资源管理转型创新总体方案

（市国土资源局　2012 年 2 月）

为全面贯彻市第十三次党代会精神，落实"民生为先、统筹为要、生态为基、文化为魂"战略方针，奋力推动 N"两个率先"带好头、转型升级作示范，着力构建以保障转型升级为核心要求的土地保供体系，现制定 N 国土资源管理转型创新总体方案如下。

一、指导思想

坚持以科学发展观为统领，以全面构建土地保供体系为目标，以加快经济发展方式转变为主线，按照"三争一创"的总体要求，坚持走创新驱动、内生增长、绿色发展道路，充分发挥国土资源的保障功能和保护功能，广开渠道扩大增量，挖掘潜力盘活存量，节约集约提高效率，保护耕地修复生态，着力打造"节地提效""土地综合整治"两个平台，推进厅市合作共建节地提效示范区，争取转变土地利用方式部级试点,以土地利用方式的转变,倒逼促进经济发展方式转型,为 N 率先基本实现现代化提供坚强的资源支撑和保障。

二、总体目标

提升保障能力,促进经济社会转型发展。积极争取增量用地,拓展土地规划空间,保证耕地占补平衡,优化城乡空间布局,加大土地储备力度,推进供需双向调节,实行差别化供地,确保科技创新创业、战略性新兴产业、现代服务业等重大项目用地。

落实基本国策,保护资源改善生态环境。坚守耕地保护红线,推进矿山环境治理,确保耕地数量不减、质量提高,矿山环境得到修复和改善。

推进国土整治,深入挖掘存量用地潜力。推进农村土地综合整治,实施农地重整、村镇重建、要素重组,释放农村建设用地潜力,促进农业增效、农民增收、农村发展。

优化资源配置,积极提高土地利用效率。完善土地市场资源配置机制,加大闲置土地处置力度,盘活存量土地资源,发挥土地价格、税收杠杆作用,建立土地资源约束倒逼机制。

三、主要内容

(一)拓宽用地保障渠道,提高服务发展能力

各区县根据经济社会发展客观需要,结合社会发展、城乡建设、环境保护等各类规划,建立土地利用总体规划的定期评估和滚动修编制度,争取流量指标,拓展发展空间。

积极争取增量,充分挖掘存量,构建增量与存量双供互补机制。针对项目不同类型,在国家和省下达的年度用地计划之外,积极争取单独选址、点供计划、追加指标和奖励指标。结合产业总体布局,通过增减挂钩、万顷良田、土地综合整治、集体建设用地流转、农村宅基地整理、空闲土地处置等方式,盘活存量建设用地,保障项目用地需求。

积极拓宽省以上重点工程占补平衡新渠道,着力推动省内易地

补充耕地，构建用地指标挂钩置换制度和补充耕地指标市场化配置机制，明确耕地占补平衡工作责任，落实耕地占补平衡责任主体，充分调动区县耕地补充积极性，提高项目用地报批效率，强化用地保障能力。

（二）优化城乡用地布局，引导产业调整升级

通过科学布局城乡建设用地，实现集中集聚集群发展，促进产业结构升级转型。结合实施全市主体功能区规划，统筹布局现代服务业、战略性新兴产业、先进制造业和现代农业，明确各区县、相关开发区和功能板块的主导功能定位、主导产业类型，避免同质竞争、重复建设、盲目发展。

优化城乡用地布局，合理安排项目用地。主城着力提升生产研发、创意产业和高端现代服务业；副城和绕越公路以内的新城、新市镇依托开发园区，重点发展高新技术产业和现代服务业；绕越公路以外的新城和新市镇依托开发园区，重点发展先进制造业。

结合各类工业集中区的撤并整合，通过土地利用总体规划动态修编，预留各大开发园区、功能板块建设发展空间。优化整合全市现有园区，做强做实，重点突破，聚焦省及省级以上开发园区发展，培育和壮大1—2个主导产业，充分发挥现有百亿级大企业、高成长性中心企业的影响力，打造产业集群。对市以下设立的各类工业集中区加快优化整合，推行有序撤并，实行产业布局调整补偿，现有项目纳入城镇规划体系统一管理。

（三）实行供需双向调节，确保重点项目用地

围绕经济转型发展，实行差别化供地政策，合理安排用地规模、结构和时序，科学配置增量和存量土地资源，每年初在国家和省下达的用地指标内专项划出科技创业特别社区用地计划，并优先保证特别社区内的由政府投资建设和管理的孵化器、加速器、中试用房和人才公寓用地需要，全力保障科技创新创业、战略性新兴产业、现代服务业、基础设施、民生工程等重大项目建设用地。

通过扩大增量、挖掘存量形成的用地,优先向科技创业特别社区和省级以上开发区、城市功能板块、省级以上服务业集聚区安排,确保孵化器、加速器等各类科技创新创业载体用地,大力扶持科技研发企业用地。

禁止向"三高两低"项目和不符合产业政策及规划布局的项目供地。传统产业项目原则上通过盘活存量土地、入驻标准厂房等方式解决。

(四)实施节地提效计划,提高土地利用效益

围绕实现基本现代化的指标体系,综合衡量项目的产业类型、科技含量、投入强度、产出水平、税收贡献,充分发挥地价、税收的调节作用,科学设定用地标准。除特殊行业外,工业用地容积率不低于1.0,标准厂房容积率不低于1.2。

统一土地出让最低价。除经市政府批准的特殊情况外,土地出让底价原则上不得低于成本。工业用地出让最低价标准在现有基础上提高30%以上,D区、F区、J区、江北地区、两县工业用地最低价标准,分别提高至每亩42万元、40万元、38万元、23万元、16万元。除经市政府批准的特殊情况和科技含量高、成长性高的科技创业型项目外,不得给予地价优惠。经营性用地最低出让价标准分别提高至江南九区每亩120万元、江北地区每亩90万元、两县每亩60万元。以上标准根据实际情况适时调整。禁止以任何形式返还土地出让金。

明确工业项目供地标准。F区、D区、J区范围内新增工业用地项目总投资额、亩均投资强度分别不低于1亿元、550万元,亩均产值不低于600万元或亩均税收不低于30万元;P区、W区范围内新增工业用地项目总投资额、亩均投资强度分别不低于8000万元、350万元,亩均产值不低于400万元或亩均税收不低于20万元;K县、G县范围内新增工业用地项目总投资额、亩均投资强度分别不低于6000万元、350万元,亩均产值不低于400万元或亩均税收不低于20万元。对科技含量高、成长性高的科技创业项目,可适当降低标准。到

2015 年，全市每亿元 GDP 耗用建设用地量降低至 270 亩。

加大存量闲置土地处置和调整盘活力度，加快推进城区工业用地调整退出，鼓励企业利用存量工业用地建设科技研发项目，不断挖掘存量土地潜力。到 2015 年，全市主城区域具备搬迁条件的工业生产企业基本完成搬迁任务，退出工业用地 1 万亩，各区县收回、调整盘活和利用存量闲置土地不少于 1.5 万亩。

加大土地储备力度，完善土地市场建设，坚持"净地"出让，提升土地运作水平。各级土地储备运作主体应不断扩大土地收储范围和规模，对于具备储备条件的经营性土地全部纳入储备，并严格实行净地收储。进一步发挥市级储备的统筹调控能力，市政府已明确运作主体之外的土地，统一由市土地储备中心进行收储，全力提高储备土地收益率。各区县要进一步加大储备土地征地拆迁工作力度，确保土地按计划完成净地，以备供应和使用。

（五）推进土地综合整治，加快城乡统筹发展

坚持统筹为要，科学编制农村土地综合整治规划。通过实施土地综合整治规划，解决土地利用总体规划空间布局、指标控制与经济社会发展、城乡建设实际需求之间的矛盾，集约优化配置土地资源，加快城乡统筹发展，推进农业现代化建设，建设美丽乡村。

全面推进农村土地综合整治工程。加快盘活农村建设用地，力争 2015 年前盘活 10 万亩。积极申报实施国家土地整治示范项目，大力实施土地开发复垦整理、占补平衡、城乡建设用地增减挂钩、万顷良田建设工程。积极开展农村宅基地及废弃低效利用的农村建设用地整治工作，促进建设用地流转，释放农村建设用地调整盘活空间。积极争取废弃工矿用地复垦调整使用试点，通过废弃工矿治理形成新增建设用地指标。

允许土地综合整治形成的建设用地指标有偿流转。各镇街通过土地综合整治形成的新增建设用地指标，主要用于镇街的农业农村发展和各类建设。各区县通过万顷良田、增减挂钩形成的新增建设

用地指标,允许在区县内统筹调剂安排使用。积极探索结余指标在区县之间通过产业整合、资源要素重组等方式,进行结对调剂使用。

不断完善土地综合整治收益分配制度。以尊重和保护农民权益、及时足额到位补偿资金为前提,对土地综合整治形成的新增农地,实行承包经营权流转,促进规模经营,确保新增农地和建设用地指标流转收益在专项用于农民搬迁补偿安置、农民社会保障、农村集体资产股份化改造和农村基础设施建设等之后,余额用于农业农村发展和土地综合整治。

(六)落实资源保护责任,促进生态环境建设

各区县要认真落实土地管理共同责任,明确违法用地管控目标,建立完善违法用地预防约束机制。各区县应当坚持耕地保护、生态建设并重的原则,在保护耕地的前提下建设生态环境,在改善生态环境中严格保护耕地和基本农田,确保到2015年,全市耕地保有任务量不低于356.5万亩,基本农田保护面积不少于341.08万亩。

落实主导功能定位,合理调整、划定全市基本农田。严格落实耕地占补平衡任务。优化落实全市耕地与基本农田质量建设总体方案,持续开展耕地质量监测,完善农田水利基础设施配套,实施基本农田示范区建设,努力提高耕地与基本农田质量。显化耕地与基本农田的资源生态价值,建立耕地与基本农田保护补偿机制。完善设施农用地管理,支持现代农业发展,实施农业"1115"工程,提高农业综合生产能力。

关停重点区域和重点线路两侧露采矿山,修复废弃露采矿山环境。确保2012年底前,绕越公路外侧可视范围内和绕越公路以内露采矿山全部停止开采;2013年底前,全市露采矿山基本停止开采,砖瓦黏土矿全部关停;2014年底前,通过对废弃露采矿山开展环境治理,消除地质灾害,复绿山体创面,减小视觉污染,改善生态环境。

四、保障机制

(一)加强组织领导。各级党委政府、各部门、各开发园区、各功

能板块在国土资源管理转型创新上要各负其责，齐抓共管，形成合力。市政府成立国土资源管理转型创新工作领导小组，统筹负责全市国土资源管理转型创新的组织、指导、协调和督促检查。各区县主要负责人为本行政区域国土资源管理转型创新的第一责任人，各开发园区、功能板块作为国土资源管理转型创新的主体，也要相应成立领导小组，把工作落实到位。各相关部门要围绕促进国土资源管理转型创新，制定政策，加强管理，共同把好用地关。国土资源管理转型创新工作纳入全市督察体系。

（二）创新工作制度。聚焦国内外先进城市国土资源管理创新改革的经验和做法，学习借鉴国内城市已有的成功改革方案，加强顶层设计，强化制度创新，突出前瞻性和可操作性，结合 N 实际，制定一系列推进方案实施的工作制度。认真处理好整体设计与分步实施、全面推进与突出重点、先行先试与循序渐进的辩证关系，明确目标任务，紧扣序时进度，集中力量突破，通过制度创新促进工作转型。

（三）实施评价考核。强化对区县、开发园区和功能板块国土资源管理转型创新工作的目标考评。考核内容突出"节地提效""土地综合整治"和"耕地保护"三大类，"节地提效"主要考核科技创新创业、战略性新兴产业、现代服务业用地的比重，新增工业用地建筑容积率和亩均投资强度、产出水平、税收贡献、已批土地供地率、闲置土地处置率、盘活空闲土地面积，露采矿山关停情况，废弃矿山环境治理面积等；"土地综合整治"主要考核土地整治规模、整治形成的新增建设用地指标、整治形成的占补平衡补充耕地指标，新建高标准粮田面积等；"耕地保护"主要考核耕地保有量，基本农田保护面积，耕地质量，违法用地比例及总量等。要根据各区县、开发园区和功能板块土地资源禀赋情况及主体功能定位，科学设定考核内容和考核标准，实行分类考核，并纳入全市经济和社会发展目标考评体系。对土地节约集约利用程度较高、耕地与基本农田保护情况较好的区县、开发园区和功能板块，在农转用指标和增减挂钩周转指标上予以重点支持和倾斜，对考核不达标的区县、开发园区和功能板块，暂停建设项目审批和建设项目用地。

（四）严格责任追究。各区县建立违法占用耕地补偿制度，对违法用地严重的镇街（园区）收取耕地占用补偿费用，用于奖励耕地保护工作突出的地区。对年度内违法占用耕地面积较大的区县，暂停农用地转用、土地征收审批和增减挂钩试点工作。对土地管理秩序混乱，致使镇街（园区）年度内违法占用耕地比例超过15%的；对以任何形式返还土地出让金的；对未经市政府批准，土地出让底价低于成本的；对未经市政府批准和不属科技含量高、成长性高和科技创业型项目，而给予地价优惠的，根据《江苏省党政领导干部违反土地管理规定行为责任追究暂行办法》追究党政主要领导的党政纪责任。同时，还要根据违法用地项目类型、性质，追究相关负有责任的分管领导的党政纪责任，构成犯罪的，依法追究刑事责任。

严格执行市委、市政府《关于建立土地执法共同责任制的意见》，切实落实土地执法监管共同责任。规划、住建、城管、农林等部门在接到违法用地情况告知后，应按照本部门工作职责，依法处理。供水、供电主管部门在接到违法用地情况告知后，应及时按照规定，不得再为违法用地项目供水、供电。纪检监察机关对供水、供电主管部门履职情况定期开展监督检查。对行政执法部门已履职查处到位，需申请法院强制执行的、涉嫌违纪犯罪需移送的、没收违法建筑需移交的违法用地案件，法院、公安机关、纪检监察机关和财政部门应当按照相关规定进行受理，并及时向行政执法部门反馈处理情况。

附件2：计划关停企业名单

2012年计划关停企业

序号	所在地	矿山名称	开采主矿种	经济类型
1	X区	N建茂新型建材有限公司	砖瓦用页岩	有限责任公司
2		N市J区汤山孟北为民砖瓦厂	砖瓦用黏土	私营独资企业
3	J区	N高台采石有限公司	建筑用安山岩	私营独资企业
4		N汤山膨润土有限公司	膨润土	有限责任公司
5		N汤山康发冶铸材料有限公司	膨润土	有限责任公司
6		N宏富膨润土有限公司	膨润土	有限责任公司
7		N闽乐新型建材有限公司	砖瓦用页岩	股份合作制
8		N市J区吴墅建筑材料厂	砖瓦用黏土	私营独资企业
9		N市J区新北建筑材料厂	砖瓦用黏土	私营独资企业
10		N和百建材厂	砖瓦用黏土	私营独资企业
11		N市J区铜井星辉砖瓦厂	砖瓦用黏土	私营独资企业
12		N市J区飞明新型建材厂	砖瓦用黏土	集体企业
13		N市J区陆郎轮窑厂	砖瓦用黏土	集体企业
14		N市J区麒麟西流砖瓦厂	砖瓦用黏土	股份合作企业
15		N市J区谷里亲见建筑材料厂	砖瓦用黏土	私营独资企业
16		N市J区东池新型建筑材料厂	砖瓦用黏土	股份合作企业
17		N市J区阜庄	砖瓦用黏土	私营独资企业
18		N市J区陈巷轮窑厂	砖瓦用黏土	私营独资企业
19		N市J区麒麟甫建材厂	砖瓦用黏土	私营独资企业
20		N市J区周岗窑厂	砖瓦用黏土	股份合作企业
21		N市J区赵家边新型材料厂	砖瓦用黏土	私营独资企业
22		N市J区秣陵龙凤空心砖厂	砖瓦用黏土	私营独资企业
23		N陶吴砖瓦制造有限公司	砖瓦用黏土	私营独资企业
24		N市J区上峰阜东砖厂	砖瓦用黏土	私营独资企业
25		N建乐新型建材厂	砖瓦用黏土	私营合伙企业

续表

序号	所在地	矿山名称	开采主矿种	经济类型
26		N福亚新型建材有限公司	砖瓦用黏土	有限责任公司
27		N市J区禄口新型建材厂	砖瓦用黏土	私营独资企业
28		N福乐新型建材厂	砖瓦用黏土	私营独资企业
29		N纪村新型建材厂	砖瓦用黏土	私营独资企业
30		N万利砖瓦厂	砖瓦用黏土	私营独资企业
31		N埂方建材有限公司	砖瓦用黏土	有限责任公司
32		N市J区八闽新型墙体建材厂	砖瓦用黏土	私营独资企业
33		N市J区陆郎西山轮窑厂	砖瓦用黏土	集体企业
34		N市J区土桥西湖砖瓦厂	砖瓦用黏土	私营独资企业
35		N市J区茂峰新型建筑材料厂	砖瓦用黏土	私营独资企业
36		N市J区陆郎花塘砖瓦厂	砖瓦用黏土	集体企业
37		N园福建材厂	砖瓦用黏土	私营独资企业
38		N市J区土桥砖瓦厂	砖瓦用黏土	集体企业
39		N市J区铜井第二砖瓦厂	砖瓦用黏土	股份合作企业
40		N丹向建筑材料厂	砖瓦用黏土	集体企业
41		N市J区闽泰建筑材料厂	砖瓦用黏土	私营独资企业
42		N市J区陶吴新型墙体材料厂	砖瓦用黏土	股份合作企业
43		N市J区生福砖瓦厂	砖瓦用黏土	国有企业
44		N市J区横溪建筑材料厂	砖瓦用黏土	集体企业
45		N市J区林品华新型建材厂	砖瓦用黏土	私营独资企业
46		N市J区J司家轮窑厂	砖瓦用黏土	集体企业
47		N市J区军建新型建材厂	砖瓦用黏土	私营合伙企业
48		N市J区奔富建材厂	砖瓦用黏土	股份合作企业
49		N市J区茶岗新型建材厂	砖瓦用黏土	私营独资企业
50		N市J区陆郎安山轮窑厂	砖瓦用黏土	集体企业
51		N市J区龙都第三砖瓦厂	砖瓦用黏土	集体企业
52		N市P区永宁镇同家冲矿区	砖瓦用黏土	集体企业
53	P区	N市P区建设砖瓦厂	砖瓦用黏土	私营独资企业
54		N市P区沿江镇砖瓦厂	砖瓦用黏土	集体企业
55		N市P区顶山砖瓦厂	砖瓦用黏土	私营独资企业

序号	所在地	矿山名称	开采主矿种	经济类型
56		L区竹镇第二建材厂	砖瓦用黏土	私营独资企业
57		N市W区乌石砖瓦厂	砖瓦用黏土	私营独资企业
58		N市W区羊山砖厂	砖瓦用黏土	集体企业
59		N市W区龙陆砖瓦厂	砖瓦用黏土	私营独资企业
60		N市W区冶山镇平庄砖瓦厂	砖瓦用黏土	集体企业
61		L区横梁镇太平砖瓦厂	砖瓦用黏土	集体企业
62		N市W区上苏砖瓦厂	砖瓦用黏土	私营独资企业
63		N飞龙新型建材厂	砖瓦用黏土	私营独资企业
64		N市L区东沟镇一窑砖瓦厂	砖瓦用黏土	私营独资企业
65		L区横梁镇雨花石村砖瓦厂	砖瓦用黏土	私营独资企业
66	L区	N市W区昆兴砖瓦厂	砖瓦用黏土	私营独资企业
67		W区横梁镇山南砖瓦厂	砖瓦用黏土	集体企业
68		N市L区双青砖瓦厂	砖瓦用黏土	集体企业
69		NL宽云砖瓦厂	砖瓦用黏土	集体企业
70		NL新篁镇砖瓦厂	砖瓦用黏土	集体企业
71		N市W区新集新新窑厂	砖瓦用黏土	私营独资企业
72		L区飞达建材厂	砖瓦用黏土	集体企业
73		N草塘新型墙体材料厂	砖瓦用黏土	私营独资企业
74		N市L东部采石厂	玄武岩	私营合伙企业
75		N市L区竹镇镇云辉采石厂	玄武岩	私营独资企业
76		N市L区四友砂矿	建筑用砂	私营独资企业
77		N市L区铁牛砂矿	建筑用砂	私营独资企业
78		杜巷矿区	建筑石料用灰岩	私营独资企业
79	K县	K县常驰采石厂	建筑石料用灰岩	私营独资企业
80		K县苏宜轧石厂	建筑石料用灰岩	私营独资企业

| 2013 年计划关停企业 | | | | |
序号	所在地	矿山名称	开采主矿种	经济类型
1	P区	N市P区青平砖瓦厂	砖瓦用页岩	私营合伙企业
2	J区	N市W区山湖采石厂	玄武岩	私营合伙企业
3		N盘鑫矿业有限公司	玄武岩	有限责任公司
4		N市W区金山江砂矿	建筑用砂	私营独资企业
5		N桥王砂石有限公司	建筑用砂	有限责任公司
6		N宝华石材有限公司	建筑用花岗岩	外资企业
7	G县	G县枫元建材有限公司	砖瓦用黏土	有限责任公司
8		G县漆桥砖瓦厂	砖瓦用黏土	股份合作公司
9		G县国华建材厂	砖瓦用黏土	私营合伙企业
10		G县镇南建材厂	砖瓦用黏土	私营合伙企业
11		G县固城蒋山砖瓦厂	砖瓦用黏土	集体企业
12		G县漕塘建材有限公司	砖瓦用黏土	有限责任公司
13		N市G县阳江丹农砖瓦厂	砖瓦用黏土	私营独资企业
14	K县	N昌久建材有限公司	建筑用安山岩	有限责任公司
15		K县云鹤砖瓦厂	砖瓦用黏土	私营独资企业
16		K县上旺砖瓦厂	砖瓦用黏土	私营独资企业
17		K县石湫砖瓦厂	砖瓦用黏土	集体企业
18		K县徐溪砖瓦厂	砖瓦用黏土	私营独资企业
19		K县常盛砖瓦厂	砖瓦用黏土	私营独资企业
20		K县晶桥新型墙体材料厂	砖瓦用黏土	私营独资企业
21		N石林建筑材料厂	砖瓦用黏土	集体企业
22		K县白马镇永丰砖瓦厂	砖瓦用黏土	私营独资企业
23		K县双排石宏达建材有限公司	砖瓦用黏土	有限责任公司

第二篇

政策类

第一部分　概述

政策类项目社会稳定风险评估，是指针对法律、行政法规、行政规章以及规范性文件等项目，在决策之前、制定过程中或试行之后，制定部门或其委托的第三方机构对项目内容及其实施可能引发的社会稳定风险所进行的评估。

政策类项目的基本特点在于对象不特定以及能够反复适用，相应的，其社会稳定风险评估的主要难点在于利益相关群体较难厘清和未来不确定因素较多。

政策类项目社会稳定风险评估的关键在于：（一）理解制度规范。政策类项目，就内容来说，大多涉及国家和地方整体性、方向性或领域性重要事务，关系国计民生；就程序来说，必须遵循立法程序（国家权力机关立法程序和行政立法程序）或类立法程序（制定规范性文件程序），程序复杂而严格。因此，政策类项目制度性强、规范性高，进行这类项目社会稳定风险评估，需要深入研读有关的制度安排、法规体系和政策规定，准确把握相关的规范、精神和条文。（二）厘清利益相关群体。政策类项目涵盖范围广、实施周期长，利益相关群体的总体人数、基本类别、行为特征、利益诉求等难以清晰梳理、准确甄别。如所选案例"J市部分区域早晚高峰限制非本市籍号牌机动车通行"中，涉及车辆、人数到底多少？都是哪些人，来自何处？限行政策对他们有何影响？他们的意见和诉求是什么？诸如此类，这些资料很难精确收集和统计。如果利益相关群体梳理不清，社会稳定风险评估也就无从谈起。因此，穷尽手段，厘清利益相关群体并做细致分析，是政策类项目社会稳定风险评估的重中之重。（三）把握发展态势。政策执行是未来时态，持续时间短则一两年，长则几十年，为此，需对政策实施区域未来社会发展态势做出分析和预测，只有这样，相关风险因素的梳理和识别才有可能全面和准确。

本篇所选案例为笔者 2020 年 5 月主持的地方重大决策社会稳定风险评估项目。项目初始风险等级确定为高，决策部门经综合研判，认为短期内无法将风险防范和化解措施实施到位，决定该项政策不予实施。

第二部分　案例：J 市部分区域早晚高峰限制非本市籍号牌机动车通行社会稳定风险评估

第一章　评估概述

一、项目概况

（一）项目由来

近年来，J 市机动车数量逐年增加，目前全市机动车保有量 280 余万辆，道路交通运行态势空间上呈现"快速环线车辆聚集、城市干道拥堵常发、重要枢纽交通饱和"的特征，时间上呈现"高峰车多缓行、平峰基本畅通"的特征，出行高峰期城市道路平均车速为 26.4 km/h，拥堵延时指数为 1.69，总体属于轻度拥堵状态。根据监测数据测算，J 市长江以南、绕城公路（含绕城公路）以内区域，日均活跃车辆约 137.4 万辆，其中外地号牌车辆约 26.5 万辆，占比达 19.3%；早晚高峰（7:00—9:00、17:00—19:00）日均活跃车辆约 75.9 万辆，其中外地号牌车辆约 9.6 万辆，占比达 12.7%。

为系统治理交通拥堵"城市病"，缓解 J 市主城区道路交通行车难、停车难矛盾，引导公交出行、错峰出行，实现城市交通供需平衡，改善通行环境，保障城市交通正常运行秩序，提高通行效率，推动城市高质量可持续发展，根据《道路交通安全法》《重大行政决策程序暂行条例》等法律法规的规定以及《江苏省机动车排气污染防治条例》等政策文件的要求，J 市人民政府决定对非本市籍号牌机动车实施限制通行措施。

（二）项目基本内容

1. 限行车辆：非本市籍号牌机动车（含临时号牌），军（武警）车、警车、消防车、救护车和工程抢险车等特种车辆除外。

2. 限行时间：自 2020 年　月　日①起，工作日早晚高峰即7：00—9：00、17：00—19：00，禁止非本市籍号牌机动车通行。

3. 限行范围：长江以南、绕城公路（含本道路）以内区域。

（三）项目的必要性

J 市部分区域早晚高峰限制非本市籍号牌机动车通行项目的必要性体现以下几个方面：

1. 缓解城区交通拥堵。国内外研究发现限行政策的执行成本较低，且缓解交通拥挤的效果明显。如前所述，J 市总体已属轻度拥堵状态，在部分区域早晚高峰限制非本市籍号牌机动车通行，可在一定程度上减轻交通压力，提高通行效率，是实现城市交通供需平衡、推动城市高质量可持续发展的重要举措。

2. 减少城市空气污染。据统计，J 市机动车增长率连续多年高于 GDP 增长率，目前保有量已达 280 多万辆，尾气污染物占城区空气污染物三分之一以上，是造成城市空气污染和城市灰霾天气的重要原因之一。研究表明，城市道路交通中，当车速低于 50 km/h—60 km/h 的速度区间时，随着速度降低，各污染物的排放因子变大，排放的污染物增多。因此限行政策也是快速发展中的大城市治理大气污染的有效方法。

3. 优化居民出行方式。限行政策可以引导居民减少使用私家车，尽量乘用公交车。公共交通成为替代出行方式，是从高能耗、高污染型交通向绿色、低碳交通转变及公交优先发展的重要步骤，也是提升城市品质、改善生态环境、保障人民健康的有效途径。

4. 国内外拥有众多成功案例。国外，限行政策起源于 20 世纪 70 年代的阿根廷，以尽量减少对公民出行影响为出发点，旨在控制道路

---

① 当时未确定具体实施时间。

行驶车辆数量;随后,20世纪80年代,法国引入相似限行政策;20世纪末,限行政策逐渐在众多国家被普遍实施。国内,2008年的北京奥运测试赛期间,北京开始单双号限行措施,城市交通拥堵状况有所缓解,此后限行措施逐步成为常态管理措施;2013年1月16日起,济南为应对重污染天气实行单双号限行;随着绿色出行理念和限行政策逐渐为人们所接受,我国的一些城市,包括北京、天津、上海、杭州、成都等,相继实行限行政策并形成较为成熟的实施方案和操作手段,其中,有的城市只针对部分主干路和重点区域限行,有的则针对中心和外围城区的过渡区域实施限行,限行时间从早晚高峰时段到全天不等,具体实施方案包括单双号限行、按尾号与对应日期限行等,取得了良好效果。

二、评估依据

(一)法律、法规

1.《中华人民共和国立法法》

2.《中华人民共和国道路交通安全法》

3.《重大行政决策程序暂行条例》

4.《江苏省道路交通安全条例》

5.《江苏省大气污染防治条例》

6.《J市机动车排气污染防治条例》

7.《J市道路交通安全管理条例》

8.《J市道路交通安全条例》

(二)政策、规定

1. 中共中央办公厅、国务院办公厅转发《中央政法委员会、中央维护稳定工作领导小组关于深入推进社会矛盾化解、社会管理创新、公正廉洁执法的意见》(中办发〔2009〕46号)

2.《中共中央办公厅、国务院办公厅印发〈关于建设健全重大决策社会稳定风险评估机制的指导意见(试行)〉的通知》(中办发〔2012〕2号)

3. 中央维护社会稳定工作领导小组印发《关于贯彻中办发

〔2012〕2号文件的具体意见》（中稳发〔2014〕1号）

4. 中共江苏省委办公厅、江苏省人民政府办公厅《关于健全重大决策社会稳定风险评估机制的意见》（苏办发〔2013〕31号）。

5.《J市维护稳定工作领导小组关于开展社会稳定风险评估工作的实施意见》

6.《国家环境保护"十三五"规划》

7.《生态文明体制总体方案》

8.《大气污染防治行动计划》

9.《J市机动车排气污染防治管理办法》

10.《打赢蓝天保卫战三年行动计划》

11.《J市蓝天行动计划(2010—2015)》

（三）其他依据

《J市人民政府关于对在部分区域内早晚高峰限制非本市籍号牌机动车通行的通告（征求意见稿）》

三、评估主体

（一）评估主体的组成及职责分工

本项评估工作由J市公安局交通管理局和南京大学政府管理学院方面共同组成评估工作机构。

笪素林拟订评估方案并组织实施，其他成员共同参与方案设计、资料收集、实地调研、风险分析等工作。

评估主体的专业性和独立性能够保证此项评估工作的可靠性和公正性。项目负责人笪素林长期从事国家治理和社会风险管理的教学与研究工作，参与了多项国家级和省部级有关风险管理的课题研究，承担过"N市高排放机动车扩大限行社会稳定风险"和"N市石城文化创意园改造项目社会稳定风险评估"等多项稳评工作，拥有社会稳定风险评估的厚实理论基础和丰富实践经验。同时，研究团队成员与项目相关利益各方没有任何利益关系，研究工作基于公正性和科学性进行，评估结论不带倾向性。

（二）其他相关主体参与评估情况

评估过程中评估主体采取多种方式倾听取各方意见,使各相关
主体参与到风险评估中来,充分表达自己的利益诉求和相关意见,以
使风险梳理全面、真实,风险评估准确、可靠。

首先,通过深度访谈、查阅资料、现场勘查、专家咨询等方式,充
分了解J市部分区域早晚高峰限制非本市籍号牌机动车项目的政策
背景、基本构想、社会风险意识、风险管控能力以及项目实施条件。

其次,通过集体座谈、深度访谈等方式,充分了解受限行政策影
响的党政部门、事业单位、企业、车主和群众的利益诉求和相关意见。
评估团队走访了部分省级机关、基层政府组织,进行了集体座谈和个
别访谈;深入访谈了江苏省沿海开发集团有限公司、江苏新奥能源发
展有限公司、江苏五方国际旅行社有限公司、J市新文华国际旅行社
等不同类型企业,走访了S医院、G医院和江苏省卫健委等医疗单位
及政府管理部门,访谈了部分本市牌照车主、外籍牌照车主,充分了
解相关利益群体的意见和要求。

第三,通过集体座谈、随机访谈、网络搜索等方式,了解了J市一
般市民对于该项目建设的相关意见。

第四,通过深度访谈等方式,了解专业人士对于该项目的相关意
见和建议。评估团队走访了南京大学环境学院、法学院、社会风险与
公共危机管理研究中心以及江苏省社会稳定风险评估促进会、江苏
省交通科学研究院、江苏省环科院等单位的专家、学者、律师等专业
人士,听取他们对拟限行政策的意见和建议。

第五,通过随机访谈、网络搜索等方式,了解镇江、扬州、泰州、淮
安以及马鞍山、滁州、六安等J市周边地区民众对于拟限行政策的意
见和建议。

最后,评估团队走访了J市公安局交通管理局,向负责本次限行
政策项目的工作人员了解具体推进状况,向J市市委宣传部、政法委
以及市发改委、工信局、司法局、生态环境局、交通运输局、文化和旅
游局、商务局、大数据局等部门实务工作人员针对具体问题进行请教。

总之，在风险评估的过程中，相关利益群体以及有关政府部门、社会组织、专家学者和普通民众都得到了有效参与，充分保障了相关利益主体的知情权和表达权。

四、评估过程

根据该项目社会稳定风险评估及评审要求，制定评估流程，并按照本评估流程进行该项目社会稳定风险评估相关工作。

（一）制定评估方案

明确风险评估的组织机构、职责分工、工作进度、工作方法与要求、征询意见对象及方法、风险评估报告大纲等事项。

（二）公示评估项目

通过发布媒体公告、张贴告示、单独或集中告知等方式，将项目概况、评估责任主体及联系方式、评估实施主体及联系方式等告知利益相关群体及社会公众，使利益相关群体充分表达意见和诉求，调动社会公众积极参与稳评工作。

（三）开展风险调查

评估团队通过查阅文献、实地勘察、随机访谈、深度访谈、座谈等方法进行了广泛、深入的风险调查。

全面收集并认真审阅社会稳定风险评估相关资料，包括但不限于以下文献资料：国家和地方相关法律、法规和政策；决策项目前期相关文件，包括公安交管、生态环境、交通运输等部门出具的背景资料、过程文件、影响评估等；相关规划与标准规范；同类或类似项目风险评估资料等。

决策项目与国家和当地经济社会发展规划、行业规划、产业政策、标准规范的符合性，与城乡建设规划及相关行业专项规划等的符合性，分析项目达到合法性要求还需依法取得的相关前置审批文件等；核查决策项目规划设计是否合理；与城乡民生、工业生产、商业活动、城市建设等基础工程和重大项目的相关程度；项目实施方案是否合理、可行、可靠。

调查分析决策项目所在地自然和社会环境状况,以及项目实施可能对当地自然和社会环境产生的影响,包括是否涉及公共安全等问题;项目实施对项目区域居民交通出行和居民的生产生活等方面产生的影响;决策项目对项目所在地文化、生活方式、宗教信仰、社会习俗等非物质性因素的影响,判断决策项目能否为当地的社会环境、人文条件所接纳等。

根据决策项目的相关要求,结合项目所在地的实际情况,开展民意调查:向受政策项目影响的相关群众了解情况,对受政策项目影响较大的群众了解情况,对受政策项目影响较大的群众、有特殊困难的家庭要重点走访,当面听取意见。听取意见注意对象的广泛性和代表性,注意方式方法,确保收集意见的真实性和全面性;讲清项目相关的法律和政策依据、项目方案、项目实施全过程可能产生的影响,以便群众了解真实情况、表达真实意见。

调查决策项目所在地基层政府和有关组织、单位的态度。在限行车辆、限行时间、限行范围、二手车转籍政策、环境保护等方面,征求项目所在地基层政府和有关组织、单位等对拟实施项目的态度,了解项目所在地存在的历史矛盾和社会背景等。

调查媒体对决策项目的态度。了解大众媒体包括网络媒体及移动媒体等新兴媒体对决策项目的意见、诉求和舆论导向等。

调查同类项目的社会稳定风险情况。了解公开报道的同类项目曾经引发的有影响的重大涉稳事件,包括产生的原因、后果、处置措施和经验教训等。

(四) 全面分析论证

在风险调查的基础上,运用相关知识和方法,全面、系统地分析识别决策项目所面临的各种风险因素以及涉稳风险发生的可能原因等,制定最佳的降低风险措施。

分门别类梳理各方意见,参考相同或类似项目引发社会稳定风险的情况,重点围绕决策项目实施的合法性、合理性、可行性、可控性进行客观、全面的评估论证;对拟实施项目所涉及的风险调查、风险识别、风险估计、风险防范和化解措施、风险等级评判等内容逐项进行分析论证，特别是对风险因素、风险发生概率、可能引发矛盾纠纷的激烈程度和持续时间、涉及人员数量、可能产生的各种负面影响以及相关风险的可控程度进行评估论证。

（五）编制评估报告

重点围绕风险评估过程、采用方法、各方意见采纳情况，以及可能引发的矛盾和涉稳风险、降低风险措施建议、风险等级、评估结论等方面编制评估报告。

五、评估方法

（一）研读文献

通过研读相关法律法规、政策文件及统计资料，分析部分区域早晚高峰限制非本市籍号牌机动车通行政策的合法性、合理性、可行性及可控性，了解所涉行业与车主的生计状况与市场影响，掌握相关利益群体的总体规模、人口特性与分布范围。

（二）调查风险

采取座谈会、民意测评、重点走访、现场勘查等多种形式，广泛征求J市部分区域早晚高峰限制非本市籍号牌机动车通行政策涉及的属地政府、管理部门以及社会各界的意见和建议，充分听取相关利益群体对于限行的各种诉求、相关意见，及时搜集网络舆情民意，深入了解和准确把握群众对该项目的反应，全面梳理和深入分析各类风险因素。

（三）预测风险

本项目风险的分析主要运用的方法为核对表法、社会统计法、案例参照法、风险综合评价法等。分析评估过程综合运用了各种管理科学技术，采用定性与定量相结合、综合性与技术性相结合的方式，分析评估风险发生的概率和风险影响的程度、确定风险因素的权重、评判风险等级。具体操作方法如下：

1. 核对表法

核对表是基于以前类比项目及其他相关信息编制的风险识别核

对图表,一般按照风险来源排列。核对表法,是根据风险要素,把以
前经历过的风险事件及来源列成一张核对表,再结合本项目所面临
的环境、条件等特点,对照核对表,识别出其潜在的风险。

2. 社会统计法

社会统计学方法是目前社会学、经济学和管理学研究中数据采
集和数据统计与分析的主要方法之一。对决策项目社会稳定风险进
行技术设计,重点收集限行政策对城市、市民、相关外籍车主及本市
车主等带来的环境影响、工作影响、生存影响等方面的数据,对上述
定性指标进行量化分析,减少调查对象的主观影响,使得数据统计与
分析更加科学化、合理化。

3. 案例参照法

通过参照以往类似的案例,识别项目社会稳定风险因素的方法。
主要是通过参照本地区以往相似的案例、其他地区以往相同的安全,
包括相似或相同的政策项目、相似或相同的利益受损情况引发社会
稳定风险事件的案例,来识别风险因素、估计和评判风险。

4. 风险概率-影响矩阵法

根据判断的风险发生概率等级和风险影响等级,运用风险概
率-影响矩阵(也称风险评价矩阵)对单个风险因素进行分析,判定其风
险等级。单因素风险的风险概率和风险影响评判参考标准如下:

表 2-2-1-1 单因素风险影响评判参考标准

等级	影响程度	表示
严重影响	在全区、市或更大范围内造成一定负面影响(社会稳定、形象等方面),需要通过长时间的努力才能消除,且付出巨大代价	S
较大影响	在区、市内造成一定影响(社会稳定、形象等方面),需要通过一定时间才能消除,并需要付出较大代价	H
中等影响	在当地造成一定影响(社会稳定、形象等方面),需要通过一定时间才能消除,并需付出一定代价	M

等级	影响程度	表示
较小影响	在当地造成一定影响（社会稳定、形象等方面），但可在短期内消除	L
可忽略影响	在当地造成很小影响，可自行消除	N

5. 综合风险指数评价法

项目整体风险程度的评判，可采用风险综合评价法（主观评分法）进行评判，其主要步骤为：

（1）建立项目综合风险指数计算表。在单因素风险分析的基础上将评判确定的主要特征风险全部列入表中。

（2）确定每个单因素风险的权重。根据 AHP 层次分析法或利用专家经验，对每个因素风险的重要性及风险程度进行评估，采取相应的方法确定每个单因素风险的权重并进行归一化处理。

（3）给每个单因素风险赋值。根据单因素风险程度评判每个单因素的风险程度，采用 0.04—1.0 标准，分别给微小、较小、一般、较大和重大 5 个等级赋值。

（4）计算每个风险因素的风险指数。将每个风险的权重系数与等级系数相乘，所得分值即为每个风险因素的风险等级指数。

（5）最后将风险指数计算表中所有单风险的风险指数相加，得出整个项目的综合风险指数见表 2-2-1-2。

表 2-2-1-2　项目综合风险指数计算表

风险因素	权重	风险程度 R					风险指数
W	**I**	微小	较小	一般	较大	重大	**I×R**
		0.04	0.16	0.36	0.64	1.0	
W1							
W2							
…							
∑I×R							

(6) 根据项目综合风险指数的计算结果,评判项目的初始风险程度,分值越大,项目的初始风险程度越高。

第二章　风险调查

一、调查的对象和范围

风险调查是指根据拟限行政策的实际情况,围绕政策实施的合法性、合理性、可行性和可控性,结合政策方案,采取适宜的方法,深入开展风险调查。主要内容包括:限行政策的合法性;政策实施的社会环境状况;利益相关者(包括受限行政策影响的公民、法人和其他社会组织)对拟限行政策实施的意见和诉求;限行政策实施所在地政府及其有关部门、基层政府和基层组织、社会团体的态度;媒体对限行政策实施的态度,包括网络媒体及移动媒体等新兴媒体对限行政策的意见、诉求和舆论导向等;同类政策的政策内容、实施方式与政策效果。

凡是政策涉及利益相关者切身利益、容易引发社会稳定风险的因素都纳入调查范围内。从该政策直接影响角度出发,调查范围主要为政策实施所涉及的各类利益相关群体、政府相关职能部门、相关领域专家及社会公众,具体包括:

1. J市早晚高峰非本市籍号牌机动车活跃车辆车主,总数约9.6万人。

2. 旅游、交通运输、工业生产等行业人员,包括旅行社、景区单位、客运及货运企业、能源化工企业等。

3. 医院人员及外地来J市就医病人,主要包括S医院、G医院、D医院等大型三甲医院人员及其就医病人。

4. 江苏省级政府部门、外地政府驻J市机构、在J市以外设有分支机构的事业单位和大型企业人员。

5. J市相关政府职能部门、基层政府和群众自治组织人员,包括

J市公安局交通管理局、生态环境局、交通运输局、文化与旅游局以及江北新区、江宁、栖霞、六合、浦口等区的维稳、交通、交管、环保等部门及部分街道。

6. 相关领域实务人员和专家学者，包括J市市委宣传部和市发改委、工信局、司法局、商务局、大数据局等部门相关工作人员、专业人士以及南京大学、江苏省社会稳定风险评估促进会、江苏省交通科学研究院、江苏省环科院等的公共政策、环境科学、交通管理、风险治理、法律等领域的专家学者。

7. 社会公众，包括J市普通市民和J市周边地区民众。

二、调查的方式和方法

风险调查的方式有全面调查、抽样调查、个案调查和典型调查。调查的方法有观察法、访谈法、文献法、问卷法等。根据项目特点及政策性质，评估团队采取文献研读、现场勘察、集体座谈、深度访谈、民意测评、重点走访、网络调查等多种方式广泛听取各界意见，深入了解各方动态，准确把握相关利益群体的利益诉求和行为取向，以使风险梳理全面、真实，风险评估准确、可靠。

第一，通过深度访谈、查阅资料、专家咨询等方式，充分了解相关决策部门的政策构想、政策实施能力、社会风险意识、风险管控能力；与J市公安局交通管理局相关人员深入沟通，充分了解决策的基本过程、政策实施的空间范围和影响人群、社会公众和相关利益群体的参与情况。

第二，通过集体座谈、深度访谈等方式，充分了解限行政策涉及的在J市开展异地年检的外地牌照车主、过境J市的外地牌照车主、来J市办事和就医的J市周边地区群众的利益诉求和相关意见。评估团队通过座谈、入户访谈、电话访谈、随机访谈等方式，了解和掌握各类情况，听取相关利益者的诉求和意见。

第三，通过集体座谈、深度访谈等方式，充分了解限行政策涉及的行业、企业、事业单位等的情况和诉求。评估团队实地走访了旅游行业的江苏五方国旅和J市新文华国际旅行社、物流及危化品运输行业的J市三圣物流有限公司和J市浩宇物流有限公司、能源化工及大型国有的金陵石化有限公司以及医疗行业的S医院、G医院、D医院等,随机访谈了这些单位的职工,了解了相关行业、企业及事业单位的经营情况,听取了相关事业企业单位高管及一般职工的诉求和建议。

第四,通过集体座谈、深度访谈等方式,充分了解受限行政策影响的江苏省级政府部门、外地政府驻J市机构、在J市以外设有分支机构的事业单位和大型企业的情况和诉求。评估团队召开了省级机关工作人员座谈会,走访了江苏省沿海开发集团有限公司、江苏新奥能源发展有限公司等大型国有和民营企业,了解和掌握相关情况,听取诉求、意见和建议。

第五,通过集体座谈、深度访谈等方式,充分了解J市相关政府职能部门、基层党政机构和群众自治组织的意见和建议。评估主体召开了市委政法委、市发改委、市司法局、市交通运输局、市财政局、市信访局、市工信局、市文旅局、市城管局、市生态环境局、市商务局、市大数据管理局、市市场监管局等部门工作人员参加的座谈会,听取实务部门及专业人士的意见和建议;评估团队成员先后走访、调查了解了J市各区的经济社会发展现状、主要社会矛盾以及社会舆论、媒体态度等情况,听取各区维稳、交通、交管、环保等部门及部分街道的相关工作人员对于项目决策及实施的意见和建议。

第六,通过深度访谈等方式,充分了解有关实务人士、专家学者、社会组织的意见和建议。评估团队走访了J市公安局交通管理局,了解项目推进状况、相关实践案例和具体管理经验;走访了J市市委宣传部、政法委以及市发改委、司法局、生态环境局、交通运输局、大数据局等部门实务工作人员,了解情况,听取意见;走访了南京大学环境学院、法学院、社会风险与公共危机管理研究中心以及省社会稳定风险评估促进会、省交通科学研究院、省环科院等单位的公共政策、环境科学、交通管理、法律等领域的专家学者、专业人士,听取他们的意见和建议。

第七,通过随机访谈、电话访谈、网络搜索等方式,听取社会公众对于该项政策的相关意见。评估团队随机访谈、电话访谈 J 市普通市民以及镇江、扬州、泰州、淮安和马鞍山、滁州、六安等 J 市周边地区群众对拟限行政策的意见和建议。

三、调查的基本内容

风险调查的主要内容有:拟实施政策项目的"四性"分析,包括合法性、合理性、可行性与可控性;政策实施的社会环境状况;利益相关者(包括受限行政策影响的公民、法人和其他社会组织)对限行政策实施的意见和诉求;限行政策实施所在地政府及其有关部门、基层政府和基层组织、社会团体的态度;媒体对拟限行政策实施的态度,包括网络媒体及移动媒体等新兴媒体对限行政策的意见、诉求和舆论导向等;同类政策的政策内容、实施方式与政策效果。

(一) 拟实施政策的合法性、合理性、可行性、可控性

1. 拟实施政策的合法性

政策内容总体符合《中华人民共和国道路交通安全法》《中华人民共和国环境保护法》《中华人民共和国大气污染防治法》《重大行政决策程序暂行条例》和《江苏省大气污染防治条例》《江苏省机动车排气污染防治条例》等国家和地方相关法律法规的具体规定;符合《J 市大气污染防治条例》《J 市机动车排气污染防治条例》《J 市道路交通安全条例》等政策文件的精神和内容。

政策事项属于 J 市人民政府的权限范围和职责规定,过程和方式符合《中华人民共和国行政程序法》等法律法规和政策文件的规定和要求。《重大行政决策程序暂行条例》规定:"送请合法性审查,应当保证必要的审查时间,一般不少于七个工作日。""重大行政决策的实施可能对社会稳定、公共安全等方面造成不利影响的,决策承办单位或者负责风险评估的其他单位应当组织评估决策草案的风险可控性。"J 市公安局草拟了《关于做好我市部分区域内早晚高峰限制非本

市籍号牌机动车通行工作方案(代拟稿)》和《关于在我市部分区域早晚高峰限制非本市籍号牌机动车通行的通告(代拟稿)》,并提请市政府召集有关部门专题研究推进J市部分区域早晚高峰限制非本市籍号牌机动车通行相关工作。其后,各职能部门联合推进该政策内容制定落实落细,并委托南京大学政府管理学院负责稳评工作。政策推进的程序和方式符合国家法律法规及相关政策和规定。

另一方面,绕城公路属于G36和G42高速公路范畴,将其列入限行范围,可能引发一些合法性质疑。

2. 拟实施政策的合理性

(1) 从系统治理交通拥堵城市病,推动城市高质量可持续发展的角度来看,拟实施政策具有合理性。

J市机动车保有量为280余万辆,道路交通运行态势空间上呈现"快速环线车辆聚集、城市干道拥堵常发、重要枢纽交通饱和"的特征,时间上呈现"高峰车多缓行、平峰基本畅通"的特征,出行高峰期城市道路平均车速为26.4公里/小时,拥堵延时指数为1.69,总体属于轻度拥堵状态。实施恰当的限牌政策对J市缓解主城区道路交通行车难、停车难矛盾有关键意义。根据相关检测点数据计算,J市长江以南、绕城公路(含绕城公路)以内区域,工作日日均活跃车辆约92.1万辆,其中外地号牌车辆约为15.1万辆,占比达16.3%;早晚高峰(7:00—9:00、17:00—19:00)日均活跃车辆约43.4万辆,其中外地号牌车辆约为4.3万辆,占比达9.9%。采用"限外"政策,预计早晚高峰期将有90%外地车辆将无法在限行区内通行,届时:① 限行区内,机动车平均时速将提高至29.6 km/h,同比上涨13.8%,拥堵指数下降至1.61,同比下降10.0%;② 部分使用外地牌照汽车的J市常住人口可能更换新车,新增机动车保有量增长率将上升,对拉动汽车消费有一定作用;③ 对部分尾气污染物起到控制作用,氮氧化物(NOX)排放量将有所降低,二氧化碳当量排放也将减少,按照目前全国碳交易均价33元/吨计算,预计可节约减排成本500多万元/年。此外,绕城公路及其内部对外地货运车辆已有管理,采取全面限行不会对货运物流产生较大的新的影响。因此，采取部分区域早晚高峰限制非本市籍号牌机动车通行的政策，有利于引导公交出行、错峰出行，改善城市交通状况和环境质量，提高城市运行效率。

（2）从公共利益、发展全局以及政策效果角度来看，拟实施政策存在不足之处。

① 从公共利益、发展全局角度来看

一是限行政策对旅游、交通运输有重要影响，对部分工业企业有影响，进而可能对J市的经济发展造成不利影响。以旅游业为例，旅行团出行时间较为规律，7：00—8：00、17：00—19：00是其出发和返程的高峰时段，正是限行时段。据统计J市共有旅行社745家，每家旅行社一年的接待量在10万人次以上。同时随着华东地区精品游线路的建立，三省一市（浙江、江苏、安徽、上海）旅行社的年接待量在300万人次以上，J市处于该旅游线路的中心区位，在最高峰时期全市接待量占以上总人次的80%，年接待人次在150万人以上，华东地区来J市旅游一般租用大巴或中巴等车辆。非本市籍号牌机动车的高峰限行政策将对旅游业造成冲击，进而可能影响到众多从业人员及其家庭的生计问题。限行政策还会对区间客运、货运产生一定影响，进而对交通运输、工业生产等产生影响。此外，疫情后的复工复产仍很艰难，不少行业、企业陷入困境，J市经济下行压力较大。所以，限行政策可能对J市经济发展造成一定影响，在非常时期还会产生一些放大效应。

二是限行政策会对数万使用外地牌照J市常住人口造成一些不便或损失。在J市年检的外地牌照机动车约5.8万辆（2019年数据），车主基本为J市常住人口，限行政策可能迫使其中绝大多数车主更换J市本地牌照或者购置本地车辆，这给他们带来了额外负担，也会对更换车牌的车主产生一些不便。

三是限行政策可能对外地尤其省内其他地区政府部门、企业事业单位来J市办事造成不便，进而也会对省级机关、部分大型企业事业单位等产生一些影响。与上海、天津等直辖市不同，J市作为省会城市,省内外政府部门、企业、事业单位来J市办事较多,其中若干特殊事务需在高峰时段进出J市,限行政策会对他们及相关单位造成一些不便。

四是限行政策与当前积极发展J城市圈一体化、同城化的政策导向与发展趋势不很吻合,容易引起社会非议。大多数城市缓堵限行多采用"组合拳"等综合措施,在对本地车限牌限号的同时,对外地车辆进入市区进行限行,极少城市像J市此次仅限"外地牌照"。在推动长三角一体化、J都市圈同城化的背景下,这种限行政策可能引发与总体政策及趋势不合、地域歧视等负面评价。

五是限行政策会对J市周边地区群众造成一些影响。J市周边的镇江、扬州、常州、淮安以及马鞍山、芜湖、滁州、六安等地群众常赴J市就医、购物等,特别是就医等属于急务,限行政策会对这部分群众出行不便,从而引发不满。

② 从政策效果来看

疏解道路拥堵方面。一般来说,车主能避开拥堵的时段和路段都已尽量避开了,选择在早晚高峰时段和拥堵路段驾车出行的,基本属于"刚需",对于"刚需"的一刀切限制,可能无法很好起到缓解交通拥堵的作用;或者说缓堵的时间窗口不会太长,缓堵效果很快会被激发的机动车增长填补。

改善空气质量方面。空气质量影响因素较多,前述限行政策改善空气质量的相关数据仅是理论计算,实际改善效果在数据方面还难以确切衡量。

机动车保有量的方面。部分使用外地牌照的常住居民更换J牌照的意愿并不强烈,例如持有一些"价值"更高的牌照如"京""沪"号牌的车主并不愿意更换J市牌照。因此,限行政策对机动车保有量的增加或许并不特别明显。

3. 拟实施政策的可行性

一方面,拟实施政策获得了民意上的部分支持,技术上、财力上也都可行。

在稳评调查中发现，部分群众对交通拥堵和道路交通环境存在忧虑和不满，特别是早晚高峰时期 J 市的交通拥堵状况日益严重，对部分区域早晚高峰限制非本市籍号牌机动车通行，可在一定程度改善 J 市交通拥挤状况和道路交通环境，方便市民出行。就对本地相关车辆进行限行就执法力量、技术条件而言基本可行。J 市之前已对 J 市长江大桥、扬子江隧道采取过限行政策，拥有较为丰富的管理经验。根据目前的车辆转籍政策和技术设备条件，综合考虑 J 市的经济基础和财政状况，限行政策在财力上也是可行的。

另一方面，针对拟实施政策，也有相当部分的质疑声音。主要集中在三个方面：一是怀疑政策目标是否能得到有效实现，对于早晚高峰用车的"刚需"予以限制，是否能够有效改善交通拥堵；二是质疑政策出台的合理性，早晚高峰限制非 J 市籍机动车通行是否会存在地域"歧视"等问题；三是忧虑对拟限行政策外地号牌车主和经济社会产生较大冲击和不利影响。此外，限行的负面影响逐步显现，工业生产和经济建设受到冲击，市场秩序和群众生活受到影响，民意就有可能出现反弹。

4. 拟实施政策的可控性

如前所述，拟实施政策将直接影响日均 9.6 万辆外地号牌车辆所有人和相关党政部门、事业企业单位、群众的切身利益，涉及交通运输、旅游、医疗和工业等众多行业，影响经济发展、工业生产、城市建设和市场秩序、人民生活。拟实施政策如果能够选择合适时机，在时间上、空间上分步推行，满足利益相关群体的合理诉求，则风险可控。否则，极易引发群体性抗争事件和个体性极端事件，具有一定不可控性。

（二）拟实施政策社会环境状况

1. 综合概况。J 市位于中国东部、长江下游中部地区，是长三角辐射带动中西部地区发展的国家重要门户城市，也是"一带一路"倡议与长江经济带战略交汇的节点城市。总面积 6587 km²，2017 年建

成区面积 1398.69 km^2。2018 年地区生产总值 12820.4 亿元,列全国
第 11 位,增长 8.0%。人均地区生产总值 152886 元,在中国直辖市、
副省级市及省会城市中排名第三,仅次深圳和广州;一般公共预算收
入 1470 亿元,同口径增长 11.1%,一般公共预算收入总量、增幅等指
标在 GDP 万亿元城市中实现进位;同时,规模以上工业增加值等指标
增幅创近年来新高,第一产业增加值 273.42 亿元,增长 0.6%;第
二产业增加值 4721.61 亿元,增长 6.5%;第三产业增加值 7825.37
亿元,增长 9.1%。

2. 经济稳定与绿色发展。全年实现地区生产总值 12820.40 亿
元,比上年增长 8.0%。分产业看,第一产业增加值 273.42 亿元,比
上年增长 0.6%;第二产业增加值 4721.61 亿元,增长 6.5%;第三产
业增加值 7825.37 亿元,增长 9.1%。按常住人口计算人均地区生产
总值为 152886 元,按国家公布的年平均汇率折算为 23104 美元。
J市聚力培育"4+4+1"主导产业,重点打造人工智能、集成电路、新
能源汽车等产业地标,加快推动"两钢两化"企业转型,三次产业增加
值比例调整为 2.1:36.9:61.0,服务业增加值占 GDP 比重比上年
提高 1.3 个百分点。全年高新技术产业实现制造业产值增长
19.1%,占规模以上工业总产值比重为 47.85%,较上年提升 1.96 个
百分点。规模以上服务业中,高技术服务业营业收入增长 21.4%。
全年高技术产业投资增长 13.5%。从全年经济运行态势看,经济增
长稳定性增强,在总体经济平稳运行的背景下,就业创业形势稳定,
全年城镇新增就业人数 31.05 万人。城镇登记失业率为 1.78%。实
现再就业 11.33 万人,援助困难人员就业 1.41 万人,农村劳动力转移
1.14 万人次。新培育自主创业者 3.74 万人,其中大学生创业 6595
人。开展各类职业技能培训 51.42 万人次。

落实绿色发展理念,J市节能降耗减排成效明显。四大片区工业
布局调整稳步推进,煤炭消费总量得到有效控制。2017 年,全市规模
以上工业综合能耗 3784.38 万吨标煤,同比下降 1.2%,降幅较上年
扩大 5.2 个百分点,2018 年全年规模以上工业综合能耗 3826.97 万

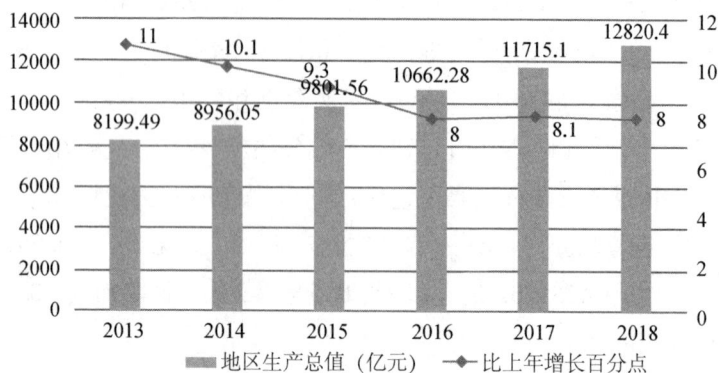

图 2-2-2-1　2013—2018 年地区生产总值及其增长速度

吨标煤,增长 0.7%,低于规模以上工业增加值增速 7.1 个百分点,规模以上工业消费煤炭下降 5.7%,顺利完成省定削减煤炭年度目标任务。实施排污许可证管理、排污权交易、排污收费制度改革,通过市场化手段引导企业治污减排。工业主要污染物中,氨氮削减率和氮氧化物削减率分别达到 3.05% 和 4%,生态环境持续改善。建成区绿地率达 40.75%。全年空气质量达到国家二级标准天数 257 天,空气优良率为 70.4%;PM2.5 平均浓度 43.5 微克/立方米。深入实施"蓝天工程",全年 PM2.5 浓度比 2013 年下降 46.8%,空气质量优良天数比例提升到 72.3%。

3. 产业结构与公路交通。1981 年 J 市被列为国家 15 个经济中心城市;2004 年经济中心定位指数排名 J 市列中国大陆第六,仅次于北上广深津;2008 年总部经济发展能力列中国第五,排北上广深之后。2014 年中国区域中心城市竞争力评估,J 市仅次于深圳、广州(不含京沪)。2015 年全国投资吸引力城市排名,J 市位列中国第五,紧随北上广深。2018 年 J 市产业结构为,第一产业占据 2.1%,第二产业占据 36.8%,第三产业占据 61.1%。J 市是国家综合交通枢纽,公路网密度居全国中心城市前列,截至 2014 年,J 市高速公路通车总里程已达 612.973 公里,高速公路网密度达每百平方公里 9.31 公里,位居全国第一。以 J 市为中心,有近 20 条高等级公路呈放射状通往江苏省及周边省市。其中,国家高速公路有 G25 长深高速、G36 宁洛高速、G40 沪陕高速、G42 沪蓉高速、G4211 宁芜高速和 G2501J 绕城高速公路,国道有 104 国道、205 国道、312 国道和 328 国道。此次限行政策规划区域即为 G2501J 绕城高速公路合围区域。

4. 城乡建设与公共媒体。2018 年,J 市常住人口为 843.62 万人,户籍人口 696.94 万人,城镇常住人口 695.99 万人,城镇化率为82.5%;主城已完全城镇化。同时,J 市是中国四大云数据中心、中国五个大区级通信枢纽、中国电信全国八大骨干网节点之一,也是十个国家级互联网骨干直联点城市之一,公共媒体发达。J 市本地的公办广播电视媒体有省广播电视总台(集团)和 J 市广播电视集团,设有省级卫视等多个电视频道以及 J 城市调频等多个广播电台,开播了几百套数字电视节目,有近 10 家报纸。此外,J 市亦有多家民营的广告、动画、电影、电视公司等。

5. 科教事业与群众生活。J 市人口受教育程度全国领先,截至2018 年底,人均受教育超过 14 年,高等教育毛入学率为 57.9%,大学文化程度人口比重为 26.11%,在副省级市中列第 1 位,低于北京(31.5%),高于上海(21.9%)。J 市常住人口中,具有大学程度的人口有 209.1 万人,占总人口数的 26.12%,相当于每 4 人就有一名大学生,相比江苏每 10 人有一名大学生和全国每 11 人有一名大学生,大幅领先。J 市的普通高等学校共有 54 所,在校大学生 71.96 万人,研究生培养机构 31 个,在校研究生 9.57 万人,每万人中大学生数量居中国第一,每万人拥有在校研究生数量居中国第二,在 J 市工作的两院院士 81 人,居全国第三。J 市也是国家重要的科研基地,拥有自然科学研究和开发机构 600 多家,各级工程技术研究中心 307 家,其中国家级 16 家、省级 248 家、市级 43 家;拥有省市科技公共服务平台112 家,省级以上重点实验室 67 家,国家实验室 2 座,国家重点实验室 25 家,国家工程(技术)研究中心数十个;科技推广、科技信息、科技服务机构百余家、各类科技协会、学会 400 余个,其中省、市级学会200 个,拥有科技人员 40 多万人。与此同时,民生幸福显著提升,民生支出有效增长。2017年全市一般公共预算支出1353.96亿元，增长15.3%，同比加快3.0个百分点，增速居全省设区市首位。其中用于教育、科技、社会保障、医疗卫生、农林水事务、住房保障等民生支出占比达78%，连续9年入选中国"最具幸福感城市"。城乡社区、社会保障和就业、住房保障、农林水事务支出分别增长19.3%、27.4%、27.7%和27.5%，增幅均高于预算支出平均增速。公共服务能力明显提升。义务教育优质资源覆盖率达92.24%，每万人拥有公共文化设施面积约达到2050平方米，社区卫生服务城市人口覆盖率和社区养老服务设施配建达标率均达100%。年末轨道交通线路运营总里程达348公里，荣获交通运输部授予的首批"国家公交都市示范城市"称号。社会保障进一步加强。年末城镇职工社会保险五大险种累计参保人数为1505万人次，比上年增加24.69万人。城乡基本养老保险、医疗保险和失业保险参保率达98%以上。低保标准提高到每月810元，新农合人均筹资水平超过920元。全市80%低收入农户和60%以上经济薄弱村实现脱贫摘帽。全年新开工各类保障性住房442万平方米，竣工377万平方米，筹集租赁房源66万平方米。

综合来看，J市市民关心公共利益，热心公共事务，表达诉求较为理性和冷静，较少极端行为，如"护树事件"中的公民行动。但是此次限行政策涉及范围广、深度大，影响部分车主和企业的生计，如果应对不够完善，可能在政策落实中会加剧双方的冲突。因此，这种社会环境既为该政策的拟制和实施提供了良好基础，也对该政策的解释说明、执行方式、相关配套等提出了较高要求。

（三）利益相关者的基本状况及意见与诉求

1. 基本情况

本次拟限行政策所涉及的利益相关者主要包括以下五类群体：

第一类，旅游、客运、货运等行业及其从业人员。J市共有旅行社745家，每家旅行社一年的接待量在10万人次以上。同时随着华东地区精品游线路的建立，三省一市（浙江、江苏、安徽、上海）旅行社的年接待量在300万人次以上,而J市则处于旅游线路的中心地位,在最高峰时期全市接待量占以上总人次的80%,如今在总人次的60%左右,年接待人次在150万人以上,华东地区来J市旅游一般租用大巴或中巴等车辆,出行时间基本早晚高峰时段,非本市籍号牌机动车的高峰限行政策将对旅游业整体造成冲击,进而可能影响到众多从业人员及其家庭的生计问题。限行政策还会对区间客运、货运产生一定影响,进而对交通运输、工业生产等行业产生影响。此外,疫情尚未结束,完全复工复产仍很艰难,不少行业、企业陷入困境,限行政策可能对J经济发展造成一定影响,在非常时期还会产生一些放大效应,波及更多行业和群体。

第二类,使用外地号牌车辆的J市常住人口群体。在J市年检的外地牌照机动车约5.8万辆(2019年),车主基本为J市常住人口,在早晚高峰出行的这类车主多属"刚需",限行政策可能迫使其中绝大多数车主更换J市本地牌照或者购置本地车辆或者在高峰时段停止使用,这给他们带来了额外负担,也会产生一些不便。

第三类,赴J市出差群体,包括公务出差和商务出差。J市是省会城市和区域中心城市,每天赴J市公务及商务出差人数众多。不论是省级部门、事业单位,还是大型企业、社会组织,会议一般安排在9:00—12:00、14:00—17:00。这些出差人员,江苏省内,徐、连、宿、通和苏、锡少数人员会乘用汽车,其他地区人员基本乘用汽车;江苏省外距离J市200公里以内地区,也基本乘用汽车;并且,一般当天往返,进出J市恰逢交通高峰时段。

第四类,赴J市就医、探亲、访友等人员。根据调研,S医院、G医院、D医院三家大型三甲医院工作日每天外地人就诊人数为:上午7:30—10:00各有2500—3000人共计7500—9000人左右,下午17:00—19:00各有100人共计300人左右,若加上省中医院、Z医院等其他医院,则工作日交通高峰时段赴J市就医外地人属在10000人以上,一年除去春节、国庆等3周节假日外,则每年工作日交通高峰时段赴J市就诊人数约250万。这一群体多为J市周边地区的镇江、扬州、泰州、淮安、盐城、宿迁和滁州、六安、马鞍山、芜湖等地区群众，其中多数选择汽车出行，因需空腹检查等原因，他们多属 J 市交通高峰时段的"刚需"群体。探亲、访友则可避峰出行，所以，这一群体受限行政策影响不大。

第五类，过境 J 市人群。

2. 态度和意见

稳评小组采访了江苏省沿海开发集团等相关企业，江苏五方国旅、J 市新文华国际旅行社等旅游企业，以及利益相关者个人代表，相关态度和意见总结如下：

① 客运部分赴 J 市就医、探亲、访友以及出差人员认为，限行政策会对其生活带来较大不便。目前江苏省及 J 市相关公务活动基本不用公共交通，都是带车往来。江苏省省级机关开会时间，通常为上午九点或下午两点半开始。上午会议开始之前以及下午会后正巧是早晚高峰，临近城市如镇江、扬州、无锡、苏州等地因公需到 J 市开会或其他公务活动的，一般都是早上自行驾车从各地赶来，会后离开。时间段正与限行时间早晚高峰相重合，会给各类公务用车与活动带来较大不便。

② 客运、货运、旅游等行业从业人员认为，限行政策也与 J 市旅游业发展规划相冲突。J 市知名景区都在市区，主城区限行实施后市内酒店和景区将无法承接旅游业务。J 市是华东旅游线路的中心城市，绕城公路限行既会对过境的旅游大巴产生较大影响，也会对周边地区来 J 市旅游的旅行团的进出城有较大影响。拟限行政策一旦生效，对外地客运班车、部分货运车主会产生诸多不便或致利益受损；使用外地牌照车辆的部分居民改用网约车，可能打破原有市场平衡，提高出行成本，并对出租车行业形成一定冲击。

③ J 市常住人口但使用外地号牌车辆的部分人员认为，拟限行政策给他们的生活工作带来了不便，其用车主要时段恰恰是早晚高峰区间内（7:00—9:00、17:00—19:00），此时间段内的限行无疑是从根本上切断了其用车可能，车辆将几乎处于报废状态。车主不得不选

择地铁、公交等公共交通上下班,减少了出行选择性与替代性,会增
加其各项生活成本,并为其正常工作带来更多不确定性。而关于换J
市本地牌照或者购置本地车辆的问题,车主也表示会给经济上带来
较大压力。

(四)相关部门及基层政府的态度和意见

1. 基本情况

稳评小组采访了市委政法委、市发改委、市司法局、市交通运输
管理局、市财政局、市信访局、市工信局、市文旅局、市城管局、市生态
环境局、市商务局、市大数据管理局、市市场监管局、市政务办、市公
安局以及省委办公厅党刊处、信息处、秘书处、省政府办公厅、省纪委
研究室、省委组织部等相关部门工作人员50余人。

2. 态度和意见

① 省级机关部分工作人员代表认为,限行政策实行对赴J市公
务活动具有一定不利,对于自驾人员来说,会造成一定程度的不良影
响。并且拟限行政策对刺激消费这一功能不会特别明显。

② 市交管局等政府职能部门部分工作人员代表认为,限行政策
能够疏解交通拥堵、减少废气排放,利于城市运行和环境保护,所在
部门及个人会积极做好相关工作,努力落实政府决策;同时,限行政
策可能遭遇一些障碍或引发一些问题,如经济运行影响、城市形象影
响、市民生活影响等等。

③ 市文旅局等部门部分工作人员代表认为,限行政策与J市旅
游业发展规划相冲突。J市知名景区都在市区,主城区限行实施后市
内酒店和景区都无法承接旅游业务。J市是华东旅游线路的中心城
市,绕城公路限行既会对过境的旅游大巴产生较大影响,又会对周边
地区来J市旅游的旅行团的进出城有影响。

3. 主要建议

① 省级机关部分工作人员代表建议,公务车辆本身数量并不多,
建议对公务车和紧急公务车辆豁免限行措施。

② 市交管局等政府职能部门部分工作人员代表建议,要充分了

解民意,出台配套政策;听取旅游、客运等受到限行政策影响的行业、部门、人员等的意见,解决利益相关群体的实际困难及因限行引发的其他问题;放宽转籍条件,方便居民换用本地牌照;提供通道,满足部分特别需求。一是为外地来 J 市就医、急务、重要公务提供通行证;二是为一些危化品等特殊物品运输、重点工程建设等提供通行证;做好政策解释工作,让社会公众充分了解、理解和支持;重视网络舆情,及时回应合理诉求,化解各种疑虑等。

③ 市文旅局等部门部分工作人员代表建议,随着城市交通量不断增长,建议效仿上海实施高架限行,或实施行部分道路限行,以使得旅游大巴有其他线路选择。

(五) 同类别城市相关政策案例分析

在限牌限号相关政策方面,北京、上海、杭州、成都等城市都走在 J 市的前面,因此对这些城市相关政策的政策内容、实施方式、政策效果的分析可以为限行政策推进提供相应的参考。

1. 北京市限牌限号政策

(1) 政策内容与实施方式

① 载客汽车

A. 工作日早晚高峰,7 时至 9 时、17 时至 20 时,禁止在五环路及以内道路和大兴区部分道路行驶;

B. 工作日 9 时至 17 时,需遵守本市尾号限行规定,限行尾号与北京号牌车辆相同,限行范围为五环路及其以内道路。

〔注:进入北京市六环路(不含)以内行驶的外地号牌载客汽车,以及前往通州区全域范围道路(不含高速公路主路)和昌平、怀柔、延庆部分区域行驶的外地号牌载客汽车,需办理进京证。〕

② 载货汽车

A. 每天 6 时至 24 时,六环路(含)以内道路禁止通行。

B. 每天 0 时至 6 时,进入六环路(含)以内道路行驶的外埠号牌载货汽车(整车运送鲜活农产品的载货汽车除外),须办理进京证。

图 2-2-2-2　北京限行具体区域范围

限行规则:按照机动车号牌(含临时号牌)最后一位阿拉伯数字
分为五组,每个工作日禁止一组在上述限行时间和限行区域内通行。
每13周限行尾号轮换一次。

例:2019年1月7日至2019年4月7日。

星期一:尾数为2和7的车牌号;

星期二:尾数为3和8的车牌号;

星期三:尾数为4和9的车牌号;

星期四:尾数为5和0的车牌号;

星期五:尾数为1和6的车牌号。

违规处罚:

a. 违反限行规则处罚(含已办理进京证的外省市机动车),处100
元罚款,不扣分,3小时内不重复处罚;

b. 已办理进京通行证件的外省、区、市载客汽车,工作日7时至9
时、17时至20时在五环路(含)以内道路行驶的,认定为"机动车违反
禁令标志指示"的违法行为,处100元罚款,并记3分;

c. 未办理进京通行证件的外省、区、市机动车进入六环路(不含)
以内道路行驶的,认定为"机动车违反禁令标志指示"的违法行为,处

100 元罚款,并记 3 分。

另外,自 2018 年 2 月 15 日起,国Ⅰ及国Ⅱ排放标准轻型汽油车工作日(因法定节假日放假调休而调整为上班的星期六、星期日除外)禁止在本市五环路(不含)以内区域道路行驶。

对于确属忘记限行日,无意开车出门的车辆,在接受了一次处罚后(京牌罚款 100 元,不扣分。非京牌罚款 100 元,扣 3 分。),在 3 个小时内,司机可将车驶出限行区域、开到最近的停车场或返回出发地,而不用担心被再次处罚。但若一天内连续出行,则将会被连续处罚。

③ 以下机动车不受上述措施限制:

A. 警车、消防车、救护车、工程救险车;

B. 公共电汽车、省际长途客运车辆及大型客车、京 B 号段号牌出租汽车(不含租赁车辆)、小公共汽车、邮政专用车、持有市交通运输管理部门核发的旅游客车营运证件的车辆、经市公安交通管理部门核定的单位班车和学校校车;

C. 车身喷涂统一标识并执行公务的行政执法车辆和清障专用作业车辆;

D. 环卫、园林、道路养护的专项作业车辆,殡仪馆的殡葬车辆;

E. 悬挂"使"字头号牌车辆及经批准临时入境的车辆;

F. 纯电动小客车(以可充电电池作为唯一动力来源、由电动机驱动的小客车)。

(2) 政策效果

A. 从道路运行流量上来看,自北京市"每周停驶一天""一日高峰限行"等分号限行措施实施以来,道路行驶车辆大幅减少,拥堵路段也随之减少,机动车出行环境得到很大程度的改善。在限行期间,早晚高峰路网速度均提高 15%,快速路提高 20%,拥堵时间缩短 1 小时。Du Haohua(2013)通过建立交通流特性模型发现,限行政策实施后,不仅提高了高峰小时机动车速度和道路畅通的可靠性,而且缩短了交通拥堵的还原时间。朱建安等(2014)也指出尾号限行措施通过总量控制,削减了机动车出行总量,在缓解交通拥堵方面取得了积极效果。Sun(2014)等以车牌数字偏好为切入点,研究机动车限行政策对北京交通流量的影响,测算结果同样表明限行政策有利于缓解交通压力。

B. 限行政策还导致了居民出行方式的转变,孙昭昱(2018)通过问卷调查收集数据并建模分析,发现单双号限行减少了居民出行频次,但提高了机动车承载率。北京市限行政策能够减少当地居民选择私家车出行33.2%的概率。在政策实施后,选择地铁出行的人数明显增加,公共交通成为一种有效的替代出行方式,有效缓解了交通拥堵。

C. 除此之外从环境质量上看,俞佳飞(2011)指出,在限行之前,占北京市出行30%的私家车对大气污染的贡献率超过了50%,成为影响北京市空气质量的首要因素。在限行政策实施后,配合"黄标车"的淘汰,北京市机动车日均减排可达375 t,空气质量得到了较大的提升。从开始采取限行管理措施的短时间内,由于机动车使用总量的控制性削减,城市交通的拥堵状况很快能得到较大缓解,拥堵总量、拥堵道路数量、路网平均运行速度均有所改善。但根据北京市PM2.5来源解析报告,唐慧文(2018)认为机动车对于污染的实际贡献率仅为20%。而尾号限行所减少的PM2.5排放只有3%左右,所以仅靠尾号限行政策很难实现缓解交通拥堵及改善环境的目的。

2. 成都市限牌限号政策

(1) 政策内容与实施方式

限行区域:绕城高速(不包括绕城高速)以内的所有道路。

限行牌照:所有车辆(本地和异地牌照均包含在内)。

限行时间:工作日(即节假日除外)7时30分至9时30分,17时至19时。

限行规则:按照机动车号牌(含临时号牌)最后一位阿拉伯数字分为五组,每个工作日禁止一组在上述限行时间和限行区域内通行。

星期一:尾数为1和6的车牌号;

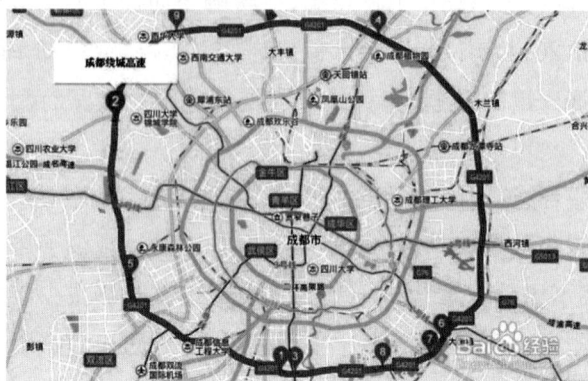

图 2 - 2 - 2 - 3　成都限行具体区域范围

星期二:尾数为 2 和 7 的车牌号;

星期三:尾数为 3 和 8 的车牌号;

星期四:尾数为 4 和 9 的车牌号;

星期五:尾数为 5 和 0 的车牌号。

周六和周日不限行,即便是因国家法定周六或周日调休的也不限行。(如果车牌最后一位为字母,则以最后字母前的数字为准。)

违规处罚:如果违反了上述规定,会被处以 100 元的罚款,并扣3 分。

以下机动车不受上述措施限制:

A. 纯电动汽车、纯插电式混合动力汽车、燃料电池汽车;

B. 持 C5 驾驶证的残疾人驾驶的残疾人专用汽车;

C. 军车、警车、消防车和工程救险车;

D. 公共汽车、长途客运、出租车、旅游客车、邮政专用车、运钞车、环卫、园林、道路养护的专项作业车辆、殡仪馆的殡葬车辆;

E. 依法持有《公共专用车道通行证》的交通车、《三绿工程证》的拉运鲜活农副产品车辆、《成都市货运汽车城区道路行驶证》的货运车辆;

F. 悬挂"使"字头号牌车辆及经批准临时入境外籍车辆;

G. 外律法规规定的其他不受行驶路线、行驶方向限制的车辆。

（2）政策效果

随着限行政策的实施,成都道路拥堵的区域发生了转移,交通流量由原拥堵路段向周边道路转移,但限行通道及相接道路流量均有大幅降低,交通服务水平提升较多,减轻了与各组团的中心区域相接的联系通道的交通压力,缓解了中心区交通拥堵的状况。

在城市交通需求增长速度过快且城市交通供给无法与之相匹配的情况下,采取实施机动车尾号限行政策来抑制小汽车的出行需求,能够在一定程度上缓解城市交通拥堵的状况,其中单双号限行政策的实施效果最为显著。在开始采取限行管理措施的短时间内,由于机动车使用总量的控制性削减,城市交通的拥堵状况很快能得到较大缓解,拥堵总量、拥堵道路数量、路网平均运行速度均有所改善。朱建安(2014)证实了这一作用,路段流量减少、车速提高、拥堵报警次数减少、公交车速提高,这四个衡量指标的变化说明了限行政策对交通最直接的影响力,限行政策对缓解城市交通拥堵起到了立竿见影的作用。

3. 天津市限牌限号政策

（1）政策内容与实施方式

限行区域:禁止在外环线(不含)以内道路通行;

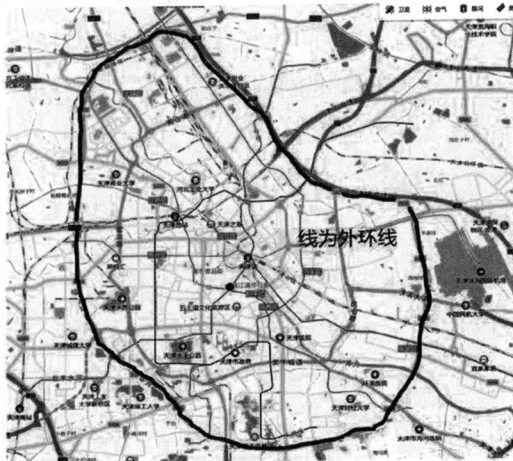

图 2-2-2-4　天津限行具体区域范围

限行牌照：禁止外埠牌照机动车（北京牌照小型、微型载客汽车除外）；

限行时间：工作日（即节假日除外）7 时至 9 时和 16 时至 19 时，禁止外籍牌照机动车（北京牌照小型、微型载客汽车除外）在外环线（不含）以内道路通行；

限行规则：按照机动车号牌（含临时号牌）最后一位阿拉伯数字分为五组，每个工作日禁止一组在上述限行时间和限行区域内通行。

例：2020 年 1 月 6 日至 2020 年 4 月 5 日。

星期一：尾数为 2 和 7 的车牌号；

星期二：尾数为 3 和 8 的车牌号；

星期三：尾数为 4 和 9 的车牌号；

星期四：尾数为 5 和 0 的车牌号；

星期五：尾数为 1 和 6 的车牌号；

（机动车号牌尾号为英文字母的按 0 号管理）

限行时间：工作日（一般指周一至周五，法定节假日不算工作日）。

以下机动车不受上述措施限制：

① 警车、消防车、救护车、工程救险车等 4 类特种车辆；

② 大中型客车（含公共汽车、班车、长途汽车等）、出租汽车（不含租赁车辆）、邮政专用车（持公安交管部门核发的邮政通行证）；

③ 各国驻华使、领馆和国际组织驻华机构机动车（"使"字号牌车辆）；

④ 环卫、园林、道路养护的作业车辆；

⑤ 殡仪馆的殡葬车辆；

⑥ 本市核发号牌的新能源汽车。

违规处罚：

① 对于"闯限行"违法，将处以 200 元罚款；

② 对于违反禁令标志指示的，处以 100 元罚款记 3 分处罚；

③ 对于涉牌违法，根据具体情节分别处以 200 元至 5000 元罚款记 12 分处罚，其中伪造、变造或者使用伪造、变造号牌违法的，还将处 15 日以下拘留处罚。

（2）政策效果

调查研究发现天津市的小汽车限行政策取得了一定的直接效果,杨雨等(2016)分别研究了天津市不同路段在限行政策实施前后,机动车在不同时段的流量变化。通过选定不同的自变量与因变量做回归分析,分别研究了限制不同尾号个数的限行政策对工作日车流量的影响,限行政策对不同路口交通流量影响程度的不同以及限行政策对限行前后周末车流量的变化。研究发现,限行强度越大,机动车车流量受到的影响越大;工作日限行,路口车流量减少幅度最大为16%;APEC单双号限行,路口车流量减少幅度最大为27.4%。实施限行政策的工作日,早高峰前路口车流量最大增长了23.7%,这说明限行政策使得人们有采取提早出行的方式来规避限行政策的趋势。发现且回归分析结果显示限行的尾号数字越多,缓解的交通拥堵的效果越好,但如果不采取其他措施,会影响到限行政策的接受度。

4. 杭州市限牌限号政策

（1）限行目的

进一步缓解杭州市的交通拥堵状况,加强公共交通发展、城市轨道交通建设、城市快速路网和基础建设。

（2）政策依据

《中华人民共和国道路交通安全法》《杭州市道路交通安全管理条例》《杭州市机动车排气污染防治条例》等有关法律法规。

（3）政策内容与实施方式

自2014年5月5日上午7:00起,调整机动车工作日(星期一至星期五)高峰时段区域"错峰限行"交通管理措施(以下简称"错峰限行")。

"错峰限行"时段:

工作日7:00—9:00、16:30—18:30两个高峰时段。

"错峰限行"范围:

① 浙A号牌机动车。

留祥路—石祥路—石桥路—秋涛路—复兴路—老复兴路—虎跑路—满觉陇路—五老峰隧道—吉庆山隧道—梅灵北路—九里松隧

道—灵溪南路—灵溪隧道—西溪路—紫金港路—文一西路—古墩路构成的围合区域内所有道路以及高架（含匝道以及附属桥梁、隧道）。其中不含留祥路、石祥路、石桥路、秋涛路、复兴路、老复兴路、紫金港路、文一西路和古墩路。

② 非浙 A 号牌机动车。

上述"错峰限行"区域以及绕城高速合围区域内的其他高架道路（含匝道以及附属桥梁、隧道）。

"错峰限行"规则：

① 浙 A 号牌机动车

错峰限行区域内，按机动车号牌（含临时号牌）最后一位阿拉伯数字（以下简称尾号）对应具体限行日期的原则，在工作日高峰时段禁止相应机动车辆通行，具体为：

星期一：尾号 1 和 9 禁止通行；

星期二：尾号 2 和 8 禁止通行；

星期三：尾号 3 和 7 禁止通行；

星期四：尾号 4 和 6 禁止通行；

星期五：尾号 5 和 0 禁止通行。

② 非浙 A 号牌机动车

工作日高峰时段实行机动车全号段禁行。

③ 下列车辆不受"错峰限行"限制

A. 大型客车、公共汽（电）车、省际长途客运车辆以及客运出租汽车、城市快运车辆；

B. 军（武警）车、警车、消防车、救护车和工程抢险车以及其他法律法规规定不受行驶路线、行驶方向和车辆分道行驶限制的车辆。

④ 其他规定

A. 因法定节假日而致双休日变更为工作日的，按对应工作日尾号实施"错峰限行"。

B. 春秋旅游旺季期间，西湖风景区实行双休日机动车单双号通行措施，具体由杭州市公安局负责实施并解释。

（4）政策效果

总的来说,杭州市限牌政策从实施以来,运行至今较平稳,民众对政策的相关做法,包括修订相关内容能理解和接受,其中对政策实施与调整中是否增设驾照门槛最为关注。原因为增设驾照门槛将关系到杭州市民摇号竞价的资格和中签率。

（5）与 J 市对比

		杭州市	J 市	不同点
限行时间	早高峰	7:00—9:00	7:00—9:00	杭州市与 J 市限行时长相同,但晚高峰限行时段有所区别
	晚高峰	16:30—18:30	17:00—19:00	
限行车型		浙 A 号牌机动车部分路段限行,非浙 A 号牌机动车限行范围扩大	非本市籍号牌机动车（含临时号牌）,军（武警）车、警车、消防车、救护车和工程抢险车等特种车辆除外	杭州市采取综合限行政策,对杭州市及非杭州市号牌机动车均有限行要求,J 市限行政策主要针对非 J 号牌机动车
限行范围		浙 A 号牌机动车"错峰限行"区域以及绕城高速合围区域内的其他高架道路(含匝道以及附属桥梁、隧道)	长江以南、绕城公路(含本道路)以内区域	J 市的限行范围更大

5. 上海市限牌限号政策

（1）限行目的

缓解道路交通拥堵,均衡高架和地面道路机动车流量,改善上海市快速干道通行秩序。

（2）政策依据

《中华人民共和国道路交通安全法》

（3）政策内容及实施方式

① 限行时段

2015年4月15日起，每日7时至10时、16时至19时；2016年4月15日起，将外牌晚高峰限行时间扩延至15时至20时，增加了2小时，早高峰还是维持原来的7时至10时。（周六、周日、法定节假日除外）

② 限行车型

2015年，悬挂外省市号牌小客车、未载客的出租小客车及实习期驾驶人驾驶的小客车；2016年，悬挂外省市机动车号牌的小客车、使用临时行驶车号牌的小客车、未载客的出租小客车及实习期驾驶员驾驶的小客车，相较于2015年增加了"使用临时行驶车号牌的小客车"。

③ 限行范围

A. 2015年

延安高架路（S20以东）、沪闵高架路（全线）、中环路（全线）、华夏高架路（全线）、卢浦大桥、南北高架路（鲁班路立交至中环路共和新路立交段）、逸仙高架路（北向南场中路下匝道至内环高架路段）、内环高架路（内圈中山北二路入口至锦绣路出口，杨高南路入口至中山南一路出口；外圈锦绣路入口至黄兴路出口，董家渡路、南车站路、陆家浜路入口至杨高南路出口段除外）。

B. 2016年

限行范围扩大。新增罗山高架路（全线）、逸仙路高架（全线）、度假区高架路（中环路—秀浦路）、南浦大桥、延安东路隧道，南北高架北段从中环延伸至呼玛路。

④ 处罚措施

违反规定将处以200元罚款，记3分。

⑤ "沪C"号牌机动车（不包括摩托车）禁止通行规定

悬挂"沪C"号牌的机动车禁止在中环路（杨高南路立交桥至华夏

高架路)、华夏高架路以及以下区域内的道路上通行:

沿外环隧道(含两侧地面泰和路)—S20 外环高速公路(外环隧道
以西至杨高南路立交桥,含两侧地面泰和路、泰和西路至顾太路)—
杨高南路—龙阳路立交—龙阳路—龙东大道—金桥路—金桥立交
桥—杨高中路—杨高北路—杨高北一路以及长江边线、黄浦江边线
所围合的区域(含上述道路)。

悬挂"沪 C"号牌的客运出租小型客车可以在上述区域内的 S20
外环高速公路上通行。

⑥ 上海外地车不受限行措施的类型

A. 执行任务的消防车、救护车、工程救险车;

B. 公交车、出租汽车(不含租赁车辆)、新能源汽车、省际长途客
运车辆及大型客车、邮政专用车、持有交通运输管理部门核发的旅游
客车营运证件的车辆、学校校车;

C. 喷涂统一标识并执行任务的行政执法车辆和清障专用车辆;

D. 园林、道路养护的专项作业车辆,殡仪馆的殡葬车辆;

E. "使""领"字头号牌车辆及经批准临时入境的车辆;

F. 外埠机动车进入西安市行政辖区的,按公告规定执行。

违反规定的,市公安交通管理部门依据相关法律法规予以纠正
和查处。

重污染天气应急响应期间,机动车禁、限行措施的解除、降级或
升级事宜,另行公告。

(4) 政策效果

上海市实施外牌限行以后,短期内产生一定效果,但效果呈现减
弱的态势。路面交通的拥堵状况依然较难缓解,甚至有上海民众形
容其为"路面停车场"。2015 年,上海市交通委主任孙建平表示,经过
对外牌限行范围扩大半年来的分析,最近效果开始减弱。对此将从
两方面来采取相应对策。一方面促进新能源车的分时租赁,另一方
面正考虑从现在的限制对车辆的拥有转向限制对车辆的使用,以缓

解交通压力。

根据《2019年上海市综合交通运行年报》，上海全市实有小客车540万辆，规模持续增长同比增加29万，较2018年同期42万辆的增量明显下降。2019年，上海常住人口2428万人，日均出行总量5710万人次，同比增长0.5%。全市通勤出行量持续稳定增长，早高峰进入中心城的轨道交通客流同比增长6%，高速公路入城段交通量同比增长1.4%。

快速路全年平均早、晚高峰拥堵指数同比分别上升2%、3%。2019年上半年中心城地面道路交通运行压力同比略有缓解，下半年交通运行同比基本持平。

高速公路运行总体平稳，节假日交通保障压力较大。收费高速公路全网日均交通量114.5万辆次，同比增长6.1%。节假日期间高速公路网车流规模总量稳步上升，年单日最大流量出现在劳动节，为161.8万辆次，高出2018年最大值4.4%。

（5）与 J 市对比

		上海市	J 市	不同点
限行时间	早高峰	7:00—10:00	7:00—9:00	上海市限行时间要明显长于 J 市
	晚高峰	15:00—20:00	17:00—19:00	
限行车型		悬挂外省市机动车号牌的小客车；使用临时行驶车号牌的小客车；未载客的出租小客车；实习期驾驶员驾驶的小客车	非本市籍号牌机动车（含临时号牌），军（武警）车、警车、消防车、救护车和工程抢险车等特种车辆除外	上海市对限行车型进行了细分，J 市限行车型范围要明显大于上海市
限行范围		部分高架桥	长江以南、绕城公路（含本道路）以内区域	J 市的限行范围更大

第三章　风险识别

一、识别内容与方法

　　风险识别是围绕此次限行政策的推行是否可能使群众的合法权益遭受损害,从限行政策推行可能产生的负面影响,全面识别、分析判断限行可能诱发的社会矛盾和社会稳定风险事件,其最终目的通过衡量风险的大小从而针对风险选择最佳的风险处置措施和方案。

　　风险识别一般可选用对照表法、专家调查法以及访谈法、实地观察法、案例参照法、项目类比法等方法。在本项目中,稳评小组根据项目工程的特点和具体的情况,先后采用实地观察法、调查问卷、走访访谈、座谈会以及对照表法进行风险因素的识别。

二、主要风险因素分析

　　通过对此次限行政策的社会影响所进行的全面考察和仔细分析,特别是对一部分具有典型性的利益相关者的问卷调查和深度访谈,以及对市、区、街道和相关职能部门在实际行政过程中遇到的阻力和困难的了解,参照研究了相关案例,评估小组认为,实施限行政策主要存在以下几个方面的社会稳定风险。

(一)影响经济发展的风险

1. 旅游行业方面

　　J市是旅游大市,游客在省辖市中排名第一。J市共有旅行社745家,每家旅行社一年的接待量在10万人次以上。同时随着华东地区精品游线路的建立,三省一市(浙江、江苏、安徽、上海)旅行社的年接待量在300万人次以上,而J市则处于旅游线路的中心地位,在最高峰时期全市接待量占以上总人次的80%,如今在总人次的60%左右,年接待人次在150万人以上。

　　据统计,源头监管的旅游客运车辆有4842辆。来J市旅游类型以短线旅游居多，而短线旅行的主要交通方式就是旅游大巴。据市旅游委统计，J市本市大巴车持有量在3000辆左右，每年的用车量则在6000—7000辆，有一半以上的使用车辆不是本地车辆。旅行团出行时间正值早晚高峰，考虑到游客游玩体验，旅行团一般出行时间较为规律，早上7：00—8：00是大巴出发的高峰时段，晚上17：00—19：00是返程或返回酒店的高峰时段，时间正好与早晚高峰相冲突。

限行政策也与J市旅游业发展规划相冲突。J市知名景区都在市区，主城区限行实施后市内酒店和景区将无法承接旅游业务。J市是华东旅游线路的中心城市，绕城公路限行既会对过境的旅游大巴产生较大影响，也会对周边地区来J市旅游的旅行团的进出城有较大影响。

2. 交通运输、工业生产方面

J市汽车客运站处于限行范围以内，J市汽车客运南站虽不在限行区域，但紧临绕城高速，限行政策对客运行业及相关商务活动有直接影响；J市是工业城市，不少原料和设备需由外地提供，限行外地牌照车辆可能导致企业运输成本提高，部分原料、设备供应迟滞，进而会对部分工业生产、交通运输等企业产生不利影响。

（二）紧急政务活动受限的风险

目前江苏省及J市相关公务活动基本不用公共交通，相当部分都是带车往来。江苏省省级机关开会时间，通常为上午九点或下午两点半开始。上午会议开始之前以及下午会后正巧是早晚高峰，临近城市如镇江、扬州、无锡、苏州等地因公需到J市开会或其他公务活动的，一般都是早上自行驾车从各地赶来，会后离开。时间段正与限行时间早晚高峰相重合，会给各类公务用车与活动带来较大不便。

目前已知的紧急公务活动受限的风险包括但不限于以下方面：1. 来J市的紧急公务活动如机要交通、领导签批公文等受影响。2. 参加必要的紧急会议或者重要会议与限行时段冲突。3. 来J市处理紧急或重大事件（如处理来省集访、个人极端事件等，或者参加不能公开的活动等）公务车辆无法有效保障。4. 公务人员来J市休假、中转、公务活动等情况。

(三) 群众就医、正常生产生活受冲击的风险

J市长江以南、绕城公路(含绕城公路)以内区域,日均活跃车辆约137.4万辆,其中外地号牌车辆约为26.5万辆,占比达19.3%;早晚高峰(7:00—9:00、17:00—19:00)日均活跃车辆约75.9万辆,其中外地号牌车辆约9.6万辆,占比达12.7%。限行政策一旦实施,众多外地号牌车辆车主在早晚高峰期将无法在J市内大部分区域行驶。对于在J市内的上班族来说,用车主要时段恰恰是早晚高峰区间内(7:00—9:00、17:00—19:00),此时间段内的限行将导致车主不得不选择地铁、公交等公共交通上下班,减少了出行选择性与替代性,会增加其各项生活成本,降低满意度与幸福感。对于以往在早晚高峰时段进出J市城区办公办事的外地号牌车主来说,则断绝了这一时间段内进出J市的可能性,会给司机们带来极大不便。

限行政策对于J市周边的镇江、扬州、常州以及马鞍山、滁州、六安等地居民而言,相当部分常赴J市就医、购物等,特别是就医等属于急务,限行政策会对这部分群众出行不便,从而引发不满。

如果政府不能加强政策宣传、疏导矛盾并采取相应配套措施,他们就有可能采取各种方式进行利益表达,进而带来社会稳定风险。

1. 集体上访、拥堵政府部门

正常生产生活环境受冲击的相关市民普遍认为,是不合情、不合理的政府政策让自己和家庭陷入困境,是政府一手造成的。因此利益相关群体利益诉求和情绪发泄的对象也只是政府部门,如果政府不能及时、有效地安抚和安置这些车主,极有可能引发限行车主大规模集体上访、拥堵政府部门的群体性事件。

2. 在城市广场等重要区域集聚示威

集聚示威由于具有规模优势,容易造成声势,引发社会关注。如果安抚和安置不能到位,限行车主以及其他利益相关群体,也有可能到政府核心部门和城市中心广场、交通干道等公共场所或人群集中区域,进行游行、示威,给政府施加压力。

（四）区域一体化政策受损的风险

此次限行和当前一体化、同城化的总体要求和发展趋势不相一致，同时和 J 市宣扬的开放包容的城市特性也不吻合，可能会引起非议。江苏省正在促进城乡一体化、区域协作化，致力于设法拆除各种壁垒，促进互通互融，资源共享，如长三角一体化、宁镇扬一体化等等，对外地牌照车辆的限行政策与这种要求和趋势相悖。

此外，多数城市采取的限行措施是综合限行，实行仅限外地牌照车辆这种单一政策的并不多见。J 市相比于广州、上海等城市，一直以包容并兼精神闻名于外，包容是 J 市的城市名片，而此次对于外地牌照车辆的单方面限行，会给人以排外与歧视的不良印象，影响 J 市城市总体形象。

（五）政策目标受损的风险

政策都有其政策目标，拟限行政策的政策目标，一是缓解交通拥堵，改善道路环境；二是增加机动车保有量。然而经过访谈、座谈、调查研究后发现，不少个人、企业代表甚至政府部门工作人员都对能否很好实现政策预期目标表示怀疑。关于缓解交通压力，J 市总体而言拥堵情况并不算非常严重，疫情期间，很多人选择私家车出行，减少了公共交通的使用，所以这段时间 J 市拥堵情况比前一段时间常态之下要严重一些。另外，车主能避开拥堵的时段和路段都已尽量避开了，但是选择在早晚高峰时段和拥堵路段驾车出行的，基本属于"刚需"，对于"刚需"的一刀切限制，可能无法很好起到缓解交通拥堵的作用。

关于刺激汽车消费的方面。部分使用外地牌照的常住居民更换 J 市牌照的意愿并不强烈，例如持有一些"价值"更高的牌照如"京""沪"号牌的车主并不愿意更换 J 市牌照。而 J 市机动车保有量在 280 万辆左右，常住居民达到了 800 万，除去特种用途车辆，还不能达到平均每家一辆的水平，在有限的经济条件下，一般居民不会考虑购买额外一辆车。同时外地号牌限行的措施可能会引起周边城市机动车销售增长，在价格便宜的地区购买机动车，开回 J 市上 J 市牌照成为更

好的选择,在这个角度上思考,或许刺激消费这一功能并不是特别
明显。

限行政策实际执行难、执行效果不明显,如果后期导致朝令夕
改,将大大降低政策目标。限行政策到底能在多大程度上改善交通
状况? 能否解决拥堵问题? 如果政策效果不太明显,却引发不少社
会负面评价,特别是在当前,经济下行压力巨大,部分行业效益下滑,
从业人员收入下降,消费能力有限,限行有可能进一步加重企业或居
民负担,并对经济产生一些冲击,得不偿失。

(六) 引发负面舆情的风险

拟限行政策是为了缓解交通拥挤,改善道路交通环境,如果一视
同仁,对本地牌照车辆也采取相关限行政策,公众理解程度也会大幅
提升,但是只针对外地号牌车辆的限行政策,存在群体歧视的嫌疑。
经调研发现全国各大城市,包括北京、上海的限行政策都是综合性政
策,如所有车辆单双号限行、外地车牌不上高架等。歧视之嫌也跟近
期以来强调一体化、同城化发展的要求不相吻合。加之如果有人上
网炒作,可能产生较为严重的负面舆情。

在当前技术条件下,很难控制舆论炒作。现代互联网技术所具
有的传播速度快、传播面积广以及不确定性与模糊性等特性,使得社
会舆情的负面炒作很难控制。除网络媒体之外,电视电台、报纸杂志
等都可能成为舆论炒作媒介。如果处置不当,没有对各类敏感线索、
负面舆论信息第一时间研判处置,没有及时释疑解惑、化解疏导矛
盾,将可能对政府声誉造成一定程度的负面影响。

受限行影响的利益相关者也会利用各种通信手段和网络空间,
持续不断地质疑、批评或者发泄不满甚至进行煽动,形成负面社会舆
情。在相关解释和限行配套政策尚未跟进的情况下,实施限行政策,
确实也为某些负面炒作留了空间。限行可能给数万人工作和生活带
来极大不便,使其生存陷入困境,极易引起社会的普遍同情,容易掀
起负面社会舆情。该限行政策引起本地人的负面社会舆情会相对较
小,但在全国看来掀起负面社会舆情的情况较大。

（七）执法手段、配套措施方面的风险

拟限行政策将在长江以南、绕城公路（含本道路）以内区域工作日早晚高峰（7：00—9：00、17：00—19：00）禁止非 J 市籍机动车通行。限行区域大、时间长、范围广，全面实行之后，对执法手段与配套措施要求高，一旦操作不当，会带来一定风险。

1. 限行处罚配套措施不全

对违规行驶的车主处罚需要落实落细系列配套措施，如设置非 J 市籍号牌机动车限行标志、建设非现场违法处罚系统等。如若不能依法依规定对在禁止行驶区域、时段行驶的非 J 市籍号牌机动车实施处罚，会致使政策丧失权威度，政府公信力下降。

2. 相关数字技术支撑不足

在全市大范围区域内实现制定车辆的限行需要强大的数字技术支撑，政策实施后，在确定限行非现场监控点位、设置限行监控点抓拍过车数据、建立非 J 市籍号牌机动车数据库等方面存在滞后与空缺的风险。

3. 专项工作经费不足

开展非 J 市籍号牌限行涉及限行维稳、宣传发动、舆情导控、标志标牌设置、非现场抓拍处罚以及通行证管理系统平台建设等方面的费用，没有专项经费保证的话会出现较大经费缺口，减弱政策实行效果。

（八）汽车交易和交通出行市场紊乱的风险

限行政策会增加车主购置 J 市新车的意愿。特别是疫情期间，机动车市场不景气，短时间内 J 市机动车市场可能无法满足庞大需求，可能会导致市场供不应求、价格虚高。如若政府未出台相关配套扶持政策，可能会有大量 J 市牌照的二手车、黑车涌入市场，扰乱限行区域边界地带的市场稳定，现行政策的预期目标会打上折扣，J 市的市场秩序和社会秩序也会受到影响。

此外，一旦限行政策开始实施，势必会导致相当一部分居民将车开至限行外区域停放，然后进行交通换乘。大量外地车涌入，导致限

行区域边界停车车位紧张。一旦限行区域外围停车场的供不应求,可能引起限行区域边界地带车位以及停车费的增加,扰乱市场秩序,进而引发市民不满。

(九)公共交通高峰时段承载压力增加的风险

J市作为交通枢纽型城市,本次限行范围上涵盖了J市工业生产、商业活动和城市建设的主要区域,时间上则覆盖了早晚高峰期,可以预见有大量非J市籍号牌车主将在早晚高峰选择地铁、公交等公共交通出行或采取公交换乘,将进一步造成轨道交通和地面公交高峰期车厢内的乘客拥挤,造成公共交通乘坐的舒适性下降,从而引发乘客抱怨、冲突增加或其他交通安全事故等。

第四章 风险估计及初始风险等级判断

一、风险等级评判标准与方法

(一)事件—风险关系评判法

风险等级判定可参考表2-2-4-1,结合各风险因素风险程度、综合风险指数、风险事件等进行分析,达到其中一项标准即可判定为相应等级。

表2-2-4-1 重大建设项目整体风险等级评判参考标准

风险等级 参考标准	高 (重大负面影响)	中 (较大负面影响)	低 (一般负面影响)
单风险因素 程度	2个及以上重大或5个及以上较大单风险因素	1个重大或2—4个较大单风险因素	1个较大或1—4个一般单风险因素
整体综合风险 指数	>0.64	0.36—0.64	<0.36

风险等级 参考标准	高 （重大负面影响）	中 （较大负面影响）	低 （一般负面影响）
调查结果	采用面向特定对象征求意见的方式，征求意见结果，明确反对者超过33%	采用面向特定对象征求意见的方式，征求意见结果，明确反对者占10%—33%	采用面向特定对象征求意见的方式，征求意见结果，明确反对者低于10%
可能引发的风险事件	大规模群体性事件，如围堵施工现场、堵塞交通、冲击党政机关、集体械斗、聚众闹事、人员伤亡等	一般群体性事件，如集体上访、静坐请愿、非法集会、集体散步、示威等	个体矛盾冲突，如个体信访，网络发布、散发宣传品，挂横幅等
风险事件参与人数	单次事件200人以上	单次事件10—200人	单次事件10人以下

（二）群体—风险关系评判法

利益相关群体总体规模、组织状况，与拟建项目的利益关切程度、受损程度，及其可能采取的维权方式，是判断拟建项目是否引发群体性事件及相应社会稳定风险的重要依据。

根据是否有组织、是否有直接利益诉求两个基本分析维度，我们将群体性事件分为四大类："有组织—有直接利益诉求"的群体性事件、"有组织—无直接利益诉求"的群体性事件、"无组织—有直接利益诉求"的群体性事件、"无组织—无直接利益诉求"的群体性事件。其中，有组织的群体性突发事件通常有较为明确的目标指向，事件的形态相对稳定，影响范围也比较固定，并且在发生之前很容易为相应的党政部门所觉察，从而可以有一个提前防范的时间差。事实上，有关部门已经在长期实践过程中形成了一套系统的"接访"制度和侦察、防控手段，较为有效地防范了此类群体性事件；与之相反，无组织的群体性突发事件通常难以发觉，且很多时候并无明显征兆，管理难度比较大，特别是"无组织—无直接利益诉求"的群体性突发事件，参

与者通常以发泄情绪为主,事件形态多变,影响范围难以控制,可能
在瞬间急剧扩大,处理起来比较棘手,因此很多情况下需要重点考虑
处理此类事件的方式方法问题以及解决问题的时机问题。政府部门
对待群体性事件应该有一个理性认识,而且不是每一个这类事件都
是恶性的,政府完全可以借助媒体舆论等工具引导群体性事件的良
性化操作;此外,借助群体性事件,政府部门可以充分了解到社会群
体的利益诉求以及群众心声,这也是检验政策效果的一条途径。

(三)风险后果评判法

从风险因素导致风险形成和发生后可能产生的结果以及为化解
风险而不得不付出的代价来考虑,我们可以根据风险可能导致的政
治成本和经济代价确定主要风险因素。所谓"政治成本",指的是项
目所在地地方政府在风险发生后承担的行政管理的责任,即按照行
政责任追究制度的要求,在发生严重的社会稳定风险后,地方政府的
相关人员必须承担相应的责任。在某种意义上,如果某个风险因素
导致的风险会致使政府主要领导被追究责任,我们可以将该风险因
素定义为高风险因素或主要风险因素;如果会致使相关行政主管部
门的领导被追究责任,我们可以将该风险因素定义为中风险因素或
重要风险因素;如果会致使行政管理的直接责任人被追究责任,我们
可以将该风险因素定义为低风险因素或一般风险因素。所谓"经济
代价",指的是从投资者的角度,其在风险发生后必须支付的经济代
价。对于投资者而言,如果风险导致的结果是投资成本大幅度上升
并且超过投资者的承受能力,致使项目建设被迫停止,对应的风险因
素为高风险因素或主要风险因素;如果风险导致的结果是投资成本
较大幅度增加并且严重影响项目建成后的投资利润水平,对应的风
险因素为中风险因素或重要风险因素;如果风险导致的结果是投资
成本上升但对投资利润没有特别大的影响,对应的风险因素为低风
险因素或一般风险因素。确定了主要风险因素的判断标准后,可以
建立相应的风险衡量指标。

采用定性与定量分析相结合的风险分析方法对风险程度进行判

断,需要注意两个方面,一是定性方法要注意分析前后因果逻辑关系的建立,二是定量方法要注意选取相关参数的客观性、准确性。由于社会稳定风险源自项目与人、与当地社会之间的相互作用和影响,风险形成、产生和爆发的过程中,各个利益相关者的意识和行为充满了多样性和不确定性,很难像技术经济论证指标那样可以采用直接的量化指标来进行衡量,只能通过观察、描述、分析和预测的定性分析方法来进行判断。在这种情况下,通过对项目与受影响的利益相关者之间、项目与社会之间的相互作用和影响的因果逻辑关系的分析,可以合理地解释风险形成、产生和爆发的完整过程,解释风险事件背后各个利益主体的行为,进而对风险程度进行判断。

二、风险因素估计

根据上述的分析以及风险因素清单表,现将各主要风险因素及其程度汇总于表2-2-4-2:

表2-2-4-2　主要风险因素及其汇总表

序号	风险因素 (W)	风险概率 (P)	风险影响 (C)	风险程度 (P×C)
1	影响经济发展的风险	较高	较大	较大
2	紧急政务活动受限的风险	较小	较大	中等
3	群众正常生产生活受冲击的风险	较大	较大	较大
4	区域一体化政策受损的风险	中等	较大	较大
5	政策目标受损的风险	中等	中等	中等
6	引发负面舆情的风险	较大	较大	较大
7	执法手段、配套措施方面的风险	中等	较小	较小
8	汽车交易和交通出行市场紊乱的风险	中等	中等	中等
9	公共交通高峰时段承载压力增加的风险	中等	较小	较小

三、项目初始风险等级判断

拟实施政策共有9个风险因素,其中较大风险因素有4个、中等
风险因素有3个、较小风险有2个。通过调研分析和综合判断,拟实
施政策可能导致利益相关群体的反对,存在引发群体性事件的可能
性。从风险后果来看,在当前的政治和社会环境下,拟实施政策可能
引发较高的社会稳定风险。因此,经综合评判,我们将拟实施政策风
险等级确定为高。

第五章 风险防范和化解措施

一、细化实施方案 分步渐行推进

按照"循序渐进、平稳过渡"原则,根据国家政策规定、J市经济发
展现状、J市气候特征、J市交通运行整体态势和非J市籍号牌机动车
在J市的通行情况,制定一个合情合理、切实可行的限行范围及时间
表,给予非J市籍号牌机动车车主及企业心理预期和缓冲时间,给政
策公布和政策执行之间留有缓冲期。座谈与访谈中,不少政府部门、
企业代表和外牌车辆所有人表示,J市作为旅游城市和包容性较强的
城市,非J市籍号牌机动车高峰限行政策可能会引发J城市"歧视"等
负面舆论;政策实施不当,也可能将对J市旅游经济产生冲击,并会影
响到J市的城市形象。

时机上,应避开敏感时间节点。疫情期间,选择私家车出行的人
数增加,对公共交通的使用相对下降,J市道路交通拥堵状况较常态
有所加重。但疫情期间,经济下行压力较大,且非J市籍号牌机动车
跨省市流动至J市的频率相较之前会有所减少,因此需结合经济发展
状况及民生需求,长久考量,合理设置高峰限行政策方案。应先对非
J市籍号牌机动车高峰限行政策加大宣传教育,考虑非J市籍号牌机
动车车主及部分政府部门、企业反应及处理相关机动车辆的时效,平

稳、有序地推行限行政策。

时间和空间上，按照各地已有经验，如上海市先在部分高架道路（城市快速路）实施限行政策，再逐步扩大限行范围，杭州市在绕城高速合围区域内的其他高架道路（含匝道以及附属桥梁、隧道）实施限行政策，先在 J 市核心区域部分高架道路（含匝道以及附属桥梁、隧道）实施限行，根据限行的实际效果，再逐步扩大到长江以南、绕城公路（含本道路）以内区域，做合适布局和恰当安排。

对象上，按照车种分门别类，分步限行。目前，各主要限行城市对非本市籍机动车高峰限行的范围也各不相同，以上海市为例，悬挂外省市机动车号牌的小客车、使用临时行驶车号牌的小客车、未载客的出租小客车及实习期驾驶员驾驶的小客车在规定时间内被禁止在特定高架道路通行；而杭州市则不允许全部非浙 A 号牌机动车在"错峰限行"时段在"错峰限行"范围内通行。结合已实施高峰限行政策城市的做法及限行效果，可先对在 J 市内运行的悬挂外省市机动车号牌的小客车、使用临时行驶车号牌的小客车、未载客的出租小客车及实习期驾驶员驾驶的小客车实施高峰限行，再逐步扩大至全部非 J 市籍机动车[军（武警）车、警车、消防车、救护车和工程抢险车等除外]不得在高峰时段在限行区域内通行，采取综合限行政策，分步限行，作适当区别对待。要考虑限行政策对长途客车、旅游大巴、公务用车的影响，酌情处理限行车种范围。

二、优化限行方式　减缓执行压力

在外牌高峰限行政策实施初期，为了有效保证 J 市的经济建设与市民生活，政府有关部门应采取有效措施，保障非 J 市籍机动车辆高峰限行后市区生活生产及市民出行的需要。相关政府部门可以学习借鉴已实施外牌高峰限行城市的成功做法，优化限行的具体方式，将限行政策执行压力降低至最小，多方式展开各项限行举措。

针对突发情况，需要特殊处理，遇到紧急、突发情况时，可在限行政策基本原则上灵活处理，如有送医等紧急情况，非 J 市籍号牌机动车车主可向交通路口执勤交警求助,在得到特殊许可后可在限行路段通行;也可借鉴杭州经验,外地牌照车辆一年可以12次申请临时通行许可。

根据路面交通的实际状况,灵活设置道路交通基础设施,充分利用已有道路资源,实现道路快速通行,如利用潮汐车道,有效缓解高峰期单向交通的运输压力。

三、优化相关政策 方便购车转籍

应完善J市部分区域早晚高峰限制非本市籍号牌机动车通行政策,从限制对车辆的拥有转向限制对车辆的使用,同时,降低外地居民在J市购车门槛,合理配置新机动车上牌指标,并鼓励新能源汽车分时租赁,在有效刺激汽车消费的同时,通过优化车辆使用方式来实现限行目标,缓解交通压力。

优化非J市籍机动车转籍政策,适度放宽居住年限、社保等条件,简化办理程序,鼓励外牌车辆转籍。

限行政策将有效改善J市路面交通的拥堵状况,但与此同时,限行时段内于路面停放的机动车数量也会相应增加,应制定政策规范并解决非J市籍号牌机动车在高峰时段的停放问题,规范停车场的收费行为及居民的合理停车行为,解决市民出行的最后一公里难题。

四、政策解释到位 争取民意支持

(一)广泛听取各方意见

限行政策作为一项关乎民生的重要公共政策,应该体现民利,合乎民心,顺乎民意。只有广泛吸纳社会参与,积极听取各方诉求,才能实现公共利益,保障公众权利。同时,限行政策牵扯方方面面,涉及诸多利益相关群体,政治、经济、社会、技术等各种因素混杂其间,只有相关各方都能参与其间,从各个方面揭示问题并提供办法,才能使建设方案相对完善并切实可行。

倾听利益相关群体的意见和诉求。及时了解他们的想法和诉求，告知相关政府部门限行政策、配套政策和实施计划，听取意见和建议，监督车辆转籍等政策落实到位，持续关注限行后相关企业和车主的生产生活，及时解决可能出现的各种问题。

听取社会公众意见。采取多种手段，了解、倾听社会公众的意见，收集社会公众的建议，及时公布限行政策的实施情况。

听取专家、专业人士的建议。咨询社会管理等相关专业专家，了解限行政策的政治影响和社会效应，预测可能产生的社会风险，制定可能产生的群体性事件的化解措施；咨询交通及环境污染与治理等领域的相关专家学者，对非 J 市籍号牌机动车高峰限行后对改善 J 市道路交通状况的实际影响程度以及相关技术标准予以研讨，发现其中可能隐藏的潜在问题。

（二）做好政策解释和说明工作

针对可能存在的许多利益相关者和社会公众对限行政策初衷、限行政策内容和具体实施方案不甚了解的情况，政府部门必须进行充分的政策解释和说明。一方面，细化条款，形成一套切实可行的政策细则和具体措施；另一方面，对于限行政策所涉及的利益相关者做更深入的政策解释，保障他们的知情权，消除他们的疑虑，及时了解和准确把握其思想状况和行为动态，为适时修正和完善限行方案、做好应急管理提供准确信息。

（三）加强宣传教育，化解疏导矛盾

限行政策公布后，要在前期预留数月的宣传教育期，增强全社会参与疏解交通拥堵、遵守政策规定的意识。在此期间，对于违反限行规定的车辆先不予处罚，重点加强宣传引导；宣传教育期过后，再由公安机关交通管理部门依法予以处罚。相关部门必须保持对利益相关群体和社会公众的态度及行为的高度关注，充分利用网络、报纸、广播、电视等多种媒介手段，积极营造良好的舆论氛围，化解疏导矛盾，提高限行政策在整个社会的影响度和支持度。

五、关注特殊需求　实施区别对待

J市实施非本市籍号牌机动车高峰限行后,势必会对J市市民及
企业的生产生活产生影响。为了将限行带来的不利影响降到最低,
应对不同需求实施区别对待,以最大化程度地保障城市基本生产生
活得以持续发展。除军(武警)车、警车、消防车、救护车和工程抢险
车等特种车辆不受限行政策规范以外,还需考虑其他可能存在需"区
别对待"的情况,如公交车、出租汽车(不含租赁车辆)、新能源汽车、
省际长途客运车辆及大型客车、邮政专用车、持有交通运输管理部门
核发的旅游客车营运证件的车辆、学校校车、公务用车等,应根据实
际需求,对可能存在特殊需求的车辆予以区别对待,通过发放临时通
行证、设置中转站或接驳站等方式满足相关车辆及群众的特殊需求。

六、出台配套措施　完善政策体系

不同于上海、杭州等先行实施外牌限行政策的城市通过摇号等
方式来获取本市籍号牌,根据J市二手车转籍政策,非江苏省号牌机
动车,达国六(含)以上排放标准可转为J市籍号牌;江苏省非J市籍
号牌机动车,达国四(含)以上排放标准可转为J市籍号牌。其中非J
市籍公民提供身份证、在J市的居住证、在J市工作的社保卡以及连
续两年在J市缴纳社保的缴费明细即可转为J市籍号牌。在单位名
下机动车提供三证合一营业执照即可转为J市籍号牌。

外牌限行政策实施后,可以有效减少高峰期在J市长江以南、绕
城公路(含本道路)以内区域路面的非J市籍外牌机动车数量,从而在
一定程度上缓解当前J市路面高峰期缓行的状况。但从长期来看,为
了能在全时段进入J市路面,多数非J市籍机动车很有可能转为J市
籍,同时,伴随着机动车保有量的持续增加,道路交通运行态势将在空
间上仍呈现出聚集、拥堵及饱和的状况,无法真正改善J市交通状况。

因此,应在《请示稿》和《实施方案(代拟稿)》的基础上尽快出台
实施细则和配套措施,进一步完善政策体系,使总体上好的限行政策

能充分执行到位。这套政策体系至少应该包括以下几个方面的细化内容：

第一，政策的依据和标准。确定合法、合理的依据和科学、具体的标准，利于对群众进行政策解释，便于相关部门执行，能够在一定程度上消除相关利益群体和社会公众的质疑和抵触。

第二，实施的程序和方式。科学的程序和合理的方式既是对相对人合法权利的保护，也是对公共政策有效执行的保障。

第三，发展综合交通。公共交通方式的完善将大大减缓非 J 市籍机动车高峰限行后市民出行的压力，对于进一步减缓 J 市城市道路交通压力，提升交通运行整体态势具有积极作用。

第四，加强科技创新。尽快解决好限行非现场监控点位等技术问题，创建并维护好采集限行监控点抓拍的过车数据及非本市籍号牌机动车数据库，通过实时数据监控和定人定岗抽查，保证限行政策的有效实施。

七、加强组织领导　畅通信息渠道

建立市"主要领导亲自主抓，分管领导具体负责，相关部门齐抓共管，市、区、街、社联动协作"运行机制；依据目标责任制的总体要求，对相关政府主体的权责进行清晰界定，明确各自责任，防止出现推诿现象；针对限行过程中的各种问题和诸多困难，要求发扬民主，掌握实情，充分听取相关利益各方的诉求和社会各界的意见，吸纳下级部门和基层政府的有效经验和有益建议，及时修正和完善限行政策。

此外，决策层与执行层之间、上级与下级之间、相关部门之间时刻保持信息沟通渠道上的顺畅。下级相关部门要及时、有效、准确地向上级传达政策执行过程中遇到的新问题、新情况；各级执行层要时刻与决策层保持信息畅通，以便决策者能够适时进行政策调适；相关部门之间要力争保持一致，如市委政法委、市发改委、公安局交通管理局、交通运输局、文化和旅游局等部门要彼此协调，做到思想一致、口径一致、行动一致。

八、严格运营监管 实现减负目标

限行政策实施以后,政府相关部门要加强管理,公安机关交通管理部门通过现场执法与非现场执法结合,运用监控探头等技术设备,保障政策落实到位,杜绝"漏网"车辆在限行时间与限行区域上路行驶,确保实现道路减负目标,维护各方正当权益。

加强对企业负责人、相关工作人员和市民的引导教育,建立惩戒机制,督促相关企业与个人自觉遵守限行政策的相关要求。

丰富限行执法手段,加强日常监管,通过日常巡逻、教育处罚,促使良好驾驶行为与习惯的形成,推动限行政策长期、平稳执行。

加强对交通、旅游等相关行业的监管,严厉打击破坏正常市场秩序的行为。

九、关注舆情变化 引导社会舆论

在限行政策决策、政策解释及后续执行的整个过程中,相关部门必须保持对利益相关群体和社会公众的态度及行为的高度关注,充分发挥媒体舆论的宣传引导作用,积极营造良好的舆论氛围,提高限行政策在整个社会和群众之中的影响度和支持度。对于网络上、社交媒体上可能出现的针对限行的负面或质疑评论与报道,应及时回应,做出政策解释,合理引导舆情,争取理解支持。在限行政策决策和执行的整个过程,市公安局、网信办等相关部门必须保持对利益相关群体和社会公众的态度及行为的高度关注,随时做好政策宣传和舆论引导工作。市委宣传部应支持并指导市公安局、网信办进行引导工作。

十、明确维稳责任 制定应急预案

为了保障限行政策的顺利推进,及时发现并解决政策实施过程中可能出现的不稳定因素,有必要在调研和综合分析的基础上建立快速、有序、高效的处置社会稳定风险工作机制,同时也需要利用此机制提高政府解决矛盾和问题的能力与水平。

由市委政法委牵头成立非J市籍号牌机动车高峰限行政策维护社会稳定工作专项领导小组，市、区、街道三级联动，相关职能部门共同参与，协同处理可能出现的社会不稳定因素。

在建立维护社会稳定工作专项领导小组的基础上，需要进一步明确相关政府主体在此过程中的职责构成，以便清晰权责、各司其职。

第六章　落实措施后的预期风险等级

在采取风险防范和化解措施之后，J市实施限行政策风险因素中有4个较高风险、3个中等风险、2个较小风险（如表2-2-6-1所示）。特别是，一旦政策的相关配套措施得以完善，拟实施政策的最大风险因素即可消除，风险等级则随之降低。经综合评判，我们可以将落实措施后实施限行政策的风险等级确定为低风险。

表2-2-6-1　落实措施后的预期风险等级

序号	风险因素 （W）	风险概率 （P）	风险影响 （C）	风险程度 （P×C）
1	影响经济发展的风险	较高→较小	较大→中等	较大→较小
2	紧急公务活动受限的风险	较小	较大→中等	较小
3	群众正常生产生活受冲击的风险	较大→中等	较大→中等	较大→中等
4	区域一体化政策受损的风险	中等→较小	较大→中等	较大→中等
5	政策目标受损的风险	中等→较小	中等→较小	中等→较小
6	引发负面舆情的风险	较高→较小	较大→中等	较大→较小
7	执法手段、配套措施方面的风险	中等→较小	较小	较小
8	汽车交易和交通出行市场紊乱的风险	中等→较小	中等→较小	中等→较小
9	公共交通高峰时段承载压力增加的风险	中等→较小	较小	较小

第七章　基本结论

　　J市对非本市籍机动车实施限行政策是为了改善J市交通运行
整体态势,有利于缓解城市道路高峰期拥堵状况,改善城市环境空气
质量,提升城市功能品质与交通运行效率。但通过调研分析和综合
判断,拟实施政策可能导致利益相关群体的强烈反对,存在引发群体
性事件的可能性。从风险后果来看,在当前的政治和社会环境下,拟
实施政策可能引发较高的社会稳定风险。因此,经综合评判,我们将
拟实施政策初始风险等级确定为高。

　　在综合考虑利益相关群体的合理诉求、政府相关部门的意见建
议以及J市当前的内外环境等基础上,本报告提出了针对性的风险防
范和化解措施,若实施到位,拟实施政策社会稳定风险等级则可降
为低。

第三篇

综合类

第一部分　概述

　　综合类项目社会稳定风险评估,是指针对决策事项中包含的行政法规、行政规章以及规范性文件等内容和直接关系民众切身利益且对社会稳定、公共安全等方面可能造成较大影响的具体事务等,在决策之前、制定过程中或试行之后,制定部门或其委托的第三方机构对项目内容及其实施可能引发的社会稳定风险所进行的评估。

　　综合类项目实际上是政策类项目和事项类项目的合二为一,其社会稳定风险评估包含了政策和事项两个方面的具体内容。如本书所选案例"W 纺织循环经济产业园项目社会稳定风险评估",既包括《关于进一步提升发展全区纺织产业的实施意见》的政策实施社会稳定风险评估,也包括对"30 家印染企业搬迁入园""产业园区建设"等具体事项的社会稳定风险评估,而园区建设主要则是工程项目建设。

　　综合类项目社会稳定风险评估的关键在于:一是统筹兼顾,周全细致。综合类项目包含政策、事项两个方面内容,需按两种类型社会稳定风险评估要求兼顾进行,不可偏漏;同时,关注政策、事项两个方面交互影响所形成的各种复杂情形,分析其衍生风险。二是搭建结构优良的评估团队。需根据项目特点组建具有相应专业背景的评估团队,比如,W 纺织循环经济产业园项目社会稳定风险评估团队中既有公共政策、应急管理等专业人员,也有法律、环境保护等专业人员,还包括工程建设、安全生产等专业人员,这种团队成员构成满足了项目评估的多方面专业知识需求。三是广泛研读各类文献资料。比如,W 纺织循环经济产业园项目中,除了研读有关行政决策、风险评估、环境保护、土地管理、安全生产等方面的法律法规、政策文件等,还需研读有关产业发展、城乡规划、社会发展等方面的政策文件、管理办法等，以及诸如园区建设可行性研究报告、环境影响评估报告等工程建设文件。此外，还需了解当地经济社会发展和风土人情等状况。在此基础上，风险因素梳理才可能全面、准确。

本篇所选案例为笔者 2017 年 9 月主持的地方重大决策社会稳定风险评估项目。该项目初始风险等级确定为高，评估报告所提建议逐步得到落实，特别是随着《江苏省太湖水污染防治条例》2018 年 1 月 24 日第三次修正（自 2018 年 5 月 1 日起施行），项目合法性风险得以消除，决策事项随之正式实施。

第二部分 案例：W 纺织循环经济产业园项目社会稳定风险评估

第一章 评估概述

一、项目概况

（一）项目由来

E 镇位于江苏省最南端，地处长三角和太湖地区的中心地带。南接浙江嘉兴，北依苏州，东临上海，西濒太湖，镇域面积 145.15 平方公里。自古以来，E 镇就是著名的鱼米之乡、丝绸之都，是我国重要的丝绸纺织品生产基地和产品集散地，历史上以"日出万绸、衣被天下"闻名于世，有"绸都"美称。目前，E 镇纺织业已形成从缫丝、化纤纺丝、织造、印染、织物深加工到服装制成品的产业链，集研发、生产、市场、物流、服务为一体的配套体系。先后被授予"中国纺织名镇""国家级丝绸星火密集区""全国乡镇企业示范区"等称号。

印染行业在 E 镇整个纺织产业中的占比约为 10%，"绸都染整"品牌已成功创建国家级行业集体商标和江苏省著名商标。E 镇全镇共有 30 家（含 F 集团及其分厂）印染企业，年生产能力约 40 亿米。作为纺织产业链中提高产品附加值的关键环节，同时也是能耗、水耗较高，废水排放量较大的环节，近年来 E 镇印染行业在节能减排方面做了大量工作，取得了显著成效，但随着行业的持续快速发展，水资源消耗总量以及废水和污染物排放总量仍然较大，同时也存在着企业之间发展不平衡、清洁生产水平差距较大、总体水重复利用率较低、企业布局分散不利于污染集中治理和基础设施共建共享、部分企业存在严重环保风险等问题。

根据 S 市 W 区政府《关于进一步提升发展全区纺织产业的实施意见》（吴政发〔2013〕206 号）提出的"打破产业发展瓶颈，建设印染产业循环经济试验区"的相关要求，"力争用三年时间将 E 镇主城区范围内不适应城镇发展规划、存在严重环保风险的印染企业进行整体搬迁改造"。鉴于此，E 镇拟在 Z 村规划建设 E 镇地区纺织行业循环经济示范区，2014 年 7 月 19 日 S 市 W 区人民政府以吴政发〔2014〕112 号文《关于成立 W 纺织循环经济产业园建设推进领导小组的通知》，将"E 镇地区纺织行业循环经济示范区"更名为"W 纺织循环经济产业园"（以下简称"产业园"），产业园内主要产业为印染业及配套的基础设施。

（二）项目范围

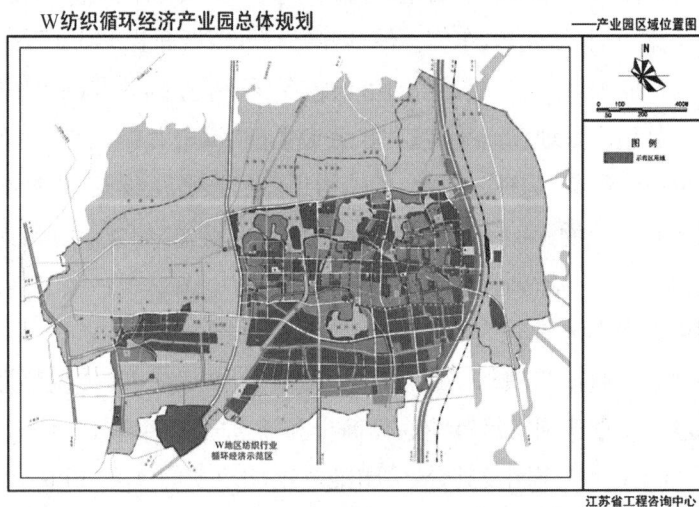

图 3－2－1－1　产业园拟建地点示意图

W 纺织循环经济产业园选址位于 S 市 W 区 E 镇 Z 村。规划范围东至松桃公路和严家浜，西至西港，南邻京杭运河（澜溪塘），北依张家桥港，规划总用地面积 249.48 公顷；项目征地搬迁涉及 Z 村 436

户村民和 5 家企业。

(三)项目的必要性

"W 纺织循环经济产业园"项目的必要性体现在两个方面:

一方面,目前 E 镇的 30 家(含 F 集团及其分厂)印染企业分布在镇区各处,企业与居民区、商业区交错,区域布局混乱,限制了主城区土地的高效利用和规划发展发展;企业排污去向多样(见图 3-2-1-2),极难就地改造,极大地影响了市容和环境。印染企业和污水处理厂虽然经过不断改造,但还是对周边环境质量和居民生活产生不小影响。所以亟须针对区域内部的印染企业进行重新规划,集中布局。

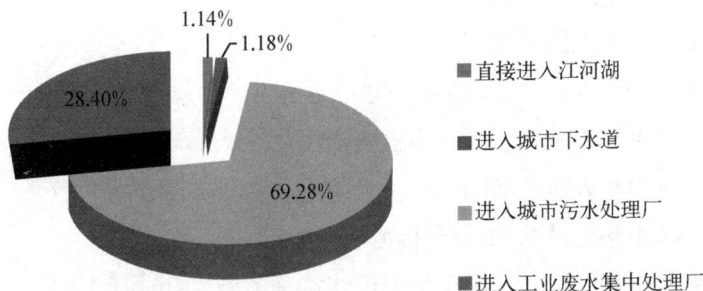

图 3-2-1-2 E镇各类印染废水排放去向

另一方面,结合国家和省市有关纺织产业发展的相关规划要求,项目从纺丝(纱)、织造、印染、服装规模相配套分析,以及完善纺织产业链出发,促进 E 镇纺织产业集群提档升级。项目建成以后,要求企业淘汰老旧落后设备,引进先进印染设备,整体提升纺织行业现代化水平,推动纺织产业转型发展,进一步发展东方丝绸市场,提升市场的集聚度和影响力。

(四)项目总体规划

根据产业园的建设总体规划,规划期限为 2014—2023 年,规划近期为 2014—2017 年,规划远期 2017—2023 年。30 家(含 F 集团及其分厂)印染企业分期入园,近期 16 家印染企业入园,远期剩余 14 家印染企业全部入园。印染企业入园后,园区将实现集中统一供水、供电、供热、污水处理、中水回用和污泥处置。产业园污水处理厂为现有 7 个污水处理厂的升级置换，也是产业园的配套建设工程，接纳园区 30 家印染企业及配套工程的工业废水和区域内及周边区域未接管的生活污水。本污水厂建成后，现有的 7 个污水处理厂关停或减少相应的处理规模，不增加排污总量。

二、评估依据

（一）法律、法规

1.《中华人民共和国立法法》

2.《中华人民共和国土地管理法》

3.《中华人民共和国城乡规划法》

4.《中华人民共和国水法》

5.《中华人民共和国环境保护法》

6.《中华人民共和国水污染防治法》

7.《中华人民共和国大气污染防治法》

8.《中华人民共和国循环经济促进法》

9.《中华人民共和国土地管理法实施条例》

10.《太湖流域管理条例》

11.《江苏省太湖水污染防治条例》（2007 年修订）

12.《江苏省土地管理条例》（2004 年第二次修正）

13.《江苏省征地补偿和被征地农民社会保障办法》（省政府令第 93 号）

（二）政策、规定

1. 国务院《水污染防治行动计划》（国发〔2015〕17 号）

2. 中共中央办公厅、国务院办公厅《关于建立健全重大决策社会稳定风险评估机制的指导意见（试行）》

3.《国家发展改革委重大固定资产投资项目社会稳定风险评估暂行办法》（发改办投资〔2013〕428 号）

4. 工业和信息化部《纺织工业"十三五"发展规划（2016—2020 年）》（工信部规〔2016〕305 号）

5. 国家发展改革委、环境保护部、住房城乡建设部、水利部、农业部《太湖流域水环境综合治理总体方案(2013 年修编)》(发改地区〔2013〕2684 号)

6.《中共江苏省委办公厅、江苏省政府办公厅关于健全重大决策社会稳定风险评估机制的意见(试行)》

7. 江苏省人民政府《省政府关于江苏省太湖流域水环境综合治理实施方案(2013 年修编)的批复》(苏政复〔2014〕74 号)

8. 江苏省人民政府《江苏省大气污染防治行动计划实施方案》(苏政发〔2014〕1 号)

9. 江苏省经信委《江苏省"十三五"纺织产业发展规划》

10. 中国印染行业协会《印染行业"十三五"发展规划》

11. S 市 W 区人民政府《S 市 W 区国有土地上房屋征收与补偿暂行办法》

12. S 市 W 区人民政府《S 市 W 区征地补偿和被征地农民社会保障办法(暂行)》

13. S 市 W 区人民政府《S 市 W 区征地补偿和被征地农民社会保障实施细则》

14. S 市 W 区人民政府《S 市 W 区集体土地住宅房屋拆迁补偿安置办法(试行)》

15. S 市 W 区人社局、国土资源局、财政局《关于调整 S 市 W 区征地补偿和被征地农民社会保障相关标准的通知》(吴人社〔2016〕78 号)

16. 中共 S 市 W 区委农村工作办公室、S 市 W 区住房和城乡建设局、国土资源局、公安局《关于农村集体土地住宅房屋建设和拆迁中农村户籍在册人员的认定意见》(吴委农〔2015〕5 号)

17. S 市 W 区人民政府《区政府办公室关于明确全区农村住房建设管理事项的补充通知》(吴政发〔2016〕136 号)

18.《S 市 W 区 E 镇总体规划(2014--2030)》

（三）工程文件

1. E 镇人民政府、江苏省工程咨询中心《W 纺织循环经济产业园总体规划》

2. 江苏环保产业技术研究院股份公司《E 镇纺织产业循环经济示范区总体规划环境影响报告书》

3. 东华大学《E 镇地区纺织行业循环经济示范区可行性研究报告》

4. E 镇人民政府、S 市水利设计研究院有限公司《W 纺织循环经济产业园水系及防洪除涝规划》

5. 江苏省水文水资源勘测局苏州分局《W 纺织循环经济产业园总体规划水资源论证报告书》

6. 江苏省水文水资源勘测局苏州分局《W 纺织循环经济产业园一期 25000 吨/日综合污水处理工程入河排污口设置论证报告书》

（四）其他依据

1. 《江苏省人民政府关于 S 市 W 区工矿废弃地复垦利用实施方案 2015 年第 2 批次（12 挂）建设用地的批复》（苏政地〔2015〕5007 号）

2. 《江苏省人民政府关于 S 市 W 区城乡建设用地增减挂钩建新区 2015 年第 1 批次（12 挂）建设用地的批复》（苏政地〔2015〕4024 号）

3. S 市 W 区人民政府《区政府关于同意成立 E 镇地区纺织行业循环经济示范区并调整 W 区城市总体规划中 E 镇工业用地布局的批复》（吴政发〔2014〕70 号）

4. S 市 W 区人民政府《关于进一步提升发展全区纺织产业的实施意见》（吴政发〔2013〕206 号）

三、评估主体

（一）评估主体的组成及职责分工

本项评估工作由 E 镇人民政府、南京大学方面共同组成评估工作机构，E 镇人民政府为项目责任主体，南京大学为项目评估主体。

笪素林拟订评估方案并组织实施，其他成员共同参与方案设计、资料收集、实地调研、风险分析等工作。

评估主体的专业性和独立性能够保证此项评估工作的可靠性和公正性。项目负责人笪素林长期从事国家治理和社会风险管理的教学与研究工作，参与了多项国家级和省部级有关风险管理的课题研究，承担过"南京市关停露采矿山社会稳定风险评估"和"南京石城文化创意园改造项目社会稳定风险评估"等多项稳评工作，拥有社会稳定风险评估的厚实理论基础和丰富实践经验。同时，研究团队成员与项目相关利益各方没有任何利益关系，研究工作基于公正性和科学性进行，评估结论不带倾向性。

（二）其他相关主体参与评估情况

评估过程中评估主体采取多种方式倾听取各方意见，使各相关主体参与到风险评估中来，充分表达自己的利益诉求和相关意见，以使风险梳理全面、真实，风险评估准确、可靠。

首先，通过深度访谈、查阅资料、现场勘查、专家咨询等方式，充分了解地方政府产业园项目的构想、建设及后续运营的能力、社会风险意识、风险管控能力以及项目实施的工程可靠性。

其次，通过入户访谈、集体座谈、问卷调查等方式，充分了解了产业园拟建地区 Z 村征地拆迁村民以及 Z 村内拆迁企业和家庭作坊的利益诉求和相关意见。评估主体与 Z 村拆迁村民代表进行了集体座谈，并且访谈了家庭作坊和拆迁企业代表，充分了解了他们的意见和要求。

第三，通过深度访谈、问卷调查等方式，评估主体多次深入社区和居民家庭，充分了解了产业园以及周边群众自治组织和基层地方政府的意见。评估主体先后走访了 X 村村委会、D 村村委会以及邻省浙江嘉兴 Q 村村委会、E 镇法制办、E 镇动迁办，听取了有关工作人员对于该产业园项目建设的意见和建议。

第四，通过集体座谈、问卷调查等方式，充分了解了规划迁入园区的 24 家（F 集团及其分厂计为一家）印染企业的利益诉求和相关意见。

第五，通过随机访谈、问卷调查等方式，了解了 E 镇一般市民对该项目建设的相关意见。

最后，评估主体走访了 W 区发改委、经信委、环保局、国土局、规划局、维稳办、E 镇人民政府及经发局、综合执法局，向负责本次产业园项目的工作人员了解具体推进状况。后又向省人大法制委、国土厅、环保厅、经信委、省政府法制办、法律理论研究专家及其他实务工作人员针对相关问题进行请教。

总之，在风险评估的过程中，相关利益群体以及有关政府部门、社会组织、专家学者和普通市民都得到了有效参与，充分保障了相关利益主体的知情权和表达权。

四、评估过程

根据该项目社会稳定风险评估及评审要求，制定评估流程，并按照本评估流程进行该项目社会稳定风险评估相关工作。

（一）制定评估方案

明确风险评估的组织机构、职责分工、工作进度、工作方法与要求、拟征询意见对象及方法、风险评估报告大纲等事项。

（二）公示评估项目

通过发布媒体公告、张贴告示、单独或集中告知等方式，将项目概况、评估责任主体及联系方式、评估实施主体及联系方式等告知利益相关群体及社会公众，使利益相关群体充分表达意见和诉求，调动社会公众积极参与稳评工作。

自 2014 年 5 月 W 区人民政府同意成立 E 镇地区纺织产业循环经济示范区以后，W 当地的《W 日报》、"W 新闻网"以及区、镇政府网站对拟建园区的项目概况、推进工作等做了持续报道，"新华网""搜狐网"等网络媒体做了多次转载报道。2015 年 7 月 10 日，《新华日报》"W 专版"对 W 纺织循环经济产业园做了相关介绍，随后，"中国江苏网""凤凰网""和讯网""全球纺织网"等网络媒体转载报道。2016 年 10 月和 2017 年 5 月，中共 W 区委、W 区人民政府在上海、深圳举办"W高新区（E镇）纺织产业转型升级上海说明会""S市W区（深圳）创新驱动投资说明会"，对W纺织循环经济产业园项目进行了推介，《文汇报》《人民日报》《深圳特区报》《深圳晚报》以及"中国经济导报网""中国发展网""中国纺织网""中华建材网"等媒体做了报道。2017年7月3日，人民日报社主管主办的《中国经济周刊》（2017年第26期）以"江苏E镇：全球纺织业生产基地陷入'治污怪圈'"为题，对W纺织循环经济产业园项目的出台背景、推进障碍及突破途径做了较为全面的介绍和颇为深入的分析，"新浪网""搜狐网""和讯网"等多家门户网站做了转载。

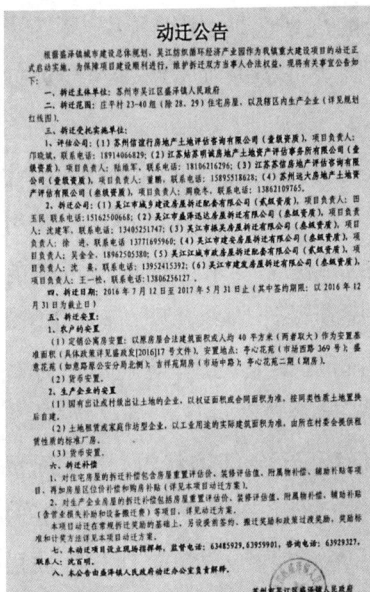

图3-2-1-3　项目动迁公告

图3-2-1-4　《新华日报》的相关报道

　　2017年5月，拟建园区项目环评机构在W区政府网站和项目所在区域及周边地区的村委会等公共场所进行了环评公示。

　　2017年7月，稳评小组在拟建园区项目所在的E镇Z村及周边地区的E镇D村、X村和T镇K村及浙江嘉兴的Q村，通过张贴公告方式进行了稳评公告。

经过近 3 年各种方式的公示、公告和报道,园区项目已经广为人知:征地拆迁安置居民、企业 100% 知晓;周边 500 米内居民、单位 100% 知晓,2000 米内的其他居民、单位基本知晓;随机访谈的 E 镇一般群众基本知晓。

(三) 开展风险调查

稳评小组通过查阅文献、实地勘察、随机访谈、深度访谈、座谈、问卷调查以及舆情分析等方法进行了广泛、深入的风险调查。

全面收集并认真审阅社会稳定风险评估相关资料,主要包括但不限于以下文献资料:项目可行性研究报告、项目申请报告;国家和地方相关法律、法规和政策;拟建项目前期审批相关文件,包括城乡规划、国土资源、环境保护等部门出具的规划选址、用地预审、环境影响评价文件等;相关规划与标准规范;同类或类似项目决策风险评估资料等。

核查拟建项目与国家和当地经济社会发展规划、行业规划、产业政策、标准规范的符合性,与土地利用总体规划、城乡规划及相关行业专项规划等的符合性,分析项目达到合法性要求还需依法取得的相关前置审批文件等;核查拟建项目规划设计是否合理;与卫生、教育、养老、军事等敏感目标的距离是否符合相关规定;征地拆迁方案和施工管理、采取的技术措施、组织方案是否合理、可行、可靠。

调查分析拟建项目所在地周边自然和社会环境状况,以及项目实施可能对当地自然和社会环境产生的影响,以及项目实施可能对当地自然和社会环境产生的影响,包括是否涉及公共安全问题;项目实施是否会对周边企事业单位和居民的生产生活产生环境恶化、交通出行困难、房屋损坏和土地、房屋价值降低等方面的影响;拟建项目的建设和运行活动对项目所在地文化、生活方式、宗教信仰、社会习俗等非物质性因素的影响,判断拟建项目能否为当地的社会环境、人文条件所接纳等。

根据拟建项目的相关要求,结合项目所在地的实际情况,开展民意调查:向受拟建项目影响的相关群众了解情况,对受拟建项目影较大的群众了解情况,对受拟建项目影响较大的群众、有特殊困难的家庭要重点走访,当面听取意见。听取意见注意对象的广泛性和代表性,注意方式方法,确保收集意见的真实性和全面性;讲清项目相关的法律和政策依据、项目方案、项目建设和运行全过程可能产生的影响,以便群众了解真实情况、表达真实意见。

调查拟建项目所在地基层政府和有关组织、单位态度。在规划选址、土地房屋征收补偿、移民安置、环境保护等方面,征求项目所在地基层政府和有关组织、单位等对拟建项目的态度,了解项目所在地存在的历史矛盾和社会背景等。

调查媒体对拟建项目建设实施的态度。了解大众媒体,包括网络媒体及移动媒体等新兴媒体对拟建项目的意见、诉求和舆论导向等。

调查同类项目的社会稳定风险情况。了解公开报道的同类项目曾经引发的有影响的重大涉稳事件,包括产生的原因、后果、处置措施和经验教训等。

(四) 全面分析论证

在风险调查的基础上,运用各种相关知识和方法,全面、系统地分析识别所面临的各种风险因素以及涉稳风险发生的可能原因等,制定最佳的降低风险措施。

分门别类梳理各方意见,参考相同或类似项目引发社会稳定风险的情况,重点围绕拟建项目建设实施的合法性、合理性、可行性、可控性进行客观、全面的评估论证;对拟建项目所涉及的风险调查、风险识别、风险估计、风险防范和化解措施、风险等级评判等内容逐项进行分析论证,特别是对风险因素、风险发生概率、可能引发矛盾纠纷的激烈程度和持续时间、涉及人员数量、可能产生的各种负面影响以及相关风险的可控程度进行评估论证。

(五) 编制评估报告

重点围绕风险评估过程、采用方法、各方意见采纳情况,以及可能引发的矛盾和涉稳风险、降低风险措施建议、风险等级、评估结论等方面编制评估报告。

五、评估方法

（一）研读文献

通过研读相关法律法规、政策文件及统计资料，分析建设园区的合法性、合理性、可行性及可控性，了解所涉行业与企业的经营状况与市场影响，掌握相关利益群体的总体规模、人口特性与分布范围。

（二）调查风险

采取座谈会、问卷调查、民意测评、重点走访、现场勘查等多种形式，广泛征求 W 纺织循环经济产业园建设涉及的属地政府、管理部门以及社会各界的意见和建议，充分听取相关利益群体对于园区项目建设和运营的各种诉求、相关意见，及时搜集网络舆情民意，深入了解和准确把握民众对该项目的反应，全面梳理和深入分析各类风险因素。

（三）预测风险

本项目风险的分析主要运用的方法为核对表法、调查问卷法和社会统计法、案例参照法、风险综合评价法等。分析评估过程综合运用了各种管理科学技术，采用定性与定量相结合、综合性与技术性相结合的方式，分析评估风险发生的概率和风险影响的程度、确定风险因素的权重、评判风险等级。具体操作方法为：

1. 核对表法

核对表是基于以前类比项目及其他相关信息编制的风险识别核对图表，一般按照风险来源排列。核对表法，是根据风险要素，把以前经历过的风险事件及来源列成一张核对表，再结合本项目所面临的环境、条件等特点，对照核对表，识别出其潜在的风险。

2. 调查问卷法和社会统计法

调查问卷和社会统计学方法是目前社会学、经济学和管理学研究中数据采集和数据统计与分析的主要方法之一。对重点建设项目社会稳定风险进行问卷设计，重点收集社会民众对项目背景、动拆迁影响、征地影响、工程对周边居民带来的环境影响、居民价值观等方面的意见数据,对上述定性指标进行量化分析,减少居民的主观影响,使得数据统计与分析更加科学化、合理化。

3. 案例参照法

通过参照以往类似的案例,识别项目社会稳定风险因素的方法。主要是通过参照本地区以往相似的案例、其他地区以往相同的案例,包括相似或相同的建设项目、相似或相同的利益受损情况引发社会稳定风险事件的案例,来识别风险因素、估计和评判风险。

4. 风险概率-影响矩阵法

根据判断的风险发生概率等级和风险影响等级,运用风险概率-影响矩阵(也称风险评价矩阵)对单个风险因素进行分析,判定其风险等级。

5. 综合风险指数评价法

项目整体风险程度的评判,可采用风险综合评价法(主观评分法)进行评判,其主要步骤如下:

(1) 建立项目综合风险指数计算表。在单因素风险分析的基础上将评判确定的主要特征风险全部列入表中。

(2) 确定每个单因素风险的权重。根据AHP层次分析法或利用专家经验,对每个因素风险的重要性及风险程度进行评估,采取相应的方法确定每个单因素风险的权重并进行归一化处理。

(3) 给每个单因素风险赋值。根据单因素风险程度评判每个单因素的风险程度,采用0.04—1.0标准,分别给微小、较小、一般、较大和重大5个等级赋值。

(4) 计算每个风险因素的风险指数。将每个风险的权重系数与等级系数相乘,所得分值即为每个风险因素的风险等级指数。

(5) 最后将风险指数计算表中所有单风险的风险指数相加,得出整个项目的综合风险指数见表。

(6) 根据项目综合风险指数的计算结果,评判项目的初始风险程度,分值越大,项目的初始风险程度越高。

第二章　风险调查

一、调查的对象和范围

风险调查是指根据拟建项目的实际情况，围绕项目建设实施的合法性、合理性、可行性和可控性，结合建设方案，采取适宜的方法，深入开展风险调查。

凡是项目涉及利益相关者切身利益、容易引发社会稳定风险的因素都纳入调查范围内。从该项目直接影响角度出发，调查范围主要为项目建设所涉的各类利益相关群体、基层党及群众自治组织、政府相关职能部门、相关领域专家及社会公众，具体包括：

1. 征地拆迁农户、企业。E 镇 Z 村 436 户村民（包括 47 户家庭作坊），重点是尚未签署拆迁协议的 106 家农户以及 5 家企业。

2. 拟入园印染企业。24 家（城区 16 家、其他区域 8 家，F 集团及其分厂计为一家）。

3. 园区周边居民。对于一般工程建设项目的环境影响，调查范围为项目区域外延 1 公里，若有高架源，则需扩至周边 2.5 公里，重点调查范围为外延 0.5 公里区域。拟建园区项目没有高架污染源（产业园规划一期配置两台 100 兆瓦级燃气发电机，二期增加两台机组，容量待定。天然气的技术指标满足二类标准的要求，即总硫小于 200 mg/m³。），也非化工产业园，考虑到园区周围行政村犬牙交错的区划格局，评估小组将调查范围设定为园区外延 2 公里，重点为 0.5 公里范围内的居民和单位，具体包括 E 镇的 D 村、X 村、R 村和 T 镇的 K 村、Y 村以及浙江嘉兴 C 镇的 Q 村等行政村，重点是 0.5 公里范围内这几个行政村所属的自然村或村民小组。

4. 政府相关职能部门、基层党及群众自治组织。S 市 W 区经信委、发改委、环保局、维稳办及 E 镇经济发展和改革局、建设局、综合执法局、组织人事和社会保障局、政法和社会管理办公室，D 村、X

村、K村、Q村等行政村的党支部和村委会。

5. 相关领域实务人员和专家学者。江苏省人大常委会法制工作委员会、环境资源城乡建设委员会以及江苏省发改委、经信委、环保厅、国土厅、水利厅、省政府法制办等部门相关工作人员和南京大学、江苏省环科院、江苏省纺织工业设计研究院等法律、公共政策、环境保护、纺织产业诸领域专家学者。

6. 社会公众。

二、调查的方式和方法

风险调查的方式有全面调查、抽样调查、个案调查和典型调查。调查的方法有观察法、访谈法、文献法、问卷法等。根据项目特点及项目所在地实际情况,评估主体采取文献研读、现场勘察、集体座谈、问卷调查、深度访谈、民意测评、重点走访、网络调查等多种方式广泛听取取各界意见,深入了解各方动态,准确把握相关利益群体的利益诉求和行为取向,以使风险梳理全面、真实,风险评估准确、可靠。

第一,通过深度访谈、查阅资料、专家咨询等方式,充分了解相关决策部门的政策构想、项目实施能力、社会风险意识、风险管控能力;了解项目决策的基本过程、项目实施的空间范围和影响人群、社会公众和相关利益群体的参与情况。

第二,通过实地勘察,掌握拟建园区的功能布局和项目区域的地势地貌、村庄格局、主要水系、土地利用情况等。

第三,通过集体座谈、问卷调查、入户访谈、现场勘查等方式,充分了解项目地区的村庄历史、人口结构、风俗习惯、邻里关系及矛盾纠纷,了解征地拆迁农户(包括家庭作坊)、企业的利益诉求和相关意见。评估主体多次深入拟建园区所在的E镇Z村,召开了村干部和村民代表座谈会,勘查项目现场,随机访谈村民,深度调查重点农户,以户为单位发放调查问卷100份[回收100份,其中,未签协议户67份,占未签协议户总数106户(截至2017年7月底)的63.2%;已签协议户33份,占已签协议户总数330户的10%],了解和掌握各类情况，听取村民和企业的诉求和意见。

第四，通过集体座谈、深度访谈、问卷调查等方式，充分了解拟入园印染企业的情况和诉求。评估主体召开了全部 30 家（含 F 集团及其分厂）拟入园企业主或高管参加的座谈会，对 30 家企业进行了问卷调查（发放问卷 24 份，回收 23 份，其中废卷 1 份、有效问卷 22 份、F 集团及其所属分厂共 1 份），实地走访了部分企业，随机访谈了一些企业的职工和周边居民，了解了拟入园企业的生产、经营情况，听取了企业主、企业职工及周边居民的诉求和建议。

第五，通过现场勘查、深度访谈、集体座谈、问卷调查等方式，充分了解拟建园区周边 2 公里范围的村庄格局和居民、单位分布情况，了解当地风土人情、人口构成、历史纠纷和现实矛盾，听取村民、单位的利益诉求和相关意见。评估主体多次深入 D 村、X 村、K 村、Q 村等行政村，重点走访了园区周边 0.5 公里范围的村民小组，访谈、调查了 100 余人，发放调查问卷 250 余份（回收问卷 238 份，其中废卷 30 份，有效问卷 208 份），了解和掌握园区周边各类情况，听取了村民、单位的诉求和建议。

第六，通过深度访谈等方式，充分了解政府相关职能部门、园区属地及周边基层党和群众自治组织的意见和建议。评估团队成员先后走访、调查了 W 区经信委、发改委、环保局、维稳办及 E 镇经济发展和改革局、建设局、综合执法局、组织人事和社会保障局、政法和社会管理办公室等的有关工作人员，深度访谈了 D 村、X 村、K 村、Q 村等行政村党支部和村委会的干部和工作人员，了解了区、镇的经济社会发展、类似项目建设、主要社会矛盾以及社会舆论、媒体态度等情况，了解项目所在及周边区域的历史纠纷和现实矛盾，听取了他们对项目决策及实施的意见和建议。

第七，通过深度访谈、问卷调查等方式，充分了解有关实务人士、专家学者、社会组织的意见和建议。评估团队成员先后走访了江苏省人大常委会法制工作委员会、环境资源城乡建设委员会以及江苏省发改委、经信委、环保厅、国土厅、水利厅、省政府法制办等部门相关工作人员、专业人士和南京大学、江苏省环科院、江苏省纺织工业设计研究院的公共政策、国土管理、环境科学、法律、纺织产业等领域的专家学者，听取了他们对该项目建设的意见和建议。

第八，通过问卷调查、随机访谈、网络搜索等方式，听取社会公众对该项政策的相关意见。评估团队在E镇城区随机发放了200份问卷（回收问卷189份，其中废卷7份、有效问卷182份），随机访谈了20余人次，网上搜索了关于拟建园区的评论，了解了社会公众对拟建园区的意见和建议。

三、调查的基本内容

风险调查的主要内容包括：项目建设的合法性；项目所在地周边的自然环境现状和社会环境状况，项目实施可能对当地经济社会的影响；利益相关者（包括受拟建项目建设和运行影响的公民、法人和其他社会组织）对拟建项目建设实施的意见和诉求；项目所在地政府及其有关部门、基层政府和基层组织、社会团体的态度；媒体对拟建项目建设实施的态度，包括网络媒体及移动媒体等新兴媒体对拟建项目的意见、诉求和舆论导向等；同类项目曾引发的社会稳定风险，同类项目的评价报告，风险的原因、后果和处置措施等。

（一）拟建项目的合法性、合理性和可行性

1. 合法性

合法性，是指建设W纺织循环经济产业园项目建设必须遵循国家法律法规，符合总体政策要求与上级政府的相关规定，履行审批、核准、备案等相关的法定程序。

（1）项目建设与国家与地方产业政策的相符性

《国务院关于进一步加强淘汰落后产能工作的通知》提出要运用高新技术和先进适用技术，以质量品种、节能降耗、环境保护、改善装备、安全生产等为重点，对落后产能进行改造。提高生产、技术、安全、能耗、环保、质量等国家标准和行业标准水平，做好标准间的衔接，加强标准贯彻，引导企业技术升级。

《国家"十三五"国民经济和社会发展规划》倡导大力发展循环经济，推进生产和生活系统循环链接，加快废弃物资源化利用。按照物质流和关联度统筹产业布局，推进园区循环化改造，建设工农复合型循环经济示范区，促进企业间、园区内、产业间耦合共生。

《国家环境保护"十三五"规划》要求促进企业加快升级改造。实施能耗总量和强度"双控"行动，全面推进工业、建筑、交通运输、公共机构等重点领域节能。严格新建项目节能评估审查，加强工业节能监察，强化全过程节能监管。钢铁、有色金属、化工、建材、轻工、纺织等传统制造业全面实施电机、变压器等能效提升、清洁生产、节水治污、循环利用等专项技术改造，实施系统能效提升、燃煤锅炉节能环保综合提升、绿色照明、余热暖民等节能重点工程。支持企业增强绿色精益制造能力，推动工业园区和企业应用分布式能源。

《"十三五"节能减排综合性工作方案》提出要促进传统产业转型升级。构建绿色制造体系，推进产品全生命周期绿色管理，不断优化工业产品结构。支持重点行业改造升级，鼓励企业瞄准国际同行业标杆全面提高产品技术、工艺装备、能效环保等水平。严禁以任何名义、任何方式核准或备案产能严重过剩行业的增加产能项目。强化节能环保标准约束，严格行业规范、准入管理和节能审查，对电力、钢铁、建材、有色、化工、石油石化、船舶、煤炭、印染、造纸、制革、染料、焦化、电镀等行业中，环保、能耗、安全等不达标或生产、使用淘汰类产品的企业和产能，要依法依规有序退出。方案同时规定，要强化主要污染物减排，城市建成区内的现有钢铁、建材、有色金属、造纸、印染、原料药制造、化工等污染较重的企业应有序搬迁改造或依法关闭。

《江苏省"两减六治三提升"专项行动实施方案》提出要大力推进工业企业绿色转型发展，加快调整产业结构。全面开展化工、电镀、印染等重点行业专项整治，逐一排查企业基本情况，推进重点企业环境综合效益评估，实施"一企一策"，明确淘汰关闭、搬迁入园、整治提升要求，坚决淘汰产值低、污染重、技术落后企业。

W 纺织循环经济产业园项目将 E 镇地区的印染企业搬迁入园，

通过集中搬迁实现集中管理,节约能耗,推动产业升级与可持续发展,符合上述有关印染产业转型升级的国家政策的期望和要求。

(2) 项目建设与国家法律、法规及地方环保政策、法规的相符性

拟建项目符合国家《环境保护法》《水污染防治法》《大气污染防治法》《循环经济促进法》《太湖流域管理条例》等相关法律法规的精神和内容。

涉及太湖流域环境治理的政策文件和地方法规主要是国家发改委印发的《太湖流域水环境综合治理总体方案》(2013年修编)、《江苏省"十三五"太湖流域水环境综合治理行动方案》和《江苏省太湖水污染防治条例》。国家发改委印发的《太湖流域水环境综合治理总体方案》(2013年修编)提出要在太湖流域积极推进循环经济和清洁生产试点,探索不同类型、不同层次的循环经济模式,培育一批符合循环经济和清洁生产发展要求的示范工业企业、示范工业园区和示范城市,引导各级各类开发区开展生态产业园建设。针对流域地区工业园区建设,方案建议太湖流域有条件的中小型企业,都要迁入工业园区或开发区,推进废污水的循环利用和再生利用。加强集中式污水处理设施建设,提高工业废水集中处理能力。《江苏省"十三五"太湖流域水环境综合治理行动方案》提出要加快淘汰落后产能。继续实施污染企业搬迁改造,持续降低太湖上游地区工业污染负荷,制定产业转型升级方案,加快推进化工行业转型调整。《江苏省太湖水污染防治条例》第三十六条要求,太湖流域市、县(市、区)人民政府应当采取有效措施,加快调整产业结构,发展循环经济,转变经济发展方式,发展高技术、高效益、低消耗、低污染的产业,促进企业技术改造,推行清洁生产,加快形成节约、环保、高效的产业体系,减少污染物排放。《江苏省太湖水污染防治条例》目前已经进入修订程序,第四十五条关于太湖流域一、二、三级保护区禁止"新建、改建、扩建化学制浆造纸、制革、酿造、染料、印染、电镀以及其他排放含磷、氮等污染物的企业和项目"规定拟做修改,可能增加"除外"情形。

纺织循环经济产业园项目拟将散居E镇域的30家印染企业(含

F集团及其分厂)全部迁入园区,同时实现转型升级,真正做到集中供水、集中回用、集中供热、集中排污、集中处置,提高资源利用率,减少环境污染,项目规划符合《太湖流域水环境综合治理总体方案》(2013年修编)、《江苏省"十三五"太湖流域水环境综合治理行动方案》等相关政策规定,合乎《江苏省太湖水污染防治条例》的立法精神和基本原则。但是,由于E镇位于太湖流域第三级保护区以内,拟建项目与现行的《江苏省太湖水污染防治条例》第四十五条不符。受到该条现行规定的制约,拟建项目的推进现有一定困难,合法性存在一些缺陷。然而,随着正在进行的《江苏省太湖水污染防治条例》的修订,只要拟建项目符合修改草案该条规定的"除外"情形,那么,法律制约将会解除,推进困难将能克服,合法性缺陷将不存在。

(3) 项目建设与土地管理的法规、政策的相符性

根据《基本农田保护条例》规定,基本农田保护区经依法划定后,任何单位和个人不得改变或者占用。国家能源、交通、水利、军事设施等重点建设项目选址确实无法避开基本农田保护区,需要占用基本农田,涉及农用地转用或者征用土地的,必须经国务院批准。经国务院批准占用基本农田的,当地人民政府应当按照国务院的批准文件修改土地利用总体规划,并补充划入数量和质量相当的基本农田。占用单位应当按照占多少、垦多少的原则,负责开垦与所占基本农田的数量与质量相当的耕地;没有条件开垦或者开垦的耕地不符合要求的,应当按照省、自治区、直辖市的规定缴纳耕地开垦费,专款用于开垦新的耕地。占用基本农田的单位应当按照县级以上地方人民政府的要求,将所占用基本农田耕作层的土壤用于新开垦耕地、劣质地或者其他耕地的土壤改良。

对照《江苏省生态红线区域保护规划》,拟建园区规划范围不涉及生态保护红线区域。对照W区E镇土地利用总体规划(2006—2020年),产业园占用基本农田面积约199.12 km²,约占拟建园区面积的80%。在规划实施过程中,相关政府部门应严格按照基本农田保护的相关要求,待相应地块转变为建设用地后,方可引进具体项目。

(4) 项目推进程序、方式的合法性

2004年,W市政府《关于E镇区部分印染企业搬迁工作的意见》(吴政发〔2004〕127号)提出,建议在征求企业和专家意见的基础上对照其他地区成熟经验制定相关政策。《印染行业准入条件(2010年修订版)》(工消费〔2010〕第93号)也对印染企业的生产企业布局提出"工业园区外企业要逐步搬迁入园"的要求。

2013年12月,W区人民政府出台《关于进一步提升发展全区纺织产业的实施意见》(吴政发〔2013〕206号),提出"打破产业发展瓶颈,建设印染产业循环经济试验区。全面推广清洁生产先进技术和循环经济试点工作,建设全区印染产业循环经济试验区,鼓励有条件的企业进行试点。力争用三年时间将E镇主城区范围内不适应城镇发展规划、存在严重环保风险的印染企业进行整体搬迁改造"。据此,E镇人民政府开始启动W纺织循环经济产业园建设工作。此后半年,根据W区委、区政府的指示,E镇人民政府循序推进园区建设的前期准备工作:委托东华大学编制的《E镇地区纺织行业循环经济示范区可行性研究报告》,由区政府主持,组织中国纺织工业联合会、中国印染协会、省经信委、环保厅、太湖办等部门领导、专家及区有关部门评审通过;委托江苏省工程咨询中心编制的《E镇地区纺织行业循环经济示范区总体规划》,由区政府主持,组织纺织、印染、环保、水利、规划等专家及区有关部门评审通过;委托江苏省水文局S分局编制的《E镇地区纺织行业循环经济示范区排污口设置可研报告》,由S市水利局主持,组织相关部门和专家进行初审;委托江苏省环境科学研究院编制的《E镇地区纺织行业循环经济示范区规划环境影响报告书》,由区政府主持,组织相关专家及区有关部门召开了咨询会;委托会计师事务所等中介机构,对入区印染企业搬迁成本、停产损失、技术改造,以及入区区域的征地拆迁等方面,进行了调查摸底和经济概算;参与组织赴丹阳及浙江绍兴、福建石狮等地,学习关于产业园区建设、印染企业转型升级的具体经验。

2014年5月,W区人民政府同意成立E镇地区纺织产业循环经济示范区并调整 W 区城市总体规划中 E 镇工业用地布局（吴政发〔2014〕70 号）；7 月，成立由区政府主要领导担任组长的 W 纺织循环经济产业园建设推进领导小组，统筹园区建设相关准备工作：一方面，出台《区政府关于建设 E 镇地区纺织行业循环经济示范区实施意见》，编制《W 纺织循环经济产业园水系及防洪规划（修订稿）》；另一方面，积极向省、市有关领导和环保、发改、经信等职能部门请示、汇报，并根据上级领导及有关部门的要求和意见，改进和完善相关工作。

2015 年 3 月，E 镇十六届人大主席团召开专题会议审议通过《S 市 E 镇总体规划（2014—2030）》；同年 4 月，该规划获 W 区人民政府批准。根据《规划》"南工中城北闲，东西现代农业"的产业空间布局，"工业用地主要布局于城镇南部南环路以南，其中梅坛路、运河东西两侧规划新兴产业园区，梅坛路南端设置纺织行业循环经济产业园区，西二环路以东主要为传统产业改造提升区块，""两园规划总面积约 5 平方公里，近期开发 2.5—3 平方公里，要加快做好土地调整审批、规划设计、征地拆迁、基础设施建设等一系列工作，为尽快完成园区建设创造条件"。

2015 年 5 月，根据江苏省人民政府《关于 S 市 W 区工矿废弃地复垦利用实施方案 2015 年第 2 批次（12 挂）建设用地的批复》（苏政地〔2015〕5007 号）、《关于 S 市 W 区城乡建设用地增减挂钩建新区 2015 年第 1 批次（12 挂）建设用地的批复》（苏政地〔2015〕4024 号）等文件要求，E 镇人民政府开始着手布置园区征地拆迁工作，截至 2017 年 7 月底，新兴产业园区已完成全部征地拆迁工作，并有部分企业开始入驻；纺织行业循环经济产业园区 436 户征地拆迁户中已完成 330 户征地拆迁任务。

项目推进的程序和方式符合国家法律法规及相关政策和规定。

2. 合理性

合理性，是指建设 W 循环经济园区必须基于公共利益，符合 W 经济社会发展的总体要求。

首先，建设产业园是全面提升印染产业层次，加快产业转型升级的必由之路。纺织产业作为E镇的支柱产业,虽然为E镇创造了较高的工业总产值,但其产业工业增加值率偏低(低于18%),行业创造价值能力也较弱,特别是纺织后整理水平不高成为制约产品提升档次的瓶颈。产业园的规划建设符合《印染行业准入条件(2010年修订版)》有关"工业园区外企业要逐步搬迁入园"的要求,符合W区政府提出的"打破产业发展瓶颈,建设印染产业循环经济试验区"的相关部署;有利于调整E镇地区印染行业的产业布局和空间布局,为完善E镇纺织产业链中的印染薄弱环节、面向高端纺织市场需求加快产品结构升级步伐、逐渐突破纺织行业附加值低的被动局面提供空间和平台;有利于加快推进E镇印染行业集聚集约发展以及纺织产业的跨越式发展,为E镇建设"世界级纺织产业基地"创造条件。

其次,建设产业园是加强印染行业污染防治,服务太湖综合治理的迫切要求。作为江苏太湖流域的省界重要节点,E镇水环境治理工作一直是太湖流域水环境综合治理工作的重点,而印染行业的水污染防治则是重中之重。《太湖流域水环境综合治理总体方案(2013年修编)》提出加强集中式污水处理设施建设,提高工业废水集中处理能力;有条件的中小型企业,都要迁入工业园区或开发区,推进废污水的循环利用和再生利用。产业园的建设将实现印染产业向园区集中,配套建设集中的污水处理和尾水回用设施,提高治污设施共建共享水平;同时,通过提高入区标准、污水接入"一企一管"、加强运行监管等措施,实现"源头控制"与"末端治理"并重;从而构建产品全生命周期绿色化发展模式,形成有利于水环境综合治理的产业布局。

再次,建设产业园是推动园区整体循环化改造,促进发展方式转变的关键举措。S市园区整体循环化改造工作要求加快布局零散企业空间整合、建设印染工业集中区,产业园项目通过集中布局全镇印染企业,全面推广清洁生产技术和中水回用技术,切实推动印染行业节能减排和循环经济发展,实现印染行业和环境保护协调发展。产业园的建设将促进E镇印染行业在现有规模的基础上打破产业发展瓶颈,增强产业链的支撑能力,通过一系列"减量化、再利用和资源化"措施,降低污染排放总量,提升资源产出效率,是 S 市创建国家循环经济示范城市、建设国家低碳试点城市、推进园区整体循环化改造等相关工作和任务的具体措施,有助于推动绿色低碳循环发展、促进经济发展方式的转变。

最后,建设产业园是优化国土空间开发格局,奠定生态文明基础的有力支撑。E 镇地区生态环境总体上仍处在高污染、高风险阶段,单位国土面积污染负荷较高,流域性水污染问题尚未根本解决,区域人多地少,经济总量大,开发强度高,环境容量小,实际决定了必须进一步优化土地、产业、环境等要素配置,用创新的思路处理发展与保护的关系。产业园将 E 镇主城区范围内不适应城镇发展规划、存在严重环保风险的印染企业进行整体搬迁改造,符合党的十八大报告指出的"优化国土空间开发格局,促进生产空间集约高效"的要求,符合国家和省市的主体功能区规划、新型城镇化规划、生态红线区域保护规划、生态文明建设规划的要求,是 S 市生态文明建设的重要组成部分,能够为 E 镇在有限的资源供给和环境承载条件基础上继续深入推进经济社会可持续发展和生态文明建设奠定基础。

综上所述,产业园的建设是改善区域生态环境、缓解资源要素压力及提升产业核心竞争力的需要,对于推进 E 镇建设世界级纺织产业基地、促进江苏省纺织产业转型发展、提升我国印染产业整体发展水平具有十分重要的意义,同时对于我国传统产业转型升级具有重要启示作用。

3. 可行性

可行性,是指建产业园项目建设必须兼顾群众的现实利益和长远利益,遵循公开、公平、公正原则,确保大多数群众接受和支持这项工作,与有关部门、行业及周边地区相关政策基本协调一致,在技术上可行,资金能够有效落实,实施时机选择恰当,等等。

(1) 拟建项目技术上可行

根据项目规划,力争通过十年时间,建成 E 镇地区纺织行业循环经济示范区,使 E 镇入区企业工业增加值年均提高 15%以上,浴比

1∶6以下的染色机比重达100%，主要污染物（COD、NH3－N、总磷和总氮）排放总量降低15%，中水回用率达35%，万元工业增加值能耗下降10%。根据这一规划，制定了循环经济园的准入条件：

① 装备提升。用3年时间提标淘汰染色设备占现有总量的10%。到2016年底，低浴比染色设备（浴比在1∶6以下）比例达到80%，节能、高效、自控程度高的定型机比例达80%；电子测配色、信息化控制技术推广率达80%。

② 工艺升级。入区企业应采用先进工艺技术、节能环保设备，建立一体化和实时化ERP/MES/SFC信息体系。优先选用高效、节能、低耗的连续式处理设备和工艺；连续式水洗装置应密封好，并配有逆流、高效漂洗及热能回收装置；间歇式染色设备浴比应能满足1∶6以下的工艺要求；拉幅定型设备要具有稳定、湿度等主要工艺参数在线测控装置，具有废气净化和余热回收装置，箱体隔热板外表面与环境温差不大于15℃。

③ 企业管理。水、电、汽实行三级计量管理；主要设备配置在线检测与控制系统；有碱减量工艺的企业配置自动控制装置，统一预处理、统一回收；厂区管网标识清晰统一，均应架空明设，标明走向及输送介质名称，蒸汽管红色、上水管绿色、回用管黄色、污水管黑色、雨水管蓝色；厂区所有井盖进行分类并统一编号；做好一厂一档工作；印染项目正常投产一年内须进行清洁生产审核。

④ 环保管理。入区企业污水排放量不得超过区环保局核定量，生产废水集中回用、集中排放，回用率达到35%；总磷、总氮等排放量不得超过区环保局核定量；配置余热回收装置；按规定设置接管口，并安装在线监控装置；对定型机废气进行有效治理，回收油剂和废气的热能；对固废要集中处置。

⑤ 资源消耗。棉、麻、化纤及混纺机织物综合能耗≤35公斤标煤/百米，新鲜水取水量≤2吨/百米；针织物及纱线综合能耗1.2吨标煤/吨，新鲜水取水量≤100吨水/吨。

⑥ 统筹集聚。为推进印染产业集聚升级，印染企业统一集聚安

置在示范区,在符合"双控指标"的前提下,入区企业用地标准不得低于全区固定资产总投资强度,税收标准不得低于全区亩均税收产出。

⑦ 建设要求。入区企业用地以节约、集约为原则,建筑容积率应1.2以上,入区企业不得自建员工宿舍。建筑高度不得超过24米,工程规划、建筑施工、消防等工程建设应符合各相关部门的审批要求。

以上园区准入的7项条件和标准是细致而具体的,是先进企业和成功园区已经采行并经证明成熟有效的,实践表明,这些标准都是可以通过努力得以实现的。E镇的印染企业基础厚实,经营环境和盈利能力总体较好,部分企业如F的生产技术水平已达到国内领先、国际先进,行业总体的设备、工艺和管理与国际先进水平虽有差距但并不很大,园区准入的条件和标准在技术上是可行的。

只要园区在运行初期严格遵循这些条件,就能在技术上实现其规划的目标。

(2) 拟建项目经济上可行

根据测算(2014年),园区建设各项费用总计208530.99万元(见表3-2-2-1),这是E镇可以承担的建设成本。

第一,E镇地处苏南富庶之地,是我国民族工业的发祥地之一,经济基础厚实,人力资源丰富,可持续发展能力强,园区建设具有雄厚财力保障。2014年,E镇实现地区生产总值340.89亿元,全口径财政收入46.45亿元,全社会固定资产投资完成128亿元。2015年,实现地区生产总值352.15亿元,全口径财政收入48.73亿元。2016年,地区生产总值达到367.33亿元,全口径财政收入58.5亿元。

第二,24家入园企业原有土地2366.84亩,企业搬迁入园以后,这部分土地再开发利用将产生较大经济效益,部分可用于园区建设。

第三,园区建成以后,将充分发挥集聚效应带来的优势,各企业都可以享受园区的各种专业的基础设施,可以免去现状企业分散各处所造成的不便和影响,同时降低生产成本,各企业间的联动作用也会更加凸显。同时,通过园区建设,实现企业转型升级,推动印染产业向高端、高质、高效方向发展,促使E镇印染产业转向集约发展和高效经营之路,企业盈利和行业效益增强,进而推动E镇整个纺织产业向好发展,全镇经济效益和政府财政收入亦会随之增长(参见表3-2-2-1)。

第四,根据初步估算,按照入区准入条件和集中治污能力,每年可减少废水排放656万吨,比现状降低18%;减少COD排放694吨,比现状降低32%;减少SO_2排放2368吨,比现状降低72%;可显著改善生态质量,降低治污成本,节省政府财政和社会资本的投入,环境效益和经济效益明显。

表3-2-2-1　园区建设各项费用汇总表(2014年测算)

序号	项目	费用(万元)	备注
1	设备、存货搬迁费用	5043.74	
2	停产停业补贴	18027.72	
3	设备淘汰奖励	10748.53	
4	技改贴息	8137.5	按30%淘汰率匡算
5	污水厂建设	23000	一期费用2.3亿元,总10万吨6.9亿元
6	排污费奖励	187	
7	公共基础及配套工程费用	89719	
8	征地、拆迁及各项配套费用	53667.5	
	合计	208530.99	

第五,W纺织循环经济产业园项目建设的主要目的在于推进循环经济建设、减少能耗和污染、保护生态环境,属于国家鼓励的产业和项目,可以得到多级政府的政策扶持和财力支持。比如,W区政府《关于建设E镇地区纺织行业循环经济示范区实施意见》提出了多项支持、扶持政策:"入区企业所需淘汰印花、染缸、定型机等设备按评估报告净值补偿35%。""对符合先进工艺技术、节能环保要求,按新增生产设备和生产性配套软件系统投资额(凭发票经审计核定)由区财政给予15%贴息,一次性补偿。""入区的印染企业,自土地摘牌之日起3年内缴纳的土地使用税,区留成部分全额返还给E镇专项用

于示范区建设。""在退二进三的操作过程中,除土地换社保的 2% 及上缴省 8.4 元/平方米这部分外,将拍卖存量土地上缴区级的规费全额留给 E 镇政府"等等。

表 3 - 2 - 2 - 2   规划指标体系

序号	指标类别	具体指标	单位	行业现状值	规划目标值
1	经济发展	工业增加值	亿元	—	70
2	生态环境保护	工业废水排放量	万 t/a	3656	3000
3		百米布废水排放量	t/100 m	1.27	1
4		COD 排放量	t/a	2194	1500
5		$NH_3 - N$ 排放量	t/a	182	150
6		SO_2 排放量	t/a	3308	1360
7		NO_x 排放量	t/a	—	3990
8		色度	倍	—	40
9		阴离子表面活性剂（LAS）	mg/L	—	5
10		水重复利用率	%	—	35
11		工业固体废物综合利用率	%	—	100%
12	资源节约利用	染色一次性成功率	%	—	95%
13		单位用地增加值	万元/公顷	—	2800
14		单位工业用地增加值	万元/公顷	—	5900
15		百米布综合能耗	kgce/100 m	33	22
16		百米布取水量	t/100 m	1.39	1.3
17		百米布用电量	kW·h/100 m	21	20
18		百米布用汽量	t/100 m	0.20	0.15

（4）拟建项目民意上可行

建设纺织循环经济产业园获得了社会公众的普遍支持。随着城市规模的扩张,16 家印染企业身处城区,与居民区、商贸区混杂相处,环境污染乃至事故风险随处存在；其余8家印染企业散落镇域各处，生产监管和污染治理难度较大。E镇社会公众和厂区周边居民对印染企业造成的环境污染和生活影响深恶痛绝，投诉不断。调研中，山塘社区一位居民反映，她家附近就有一家印染企业，对周边环境影响非常大，每天的气味非常难闻。此外，还有一些群众反映，现有的污水处理厂的气味也非常难闻，有时候一整天都不敢开窗口，如果政府能够对污水处理统一管理，那么将是对百姓的一大好事，至少生活环境得到了极大的改善。拟建园区选址E镇西南部，属于规划待开发地区，远离居民和商业集中区，周边以水域河北农地为主，居民点很少，也无学校、医院等其他敏感点。根据规划，园区准入门槛较高，入驻企业皆须更新设备和工艺，优化生产和管理，减少污染排放，同时便于集中治污，利于政府监管。随机访谈、问卷调查和网络搜索的结果表明，E镇的一般居民也都认为，园区项目能够在整体上减少环境污染，改善生态环境，益于群众生活。在"您对W纺织循环经济产业园项目的态度是？A. 支持；B. 不支持；C. 无所谓"的公众问卷调查中，表示支持的达87.4%，无所谓的10.4%，表示不支持的只有0.02%。进一步的访谈得知，表示不支持的原因是"印染企业搬与不搬没什么影响，不用折腾""园区项目建设会产生腐败"，属于对项目本身不够了解和对政府缺乏信任所致，在对项目做了更多了解及"如果能够防止腐败"之后，原先不支持的民众也都表示"可以建设"。座谈、访谈、问卷调查情况表明，在征地入保、拆迁富民的政策之下，征地拆迁居民普遍对园区项目表示欢迎；园区周边居民虽有担心和疑问，但都认为园区项目利于经济发展和环境保护，如果规划能够实施到位，他们也不反对。截至目前，各类媒体尚无关于拟建项目的负面报道和评论，网上论坛的相关讨论多为赞同和支持之语。

综上所述，建设循环经济园区不仅在技术上是可行的，而且从公众的角度来看，符合公共利益，获得了社会公众的普遍支持，但是拟建项目与现行《江苏省太湖水污染防治条例》第四十五条规定不相符合，导致项目审批遭遇困难，使得园区项目建设无法继续推进。

（二）拟建项目的自然及社会环境状况

1. 自然环境

（1）地理位置

W 纺织循环经济产业园区选址位于 W 区 E 镇西南部的 Z 村,在江苏省最南端,东邻 E 镇 D 村,西靠 T 镇 K 村,南依澜溪塘与 C 镇 Q 村(隶属浙江省嘉兴市秀洲区)隔河相望,北临 E 镇 X 村,距 W 城市中心约 25 公里,有京杭大运河、苏嘉杭高速、318 国道和 227 省道穿境而过,地理位置优越,水陆交通便利(见图 3 - 2 - 2 - 1 镇域产业空间规划图)。选址区域没有历史文物和重要景观。

（2）用地现状

产业园总规划面积 249.48 公顷,现状用地构成主要为农用地(占 79.81%)、农民宅基地(占 9.33%)、水域(占 6.76%)、工业用地(占 2.12%)、未利用地(占 1.98%)。

（3）气象条件

E 镇地处北亚热带季风海洋性气候区,四季分明,气候温和,雨量充沛,光照充足,无霜期长,季风变化明显,年均降水量 870.8 mm,年平均气温 15.7 ℃(历年最高 38.4 ℃,最低 - 10.8 ℃),年平均相对湿度 78%,年平均气压 1015.7 hPa,年平均风速 3.2 m/s。

（4）地形地貌

产业园地貌属于第四纪湖泊相沉积平原及太湖流域的湖荡平原区,地势较低,地形平坦,区域内由北向南略倾,地形坡度为万分之一左右,地面自然标高为 1.1—2.5 m(1985 国家高程基准,下同)。

（5）地质条件

产业园位于下扬子断块内,处于华北地震区的长江下游—黄海地震带内。地基土主要由上部人工填土、第四系全新统冲积层和下部第四系上更新统冲积层、湖积层组成。地基土岩性主要为杂填土、淤泥质粉土、粉质黏土、粉土及粉砂。地下水主要为松散岩类孔隙水,一般可分为上部的孔隙潜水和下部的微承压水。地下水稳定水位埋深一般为 0.20—1.20 m。

（6）水文水系

E镇地处江南水网区，境内河港如织，湖荡星罗棋布。根据临近的铜罗水文站从1974—2013年计40年水位资料，其50年一遇洪涝水位为3.06 m，100年一遇洪涝水位为3.23 m。产业园涉及太平联圩和K圩区两个圩区，沿京杭运河、东阳桥港设有围堤，堤顶标高3.4—3.5 m，现有套闸1座、坝2座，排涝泵站1座。产业园位于太湖流域三级保护区，附近的主要河流为澜溪塘（新京杭运河）、麻溪（清溪）等。

澜溪塘（新江南运河）：西起浙江桐乡市的乌镇向东北流经T、E、P三地，注入平望莺脰湖，全长28公里，其中自浙江乌镇北栅起至斜港约15公里为江浙两省的界河，承泄浙江杭嘉湖部分地区洪水。澜溪塘为四级航道，地势西南高（浙江）东北低（W区），河底高程－1.0米，河道底宽平均50米，河面宽60—110米，由于其地势西南高、东北低，其流向全年绝大部分有西南向东北，在太浦河水位高于浙江北部水系水位时，澜溪塘会发生倒流；冬季枯水位时澜溪塘有时也会发生滞流或倒流，但概率很低。

图3-2-2-1 镇域产业空间规划图

麻溪（清溪）：麻溪—清溪是 E 镇中部一条东西流向的主要排水骨干河流。麻溪西起大德港，东入澜溪塘，全长 9.2 km，为七级航道，其中 E 镇境内长 5.6 km，底宽约 20 m，底高 −0.5 m。清溪西起澜溪塘，向东延伸到北雁荡，后继续东行至浙江王泾江镇北入京杭大运河，全长 9.76 km，目前底宽约 45 m，底高 0 m。

综合来看，根据园区规划方案，拟建项目不会破坏项目地区的地质条件和自然水系，不会对该区域的地势地貌和自然景观造成负面影响，不会对 E 镇地区的人文景观及历史文物形成破坏。

2. 社会环境

拟建项目所在的 W 区和 E 镇，地处苏南富庶之地，建制时间悠久，历史积淀深厚，经济、科技、教育、文化发达，社会和谐有序。

（1）W 区社会环境

综合概况。W 区区域面积 1176 平方公里，是江南典型的水网地区，七分地三分水，是享誉全国的"鱼米之乡""丝绸之府"。下辖 8 个区镇，其中 1 个国家级开发区、2 个省级高新区、1 个省级旅游度假区。现有户籍人口 82.5 万，其中非农业人口 65.8 万，暂住人口 80.1 万人，总人口约 162.6 万。2016 年，城乡居民人均可支配收入 44569.8 元，增长 8.3%，其中城镇居民人均可支配收入 54321.3 元，农村居民人均可支配收入 27448.2 元。

历史传统与文化积淀。W 区公元 909 年建县，1992 年撤县设市，2012 年撤市设区。W 区积淀了深厚的文化底蕴，孕育形成了蚕桑丝绸文化、水乡古镇文化、千年运河文化、莼鲈诗词文化、国学文化和江村富民文化等一大批特色鲜明的文化资源。芦墟山歌高亢嘹亮，感情真挚朴实，曲调优美清新，乡土气息浓厚，在 W 区独树一帜。民间舞蹈、戏曲曲艺、民间工艺等流派纷繁，各呈千秋。中国首批历史文化名镇同里以其"小桥流水人家"的自然风貌，被誉为"东方小威尼斯"。W 区人文荟萃，英才辈出。自春秋起至明清的两千多年间，涌现了 140 多位著名历史人物，其中较为杰出的有春秋时期范蠡，西汉辞赋家严忌、严助父子，西晋文学家张翰，南朝梁陈间文学训诂学家、画家顾野王,唐代文学家陆龟蒙,宋代进士谢景初、谢涛,明代诗文家史鉴、画家沈颢、园林建筑师计成,清代天文学家王锡阐、文学家吴兆骞、词曲家徐曦、医学家徐大椿等。到了近代,又诞育了辛亥革命风云人物陈去病、爱国诗人柳亚子、社会学家费孝通、国学大师金松岑、文学家范烟桥、原财政部部长项怀诚、武警政委许耀元上将以及"两弹一星"功勋奖章获得者、国家最高科学技术奖获得者程开甲等一大批杰出人物。国学大师南怀瑾晚年定居W区,太湖大学堂已成为国学文化的重要传承及传播地。

经济实力与产业结构。2016年,实现地区生产总值1628.33亿元,同比增长7.5%(下同),按常住人口计算,人均地区生产总值达到125420元,按年平均汇率折算超过1.87万美元;完成一般公共预算收入165.25亿元,增长12.1%;完成全社会固定资产投资681.02亿元;实现社会消费品零售总额467.66亿元,增长10.7%;完成进出口总额211.35亿美元,实际利用外资4.7亿美元。新增上市企业2家,累计14家,新三板挂牌企业25家,累计48家。W区三次产业发展稳定,产业结构趋向合理,高科技产业比重不断提高。2016年,全区三次产业比重为2.6∶51.3∶46.1,其中,服务业占地区生产总值的比重达46.1%,比上年提高1.0个百分点;制造业领域新兴产业实现产值1558.18亿元,占规模以上工业总产值的51.1%。2016年,全区实现农林牧渔业总产值77.10亿元,粮食总产量16.15万吨,全区已建成各类农业园区8个,其中省级园区3个、市级园区5个,形成了"一核七片"农业园区发展格局,总面积达14.3万亩。2016年,全区实现工业总产值3900亿元,增长1.8%,其中规上工业实现产值3048.56亿元,增长2.5%;规模以上工业中,四大主导产业之一的丝绸纺织业实现产值874.17亿元,仅比第一大主导产业电子资讯低14.28亿元。2016年,服务业势头良好,新增3个省级工业旅游示范点,W丝绸文化创意产业园、S南太湖文化产业示范园区分别成为省重点文化产业园区和示范园区,L丝绸小镇、S湾科技城获评市现代服务业集聚区。全区实现旅游总收入235.18亿元,增长10.5%,国内旅游接待人数2083.06万人次,增长9.1%。接待入境过夜旅游人数2.75万人次,增长6.6%,实现旅游外汇收入4430万美元,增长7.4%。2016年,全区实现高新技术产业产值1553.78亿元,占规模以上工业产值比重51.0%。新增高新技术企业130家,累计443家,新认定的省高新技术产品391项,累计达2432项。组织实施产学研合作项目和省级以上科技项目80项,新增国家级众创空间3家。

公共治理与城乡建设。W区着力破除经济社会发展体制机制障碍,不断释放发展活力、促进职能转变,增强经济社会发展的核心竞争力。2016年,"五个一"改革走在前列,"多规融合"方案率先编制完成;行政审批"一窗式"服务系统正式运行,全程实现电子化监管;区镇综合执法机构实现全覆盖,农委、交通运输领域率先开展部门综合行政执法改革试点;"12345"城市综合治理事项办结率98%以上。W区正着力构建以高铁、轨交、高架、高速为主要支撑的大交通格局,全面融入S市、无缝对接上海。高铁方面,沪苏湖、通苏嘉两条城际高铁将在境内交会,其中沪苏湖高铁年内即将开工建设;轨道交通方面,S轨交4号线已进入试运行,并加速与轨交2号线、上海地铁17号线对接;高架方面,S西环及东环南延将在2017年完工,中环西线、东线分别通过S湾隧道建设、苏同黎公路高架改造,实现与W大道交会,形成新的中环大环线;高速方面,常嘉高速W段已建成通车。2016年,水秀天地主体竣工,S湾文化中心地下室工程完成,胜地生态公园、体育公园等一批功能配套项目交付投用。黄金湖岸旅游项目入选国家4A级旅游景区。L镇被住建部评为第三批美丽宜居小镇,获评全国第一批特色小镇。建成省级"美丽乡村"3个,"三星级康居乡村"30个。

科教事业与文体生活。2016年,年末全区各类人才总量25.39万人,其中高层次人才1.7万人;技能人才总量22.9万人,其中高技能人才总量7.3万人;新增第十二批国家"千人计划"5名(共计16名)、国家级企业博士后科研工作站6家(共计33家)、省引进国外智力示范单位1家(共计1家)、市级以上高层次人才52人。专利申请量10438件,其中发明专利3974件;专利授权量5872件,12月末万人发明专利拥有量已达33.19件。2016年,全区拥有各级各类学校194所,其中幼儿园98所、小学54所、特殊教育学校1所、初级中学29所、普通高中9所、普通中专2所、普通高等学校1所。全区在校中小学学生总数131893人,其中小学在校学生为86902人、普通中学在校学生为38943人、中等职业教育在校学生为6048人。全区学前三年入园率100%,义务教育阶段入学率、巩固率100%,初中毕业生升学率99.1%,高中阶段教育毛入学率100%,高等教育毛入学率72.3%。2016年普通高考共录取3102人,录取率为96.6%,其中本科2605人。全区拥有文化馆1个,镇文化站8个。拥有区级公共图书馆1个,藏书量222万册,电子图书藏量300万册。电影放映单位个数达12家,有线电视用户31.35万户,有线电视入户率100%,广播和电视覆盖率均达到100%。人均公共文化设施面积达0.31平方米,创成国家公共文化服务体系示范区。2016年,城乡居民养老、医疗保险年缴费标准分别提高到1440元/人和840元/人,人均期望寿命达82.6岁。每千名老人拥有养老床位40张,镇(区)居家养老服务中心、社区(村)居家养老服务站实现全覆盖。拥有各类医疗卫生机构403个,其中医院、卫生院33家,三级综合医院2所;各类卫生技术人员6846人,其中执业(助理)医师2527人,注册护士2729人;拥有床位数5723张。人均公共体育场地面积达2.8平方米,"10分钟体育健身圈"基本建成。全年开展区(镇)巡回科学健身讲座21场,参与人数1000人。完成国民体质监测样本4205人,完成公务员体质测定样本1116人,市民体质达标率95.6%。2016年先后承办全国青年桥牌团体赛、同里中国围棋天元赛、全国男子排球冠军赛总决赛、汾湖世界杯攀岩赛、环太湖国际公路自行车赛等高水平赛事。全年共获全国性赛事2铜,省田径锦标赛5金1银2铜,省县组田径赛4金4银6铜,省田径单项赛4金2银1铜。

(2)E镇社会环境

综合概况。E镇(W高新区)位于W区东南部,地处太湖流域,自古以来就是著名的鱼米之乡、丝绸之都。行政区总面积 150 平方公里，其中建成区面积为 45.98 平方公里、规划工业产业区 60 平方公里，占区域总面积的 40%。全镇共辖桥南、Z、永平、渔业等 35 个行政村，镜湖、南麻等 8 个社区居委会。共有人口 50 万，其中常住人口 13.5 万，外来人口 33.5 万，外来人口的比例达到 67%。

经济实力与产业结构。2016 年，E 镇地区生产总值达到 367.33 亿元，全口径财政收入 58.5 亿元，公共财政预算收入 28.15 亿元，全社会固定资产投资额 112.86 亿元，市场交易额 115.57 亿元；重点项目全年完成投资 60.8 亿元，工业技改完成投资 45.48 亿元，工业项目完成投资 48.57 亿元，服务业重点项目完成投资 64.29 亿元。列全国科学发展千强镇第十位。产业结构趋于优化。2016 全年实现农业总收入 4.48 亿元，同比增长 3.8%。工业总产值 698.05 亿元，京奕特纤、佳力高纤通过省级智能化车间项目验收，恒力、F 蝉联"中国企业 500 强"，"绸都染整"品牌成功创建国家级行业集体商标和江苏省著名商标，巨联活性炭、莫桑晶体等项目按计划实施。第三产业生产总值达到 183.90 亿元，服务业增加值占 GDP 比重提高 8 个百分点，文化产业营业收入达 22.9 亿元，同比增长 5%；东方农发保理、上久楷宋锦文化科技、奥迪 4S 店等现代服务业项目注册落户，中国绸都网荣获"中国电子商务百强""全国纺织工业先进集体"等称号，"E 镇云纺城"成功入选江苏省互联网平台经济"百千万"工程项目，宋锦文化园入选省级工业旅游示范区，华佳丝博园丝绸文化旅游景区项目入选市文化产业重点项目。

公共管理与城乡建设。推进经济发达镇行政管理体制改革试点工作，先后分四批顺利承接行政审批权限和公共服务事项 284 项、行政执法权限 679 项。构建"前台＋后台"新型基层架构，审批服务创新提速，综合执法有力有效。推进国家中小城市综合改革试点工作，城市建设成功获批国家新型城镇化建设试点。推进安全生产网格化监管体系建设工作，建立四级网络实现"横到边、纵到底"的安全监管网。全镇建成并投入使用社区微型消防站 55 个，"村村通"技防建设实现全覆盖。统筹推进城乡建设,发挥规划引领作用,提升规划管理水平,完成《W高新区(E镇)总体规划修编(2015—2030年)》。2016年,市政基础设施项目完成投资3.4亿元,织东路、白龙桥路改造完成,农村生活污水治理工程完工,南二环大桥、科技路等9条道路完成景观路灯安装,交通环境得到进一步改善,城区整体面貌明显提升。加强环境整治,全镇印染企业实现废气回收装置全覆盖,整治燃煤锅炉271台,国控重点污染源及移动执法系统进一步完善;淘汰落后喷水织机,非法"小炼白"企业全部取缔;严厉打击各种违法行为,责令停产企业32家、停建企业1家,处罚金额224万元。全年新增绿化30余万平方米,完成绿化示范村1个。推行生态养殖模式,沟通水系14条,疏浚农村河道28条。完成村村通公交目标,累计建成公交候车亭323个,新增公交线路5条,优化公交线路11条。实施村庄环境综合整治,累计投入资金1.18亿元,建成国家级卫生镇。新增村级经营性物业建设2.5万平方米,村级平均可支配收入达到735万元。新建及改造泵站21座、防洪墙等9000余米,防洪治涝能力进一步提高。吉祥苑一期、桥北荡等工程稳步推进,住房保障和安置工作成效明显。

科技教育与文化事业。近五年来,累计认定高新技术企业24家、高新技术产品228项、产学研联合体11个、产学研合作项目106个,获批国家级企业博士后科研工作站12个、省院士工作站1个、省级研究生工作站13家,万人发明专利拥有量从2.48件提高到26.41件;舜湖纺织科技城成功入选"省级创新型园区",恒力化纤荣获"国家技术创新示范企业"称号,F集团获评国家科技进步二等奖,鼎盛丝绸入选省级企业技术中心。2010年,E镇创建为"省级社区教育示范乡镇"。2012年,E镇被列入S市级以上现代化示范学校的有E中学、E二中、E一中、E实验小学、M中心小学、S丝绸中等专业学校等。学前幼儿入园率100%,九年制义务教育入学率、巩固率、毕业率达到100%,高中段教育基本普及。E中学为江苏省重点中学,有专任教师144人,其中研究生学历、硕士学位37人,教育硕士在读10人,高级教师57人,拥有中级职称教师67人,江苏省特级教师1人,S市、W

区学科带头人 14 人，W 区骨干教师 76 人。

文化、广播电视事业。文化、广播电视事业健康繁荣，每年一届的"中国 E 镇丝绸文化节"弘扬了传统的丝绸文化开展古桥和砖雕文化遗产保护，庄面等历史文化老街得到保护性管控。华佳丝博园、文化中心丝绸陈列馆、先蚕祠、宋锦文化园的旅游线路基本形成，"绸都 E 镇丝绸之旅"微信公众平台顺利开通。先后获得"全国乡镇综合一级文化站""S 市第十四届体育运动会群众体育工作先进集体"等荣誉，有线电视入户率、广播和电视覆盖率均达到 100%。

社会保障与医疗卫生。社会保障健全发展。开展低保户、低保边缘户、重残人员等救助工作，2016 年发放各类资金 1590 万元，近五年累计发放低保慰问金、困难补助款、尊老金、优抚金、退伍安置金、义务兵优待金达 1.04 亿元。投资 1300 万元打造具有 E 镇特色的"养老＋"服务体系，老年人活动中心、日间照料中心、居家养老服务中心投入使用，累计新增养老机构床位数 574 张。2009 年，E 镇建成并启用全国首个镇级三级医院——江苏 E 镇医院。江苏 E 镇医院是一所集医疗、教学、科研、预防、保健等于一体的三级新型综合性非营利性医院，是江苏省"十二五医疗卫生规划"中 S 地区五家三级医院之一，拥有 S 市临床重点专科 6 个、W 区临床重点专科 3 个、W 区临床重点专科建设单位 2 个、W 区特色专科 2 个。医院占地面积 238 亩，建筑面积 108484.37 平方米，固定资产 7.64 亿元。现有职工 816 人，其中卫技人员 775 人，高级职称 63 人。核定床位 500 张，实际开放 772 张。

综合来看，W 区和 E 镇的经济发达，文化繁荣，政府公共治理能力和社会自主治理能力较强，民众对生态环境和生活质量要求较高，同时权利意识和行动能力也强，近年以来，E 镇也未发生大的群体性突发事件和个人极端事件，所有这些，既为拟建要求项目提供了良好条件，也对项目推进提出了较高要求。

（三）利益相关者的基本状况及意见与诉求

本项目所涉及的直接利益相关者包括征地拆迁农户（包括家庭

作坊)和企业、园区周边村民及单位、入迁企业,间接利益相关者包括相关政府部门、一般村民等。

表3-2-2-3　利益相关群体 1:征地拆迁村民、企业及园区周边村民

区域	属地	村庄	方位	规模#		
园区内	E 镇	Z 村	—	农户	已签协议	330 户 1204 人
					未签协议	106 户 390 人
			—	企业	已签协议	5 家
					未签协议	0 家
园区外	E 镇	Z 村	北	总数		711 户 3481 人
				500 米内*		0 户 0 人
		D 村	东南	总数		916 户 3419 人
				500 米内*		55 户 250 人
		X 村	东北	总数		503 户 2045 人
				500 米内*		24 户 86 人
		R 村	西	总数		1043 户 3956 人
				500 米内*		0 户 0 人
	T 镇	Y 村	西南	总数		580 户 2094 人
				500 米内*		0 户 0 人
		K 村	西南	总数		476 户 1767 人
				500 米内*		234 户 860 人
	浙江嘉兴秀洲区 C 镇	Q 村	东南	总数		730 户 2978 人
				500 米内*		112 户 389 人

注:* 指与园区边界的最近距离,数据统计截至 2017 年 7 月底。

(1) 项目征地拆迁范围内(E 镇 Z 村)村民、企业

① 基本情况

Z 村位于 E 镇的西南,是本次产业园项目征地拆迁范围内唯一的行政村,全村共有 40 个村民小组,1148 户人家,4685 人。Z 村

23—40(除 28、29)组住宅房屋以及辖区内生产企业为项目的拆迁对象,共 436 户村民(其中家庭作坊 47 家)1594 人、5 家民营企业。目前已经有 330 户村民、32 家家庭作坊签署征地拆迁协议,106 户未签,后续工作仍在进行中。

表 3-2-2-4　征地拆迁(Z 村)问卷调查统计一览表

问题		选项	结果
基本信息	性别	A. 男	58
		B. 女	33
		未填	9
	年龄	A. 30 岁及以下	7
		B. 31—60 岁	89
		C. 61 岁及以上	4
	学历	A. 小学及以下	20
		B. 中学/中专	46
		C. 大学本科/专科	7
		D. 硕士及以上	0
		未填	27
	家庭人口	A. 1—3 人	3
		B. 4—6 人	89
		C. 7 人及以上	6
		未填	2
	责任田面积(亩)	A. 0—2	16
		B. 2.1—4	15
		C. 4.1—6	45
		D. 6.1 及以上	22
		未填	2

问题	选项	结果
1. 您目前从事的工作是：	A. 在家务农	26
	B. 企业职工	38
	C. 事业单位、党政机关职工	2
	D. 经营企业	4
	E. 打零工	5
	F. 退休在家	2
	G. 其他	23
2. 您的家庭收入主要来自：	A. 种植农田	19
	B. 经营企业	4
	C. 工资收入	73
	D. 打零工	2
	E. 其他	1
3. 您平常主要住在：	A. 村里	90
	B. E镇上	6
	C. W城里	1
	D. 其他地方	2
4. 您了解印染企业对于E镇经济发展的作用吗？	A. 比较了解	25
	B. 有点了解	68
	C. 不了解	7
5. 您是否认为"将分散的印染企业集中迁入园区有利于保护环境"？	A. 有利于保护环境	79
	B. 不利于保护环境	0
	C. 迁与不迁差不多	10
	D. 不很清楚	7
6. 您认为W纺织循环经济产业园项目能改善您的居住环境吗？	A. 能	76
	B. 不能	0
	C. 说不清	20

问题	选项	结果
7. 您认为 W 纺织循环经济产业园项目建设会对您的生活产生不利影响吗？	A. 不会	57
	B. 采取措施后，不会	24
	C. 影响较小，可以接受	16
	D. 会有较大不利影响	1
8. 为了园区建设，如果您家被列入拆迁范围，您是否愿意？（可多选）	A. 愿意	81
	B. 不愿意	0
	C. 心里舍不得，但为经济发展和保护环境，可以考虑	11
	D. 如果补偿合理，愿意	14
	E. 如果迁入的小区环境好，愿意	11
9. 为了园区建设需要，如果您家的责任田/地被列入征用范围，您是否愿意？	A. 愿意	72
	B. 不愿意	1
	C. 如果补偿合理，愿意	27
10. 如果您家需要拆迁，您担心的主要问题是:(可以多选)	A. 拆迁款不能及时拿到	73
	B. 买不到满意的房子	12
	C. 一时没地方住	13
	D. 老邻居们分开了，不习惯	9
11. 如果您家的责任田/地被列入征用，您担心的主要问题是:（可以多选）	A. 家庭收入减少	55
	B. 以后生活会受影响	6
	C. 如果征用费合理，没什么好担心	33
12. 您对 W 纺织循环经济产业园项目的态度是:	A. 支持	77
	B. 不支持	0
	C. 无所谓	18

问题	选项	结果
13. 您怎么反映您的意见和要求?	A. 找村里干部	57
	B. 找镇里干部	9
	C. 找区里甚至省市领导	0
	D. 找媒体记者	0
	E. 其他	0

图 3-2-2-3 计划征地、搬迁村民(Z 村)座谈会

② 征地拆迁安置村民的意见和诉求

Z 村村民对当地纺织相关产业的发展历史有相当程度上的认知和了解。很多村民表示他们就是在镇上、村里的纺织厂、印染厂等企业工作,对新建的产业园项目总体上也持认可的态度,对项目的征地和拆迁工作相对比较配合。村委会主任俞金海表示:"我既是村委会主任,也是 Z 村的村民,我对产业园的情况了解得多一点,同时对村里的情况、村民的想法也比较清楚。应该说,建产业园对 E 镇的经济发展和环境保护有好处,全镇的经济好了、环境好了,我们老百姓的生活也会更好。现在的征地、拆迁政策还是不错的,村民们对征地、拆迁本身没有太大意见,都还比较配合,所以这项工作推进得比较快,1 年左右时间就已拆了 330 户,占总拆迁户数的 75%左右。目前,未签协议的 106 户,情况有点复杂,少数几户开始对补偿款不满意,经过够沟通以后,现在基本没有问题了;多数属于家庭内部问题,对征地、拆迁本身并不反对。"座谈、访谈中,村民们与俞主任的意见比较一致,问卷调查的结果也支持了这一结论:对于"您了解印染企业对于 E 镇经济发展的作用吗"这一问题,分别有 25% 和 68% 的村民回答"比较了解"和"有点了解",7% 的村民回答"不了解";关于"您是否认为将分散的印染企业集中迁入园区有利于保护环境",79% 的人认为"有利于",没有人认为"不利于";对于"为了园区建设,如果您家被列入拆迁范围,您是否愿意",81% 的村民选择"愿意",没人表示不愿意;对于"为了园区建设需要,如果您家的责任田/地被列入征用范围,您是否愿意"的回答,72 人回答愿意,只有 1 人不愿意;77% 的村民对 W 纺织循环经济产业园项目表示"支持",没人选择"不支持"(参见表 3-2-2-4)。

对于尚未签署协议的 106 户村民,评估团队通过座谈、走访等深度调查,归为以下几种情况:

第一,二次拆迁和新建房户,约占 1/3。这类村民多在 4 年前进行过一次拆迁,或在近年刚刚翻建过住房,装修时间不长,各类设施一应俱全,投入了巨大的财力、物力和精力,现在又要进行拆迁和装修,觉得非常折腾,所以开始的时候有些抵触,或者提出进行补偿。后来,经过村里干部、拆迁部门及有关人员的解释、沟通,这些村民基本答应拆迁,原因在于:a. 目前的征地、拆迁政策比较优惠,既能入保而使今后生活、生存无忧,又可即刻获得不少经济利益;b. 对于二次拆迁或新建住房进行合理补偿;c. 随着拆迁工作的迅速推进和其他村民的陆续搬迁,居住环境逐步恶化,生活氛围不复往日,这些村民也慢慢改变了原先的想法,愿意搬迁了。

第二,希望自建而不愿搬入公寓房的村民,有近 20 户。这些村民钟情于乡村宽敞的居住空间、便利的生活环境和美好的田园风光,希望通过自建住房尽量保留原先的生活状态。随着拆迁工程的逐步实施,这些村民开始看清了公寓房安置的好处:a. 可以得到更多的现金补偿;b. 每家基本可以得到两套以上住房,在满足自住以外,其余或卖或租,经济效益明显。所以,这类村民多数也都表示出了愿意签署协议的意思。

第三,户口已迁出,但父母健在,且村里有自己住房的,有六七户。一是因为这些人平常不在村里,沟通、协商不太方便,相关工作推进较为缓慢;二是因为这些人户口已迁出,不再属于本村村民,不享用普通村民的政策待遇,家庭内部达成一致意见相对较难。但这类群体的意见也颇为一致:对园区项目支持,对拆迁政策没有异议,没签协议是由于家里原因,一旦家庭成员达成一致意见就会签协议。

第四,户口已迁出,父母已去世,但村里有自己住房的,有5—7户。这类家庭的情况与上述第三种基本相同。

第五,家庭关系复杂,家庭内部未达成一致意见的,有20多户。例如,40岁的倪先生家中有兄弟二人,倪先生早年结婚时将户口迁出,后因感情破裂离婚之后带着女儿回Z村与父母同住,但由于户口问题无法享受一般村民的拆迁待遇,现如今,兄弟二人正在就如何分配的问题进行协商。访谈中,倪先生表示:"我没签拆迁协议是由于家里的原因,和园区项目没关系,我对园区项目还是比较拥护的,一旦我们家里商量好了就会签协议搬迁。"

第六,精神或身体残疾的特殊村民,有四五户。对于这些村民,拆迁部门和村里采取了一些特殊政策,拆迁人员、村里干部和其他村民也都认为,不会有太大障碍。

第七,教师、干部等所谓权利意识较强、社会资源丰富、谈判较为困难的家庭,有3—5户。同样,随着沟通的深入推进、拆迁好处的显现和居住环境的恶化,这些家庭也基本同意签拆迁协议。

综合起来,征地拆迁安置居民的主要诉求有:

第一,尽快解决社保问题。生存和生活保障问题是被征地村民普遍关心的问题,虽然,S市、W区和E镇三级政府出台了十多项办法、规定,形成了较为完整的政策体系和行之有效的工作方式,但是只要手续没有办妥,被征地村民心里就不踏实,所以他们希望尽快按规定办理社保相关手续。35岁的村民陈女士表示："现在房子已经拆了，我主要关心社保，现在我都搬走了但社保还没定下来，希望尽快落实。"

第二，拆迁补偿到位，各类款项及时发放。问卷调查显示，73%的拆迁村民担心的主要问题是"拆迁款不能及时拿到"。座谈和访谈中，也有多位村民担心拆迁款会被克扣或挪用。

第三，迁居的公寓小区环境好，设施齐全。村民们希望，搬迁以后的居住环境要好，各种设施比较完善，生活要方便，不能没人管理，不能脏、乱、差。

第四，帮助解决就业和生活等问题。有村民表示："自己没有一技之长，干不了别的，征地以后也就失业了，生活会比较困难，希望政府帮助解决。"村民俞女士说："原来在村里，大家都非常熟悉，左邻右居关系也好，身边亲戚也比较多，有个事，大家都可以照应，比如家里老人、病人可以临时叫人照看一下，或请邻居平常多关注一些，等等。现在，老邻居、亲戚都分开了，有事也没人帮个忙了。希望政府能注意到这些问题，尽量帮忙解决。"对于一些精神、身体残疾和特别困难的家庭，村民们也都希望政府在补偿款、社保、就业、就医等方面给予一定照顾和帮助。

第五，帮助协调家庭关系，尽早签订征地、拆迁协议。村民倪先生说："希望村里、镇上能帮助解决一些家庭矛盾，协调家庭内部关系，尽早签订征地、拆迁协议，老是拖着也很烦心，早签早了。"

综上所述，Z村村民对园区项目比较支持，对征地拆迁工作也比较配合，要求和诉求并不很多，也较为合理。

（2）搬迁出园企业

纺织循环经济产业园建设需要对Z村进行征地拆迁的企业有5家。5家企业中，规模最大的占地20余亩，有200余台机器，员工50余人，年利润在300—500万左右；最小的企业有40余台机器，年利润在100万左右。

5家企业目前尚未签署征地拆迁协议。对于项目建设和征地拆

迁等相关工作,5家企业主及职工的基本态度比较一致:

第一,认为园区项目总体上有利于E镇的经济发展和环境保护。他们认为,将分散各处的印染企业集中入园,集中处理污水,集中统一供电,便于政府监管,这些肯定要比原来要好,总体上能够减少污染,有利于环境保护;要求入园企业转型升级,也是大势所趋,可以提高E镇纺织产业的竞争力,促进E镇经济的发展。

第二,认为E镇目前的征地拆迁政策也还不错,对征地拆迁工作总体上支持配合。根据现行征地拆迁政策,这些企业都可获得不菲的补偿款。

第三,搬迁以后的生产条件和工作环境都会有所改善。此前,5家企业与村民住地混杂一起,对村民生活形成干扰,经常产生纠纷,时常被村民投诉;厂房大多不够标准,生产管理不够规范,存在不少安全隐患。拆迁以后,企业搬到相关工业园区,自荐或租用标准厂房,生产、生活、办公等空间布局更加合理,便于管理,更加安全。

第四,随着园区项目的推进,工作环境和用工条件有所恶化,企业生产受到影响。多数村民搬迁以后,村庄已是一片狼藉,生活有着诸多不便,企业已经很难足额用工,正常生产经营越来越难,所以这些企业也都希望能够尽快搬迁。

外迁企业的诉求主要为:

第一,尽快落实供地指标,使企业能够早日搬迁、正常生产。据E镇综合执法局企业拆迁部沈科长介绍:"5家企业对园区项目和拆迁政策暂无异议,愿意配合搬迁。但与家庭作坊不同,企业有土地证,对企业征地拆迁必须要另有土地进行安置。E镇近几年土地指标较少,需要等到另一块土地征收拆迁之后才能给予安置。目前预备进行安置的土地上的拆迁征收尚未完成,补偿的土地指标未落实,没有办法让企业尽快搬迁。此外,大部分企业的实际使用面积与土地证上的核定面积并不相符,虽然到时会尽量考虑按照实际占用面积进行安置,但因为土地指标不够,可能对安置面积进行压缩,土地证上的核定部分不打折扣,超出部分会视实际情况而定。"所以,5家企业目前还没签征地拆迁协议，希望政府尽快落实用地指标，使企业能够早日搬迁、正常生产。

第二，进行合理补偿，帮助企业维持正常运营。园区建设虽说对E镇的经济发展、生态维护总体有利，但毕竟影响了5家企业正常的生产经营，同时，搬迁费用较大，也使设备有所损耗，所以，希望政府给予合理补偿。

（3）园区周边居民、单位

① 基本情况

拟建园区外延2公里范围内分布着E镇X村、D村、R村和T镇K村、Y村以及浙江嘉兴秀洲区新陛镇Q村等6个行政村。

X村位于E镇西南，西与Z村一河之隔，南与Z村接壤。全村共19个村民小组，总户数503户，居民区距园区大多在1.3公里以外。村内民营企业4家，省重点建设项目恒力二期工程落户在X村。

R村位于拟建园区西侧，共有12个自然村落32个村民小组，1043户3956人，其中，距离园区约740米的村民小组有近20户60余人。

D村西部紧邻Z村。产业园项目建成后，D村是园区的直接利益相关者之一。全村有33个村民小组，916户，3400余人，其中，与园区接壤的19村民小组有55户，250余人。

T镇K村，共14个村民小组，10个自然村，总人口1767人，其北面与园区相连的有A、C、J、B、G等5个自然村860余人。

T镇Y村位于园区西南方，区域面积2.7平方公里，辖15个村民小组，共580户2094人。Y村与园区不接壤，园区外延0.5公里范围内没有其村落和居民。

浙江嘉兴的C镇Q村，位于园区东南侧。全村共有18个村民小组，730户村民，2978口人，其中距离园区500米范围内的主要为13、14、15、16四个村民小组，112户389人。

② 态度和意见

拟建园区周边居民对项目情况大多有所了解，对项目建设的看法和态度则颇为复杂。关于项目建设对于 E 镇经济发展和环境保护的作用，大家的看法较为一致。座谈和访谈中，几个村的干部和普通村民都表示："将印染企业集中到园区，比起原来分散在各处的情况，管理起来肯定要方便许多，供热供电、处理污水也更容易；如果入园企业都能按要求更新设备和工艺，提高管理水平，不经可以减少污染，也能提高企业的竞争力，促进全镇的经济发展。应该承认，园区建设对于全镇的经济发展和环境保护是有利的。"问卷调查结果显示，51.9%的调查对象认为"将分散的印染企业集中迁入园区有利于保护环境""有利于保护环境"，选择"迁与不迁差不多""不很清楚"的分别为 14.9%、23.6%，另有 9.6%的调查对象选择了"不利于保护环境"。进一步的访谈得知，选择"不利于保护环境"的人认为，将印染企业集中到了一块，实际上也将污染集中到了一起，而园区的良好规划不一定能够实现，所以项目建设对于园区及周围的环境保护不一定有利，至于是否有利于全镇的环境保护，没有考虑很多。对于"您是否认为 W 纺织循环经济产业园项目能够促进 E 镇经济发展"的问题，有 54.3% 和 42.3% 的调查对象选择了"能"和"不清楚"，只有 3.4%调查对象认为"不能"。

　　但是，对于是否支持 W 纺织循环经济产业园项目建设，园区周边居民的态度则颇为复杂。问卷调查结果，对于"您对 W 纺织循环经济产业园项目的态度"这一问题，69 位表示"支持"，占比 33.2%；选择"不支持"的只有 6 人，占比 2.9%；但是有 133 人选择了"无所谓"，占 63.9%。座谈和访谈中，Q 村党支部书记的看法和态度比较典型："我们 Q 村和 E 镇虽然属于两个省，但是两地连在一起，语言、风俗、习惯都一样，我们都有很多亲戚、朋友在 E 镇，村里多数人也在 E 镇上班，大家平常购物、游玩等等常去 E 镇，所以，园区建好了，对 E 镇有利，对我们也有好处。但是，毕竟有这么多污染企业集中过来，就在身边，园区规划做得很好，如果能够照着去做，大家不会反对；如果没按规划去做，或者出什么事故，受害的肯定都是我们周边的村子、居民。老百姓最敏感的还是环境问题，无论是江苏的土地还是浙江的土地，只要环境被污染，老百姓肯定会反感，肯定要举报。"Q村村民王先生表示："南三环附近的工业园区，冬天刮西北风的时候空气中都会有味道，都让我们觉得江苏省是故意把污染型的企业放在省际交界处。"村民纽先生提出："对于江苏的一些工厂，老百姓虽然可以去打工挣钱，但是心里不舒服，是爱恨交加的。"

相对来说，D村和X村的村民对园区项目则有较多疑虑和担忧。在两村境内，几年前建了涂层工业区，几年以来，两村周边村民深受其害。X村村民潘先生表示："村庄就在涂层区旁边，涂层区有臭味，一刮风就会受到影响，有时候好多天都不敢开窗户、晒被子。以前一直在上访，但也没什么用。"D村村民表示，涂层区污染很严重，近年来村里癌症病人增加很多，每年都要发现十多例，癌症病人当中，肺癌的比例最高，严重怀疑和涂层企业有关。他们曾向政府反映了相应的问题，但是情况并没有得到改善，"有几家污染企业在小学附近，家长一起反映也没用"，"政府要求企业对设备进行更新，但企业并没有按照要求执行"。

③ 主要诉求

园区周边居民的主要诉求为：

第一，园区规划设计要合理。企业生产区和污水处理厂离周边居民区要尽量远一点，道路等基础设施布局要合理，园区建成以后不能影响村民的交通出行。村民们表示，虽然项目建设的初衷是节约资源和保护环境，但仍不希望将印染企业的厂址选在靠近他们居住生活的位置。Q村村民表示能够接受在距离村庄较近的地方建设使用清洁能源（天然气）的发电厂，但不接受建印染企业。X村村民表示本村七组距离产业园较近，村民宅基地临近园区，无法搬离，希望能在项目建设前进行项目微调，使得园区与七组村民保持一定的距离。

第二，政府要多做介绍和解释，消除周边居民的疑虑和担心。虽然，周边居民基本知道要建园区、要将E镇的印染企业都搬过来，但是，园区是怎么规划的？污染等问题怎么解决？大家都不知道。X村村民钱先生表示："我们老百姓对要建的这个循环经济产业园项目不了解，希望政府能画出一个图纸出来给我们看，只要距离我们村不近,我们是没有什么意见的,距离太近了肯定不行的。"

第三,园区建设期间,加强管理,尽量减少对周边居民生活、工作的不利影响。座谈和访谈中,村民们表示,园区一旦开始施工,车辆、人员来来往往,生活垃圾、建筑垃圾很多,噪声、粉尘污染严重,对周边特别是与园区交界村子的村民的出行、生活、工作以及社会治安等都会产生不利影响,希望政府和相关单位严格管理。问卷调查结果,对于"园区建设时期对您日常生活的主要影响(多选)"这一问题,117人认为"施工车辆多,影响出行和安全",占比56.3%;93人选择"噪声",占比44.7%;选择"建筑垃圾乱堆放,影响环境""施工人员管理不严,发生偷窃等扰民事件"的分别为70人、46人,占比33.6%、22.1%;认为"没有什么影响"的只有34人,占比16.3%。

第四,园区运营以后,政府要严格管理,不能产生污染事故,不能损害周边居民利益。政府不能说一套、做一套,规划设计好的要能落实到位;要加强监督,使印染企业入园后确实能更新设备和工艺,严格执行各项生产标准,减少废水、废气的排放,避免污染事故发生;一旦企业排放废水、废气污染了环境,政府必须及时处理,保证园区周边居民利益不受到侵犯。村民们认为,虽然印染企业进驻产业园的门槛很高,政府也出台了对应的生产技术要求,然而企业的"执行力"才是他们最关心的。"高标准"和"严要求"需要被贯彻到位,而不是浅尝辄止抑或是为了应付检查。D村、X村村民表示,村庄附近建有涂层企业,常有乱排废水、废气行为,政府整治后虽然安装了相应设备,却只在应付检查时使用,使得他们常年深受其害。对于循环经济产业园的建设,他们也相应提出类似的忧虑,怕"说归说、做归做",最后园区周边村民受害。

第五,园区建成以后,政府要加强社会管理,尽量减少各种不利影响。X村村民赵先生认为,园区建成后的管理工作很重要,园区建设以后,肯定人会变多,车也会变多,特别是会有大量外地人过来,这样一来,交通就会很不方便,本地人和外地人的冲突也会增多,盗窃、斗殴等治安问题会多起来,所以不仅要注意污染问题,政府还要加强社会管理,要保障村民安全。

图 3 - 2 - 2 - 4　园区周边村庄（D 村）座谈会

图 3 - 2 - 2 - 5　园区周边村庄（X 村）座谈会

图 3 - 2 - 2 - 6　园区周边村庄（Q 村）座谈会

表3-2-2-5 园区周边居民问卷调查统计一览表

问题		选项	结果
基本信息	性别	A. 男	135
		B. 女	73
	年龄	A. 30岁及以下	22
		B. 31—60岁	158
		C. 61岁及以上	28
	学历	A. 小学及以下	43
		B. 中学/中专	120
		C. 大学本科/专科	44
		D. 硕士及以上	1
1. 您目前从事的工作是:		A. 在家务农	20
		B. 企业职工	88
		C. 事业单位、党政机关职工	5
		D. 经营企业	11
		E. 打零工	68
		F. 退休在家	7
		G. 其他	9
2. 您的家庭收入主要来自:		A. 种植农田	15
		B. 经营企业	13
		C. 工资收入	109
		D. 打零工	65
		E. 其他	6
3. 您是否认为"将分散的印染企业集中迁入园区有利于保护环境"?		A. 有利于保护环境	108
		B. 不利于保护环境	20
		C. 迁与不迁差不多	31
		D. 不很清楚	49

问题	选项	结果
4. 您是否认为 W 纺织循环经济产业园项目能够促进 E 镇经济发展?	A. 能	113
	B. 不能	7
	C. 不清楚	88
5. 你认为园区建设时期对您日常生活的主要影响是:(多选)	A. 噪声	93
	B. 施工车辆多,影响出行和安全	117
	C. 建筑垃圾乱堆放,影响环境	70
	D. 施工人员管理不严,发生偷窃等扰民事件	46
	E. 没有什么影响	34
6. 你认为园区建成以后对您日常生活的主要影响是:(多选)	A. 废水处理不好,污染湖、河、塘	159
	B. 噪声大	38
	C. 废气排放污染	113
	D. 交通出行不便	15
	E. 社会治安变坏	36
	F. 没有什么影响	12
7. 对于园区建设可能的影响,您的态度是:(多选)	A. 采取措施后,不会产生不利影响	68
	B. 影响较小,可以接受	80
	C. 如果影响大,会找项目单位或地方政府解决	65
	D. 无所谓	37

续表

问题	选项	结果
8. 您怎么反映对 W 纺织循环经济产业园项目的意见和要求?	A. 找村里干部	51
	B. 找镇里干部	32
	C. 找区里甚至省市领导	13
	D. 找媒体记者	10
	E. 直接找园区单位	83
	F. 其他	19
9. 您对 W 纺织循环经济产业园项目的态度是:	A. 支持	69
	B. 不支持	6
	C. 无所谓	133

（4）入园企业

① 基本情况

根据规划,目前分散在 E 镇域的全部 24 家(F 集团及其分厂计为一家)印染企业将分两批陆续迁入拟建园区:第一阶段,城区全部 16 家企业全部搬迁入园;第二阶段,其余 8 家企业搬迁入园。所以,园区项目建设与 24 家印染企业利益息息相关。

② 态度和意见

稳评小组召开了由 23 家入园企业主或高管、代表参加的座谈会,走访了部分入园企业,进行了问卷调查。所有的座谈代表和访谈对象都表示,园区项目总体上有利于 E 镇的经济发展和生态维护,对城市建设和群众生活也有好处。座谈中,多位企业主说:"现在环保要求很高,群众权利意识很强,企业压力很大。由于历史原因和城市扩张,现在厂子多在城区,相关设施也不完善,确实不太好办,我们经常被投诉,很烦,所以,早搬早好。"E 镇印染行业的龙头同时也是中国最大印染企业的 F 集团总经理唐先生认为:"印染企业搬迁入园势在必行,这对企业自身发展、对全镇的经济发展、环境保护都有好处。"问卷调查结果显示,14 位企业主或代表认为"印染企业对于 E 镇经济发展""非常重要",其余 8 位认为"比较重要";21 人认为"W 纺织循环经济产业园项目能够促进 E 镇经济发展",1 人选择了"不清楚";对于"您是否认为将分散的印染企业集中迁入园区有利于保护环境"的回答,在"有利于保护环境""不利于保护环境"、"迁与不迁差不多""不很清楚"四个选项中,20 人选择"有利于保护环境",1 人选择"不清楚",1 人未选。17 位企业主或代表对 W 纺织循环经济产业园项目表示"支持",5 人表示"无所谓",无人"不支持"。

从整体上来说,印染企业基本支持纺织循环经济产业园的建设,绝大多数表示有意愿在第一阶段搬迁入园,对于 W 纺织循环经济产业园项目表示"无所谓"和第一阶段不愿意搬迁的企业主要有三类:一是非城区印染企业,如 W 市永前纺织印染有限公司、S 欧倍德纺织印染有限公司、S 新民印染有限公司,这些企业没有城区企业环保压力那么大,本身也不在政府计划的首批搬迁之列;二是近年已经进行过设备、工艺更新,企业规模较大、效益较好的企业,如 W 祥盛纺织染整有限公司、S 宇泽纺织有限公司以及 F 集团的几家分厂,这些企业因为刚刚进行过转型升级,设备、工艺国内甚至世界领先,经营效益不错,不愿过多折腾;三是企业规模较小,效益一般的企业,如 W 市 E 镇盛利织物整理厂,不愿首批搬迁,是因为不想影响正常生产,也不愿承担过多搬迁费用。

③ 主要诉求

同时,企业主和代表也向政府提出了以下几点要求:

第一,希望政府能够制定长远规划来支持印染行业发展,并保持政策稳定,不能今天一个政策、明天一个政策,让企业无所适从。

第二,搬与不搬,早日确定。多家企业代表提出,早在 2012 年,政府就提搬迁的事了,2013 年决定建园区,但四五年过去了,现在还定不下来,企业也不知道怎么办,影响正常生产经营。

第三,希望入园后获得的土地指标不小于目前使用面积。

第四,园区规划和建设符合印染产业特点,比如厂房设计就需考虑印染企业特殊的消防、防暑等要求,不建议为了节约土地指标而采取浙江的"向上发展"模式,这样会给安全生产带来极大隐患,所以规划和设计部门要多与企业沟通,多听企业建议。

第五,希望府早日明确入园条件,制定相关标准,出台配套政策,考虑企业实际情况,在搬迁费用、运营成本方面给予企业一定支持。问卷调查显示,有12位企业主、高管认为,"企业搬迁入园的主要障碍"是"搬迁费用过大"。

第六,希望政府能够公平对待所有企业,在制定搬迁计划、入园标准和扶持政策等过程中,能够多听企业意见,及时向企业告知、解释相关政策和要求。问卷调查中,对于"您了解政府关于入园企业的具体要求和相关政策吗"这一问题,14位企业主、高管回答"不了解",只有6位选择"了解"。

图3-2-2-7　入园企业座谈会

表3－2－2－6　利益相关群体2：E镇印染企业概况

序号	企业名称	企业成立日期	企业投产日期	产量（亿米/年）	设备数量（台）				供水来源	供汽来源	现址规划用地功能	位置
					染色机	定型机	碱减量机	印花机				
1	吴江飞翔印染有限公司	1987	1987	1.06	78	8	2	12	工业用水厂	盛泽热电	商住	东方大街西侧
2	吴江港申纺织印染有限公司	2008	2008	1.67	252	19	14	4	鹰翔集团	盛泽热电	居住、绿化	东方大街东侧
3	吴江绸缎炼染一厂有限公司	1987	1987	0.98	274	14	4	11	工业用水厂	盛泽热电	公共设施用地、绿化	东方大街东侧
4	吴江吴伊时装面料有限公司	1995	1995	0.61	128	11	20	0	自取水	艺龙实业	商住	乌桥南
5	吴江时代印染有限公司	2000	2000	1.24	157	10	12	0	自取水	艺龙实业	商业	乌桥南
6	吴江德伊时装面料有限公司	2000	2001	0.48	91	8	10	0	自取水	艺龙实业	商住	乌桥南
7	吴江中服工艺印花有限公司*	1993	1993	0.46	169	10	7	3	自取水	艺龙实业	商住	乌桥南
8	吴江毕晟丝绸印染有限责任公司	1996	1996	0.85	312	15	0	0	自取水	盛泽热电	商住	市场路南侧
9	吴江新生针纺织有限责任公司	1999	1999	1.21	34	8	8	0	自取水	盛泽热电	商住	市场路南侧

续表

序号	企业名称	企业成立日期	企业投产日期	产量(亿米/年)	设备数量(台)				供水来源	供汽来源	现址规划用地功能	位置
					染色机	定型机	碱减量机	印花机				
10	苏州东宇印染有限公司	1994	1994	0.45	48	6	4	0	自取水	盛泽热电	商业	市场路路南侧
11	苏州宇泽纺织有限公司	2000	2000	1.65	174	10	0	0	自取水	东方市场热电	居住、绿化	南环路路北侧
12	吴江市盛泽盛利织物整理厂	1999	2000	0.51	33	5	3	0	自取水	盛泽热电	商住	西环路路西侧
13	苏州欧倍德纺织印染有限公司	1992	1992	0.99	145	10	6	0	自取水	盛泽热电	工业	胜天村
14	吴江市第二印染厂	1979	1980	0.98	60	6	4	0	工业用水厂+自取水	苏盛热电	商业	南麻太平街
15	苏州市颖晖丝光棉有限公司	2000	2000	0.03	30	4	0	2	工业用水厂	盛泽热电	居住	郎中村
16	吴江市永前纺织印染有限公司	1987	1987	0.68	164	14	5	0	自取水+自来水厂	盛泽热电	工业	兴桥村九组
17	吴江市盛泽金涛染织有限公司	1992	1992	0.64	126	10	2	2	自取水	盛泽热电	工业	圣塘村
18	吴江祥盛纺织染整有限公司	1999	2000	0.81	107	9	0	6	自取水	盛泽热电	居住	南环路北侧

续表

序号	企业名称	企业成立日期	企业投产日期	产量（亿米/年）	设备数量（台）				供水来源	供汽来源	现址规划用地功能	位置
					染色机	定型机	碱减量机	印花机				
19	苏州新民印染有限公司	2013	2013	1.26	176	12	8	0	工业用水厂	盛虹热电	工业	坛丘大桥堍
20	吴江旺申纺织厂	1999	2000	0.94	94	8	7	0	自取水	苏盛热电	工业	坛丘大桥堍
21	吴江创新印染厂	1998	1998	0.83	146	9	2	0	自取水	苏盛热电	工业	南麻太平街
22	江苏华佳丝纱线有限公司*	2014	2014	0.93	60	6	0	0	自取水	盛泽热电	工业	烂溪四桥西侧
23	吴江新江和服绸织造有限责任公司*	1999	1999	0.07	23	1	2	0	工业用水厂+自取水	盛泽热电	商住	莺湖路东侧
24—30	盛虹集团有限公司 一、六分厂	1992	2004	3.16	433	23	16	0	自取水	盛虹热电	商业+居住	东方南路东环路交界处
	三分厂	1992	1997	0.96	210	12	13	0	自取水	盛虹热电		盛南公路北侧
	四、五分厂、精品车间、新纤维车间	1992	2011	3.99	707	43	10	14	工业用水厂	盛虹热电		清溪河以北
	二分厂	1992	1994	1.21	126	6	9	0	自取水	盛虹热电		盛运路西侧
	镇东分厂	1992	2002	1.35	93	11	11	8	鹰翔集团	盛虹热电		东白荡河北侧

表 3-2-2-7 入园企业主/高管问卷调查统计表

问题	选项	结果
1. 您的户籍所在地是:	A. E镇	19
	B. W区的其他乡镇	0
	C. 其他地区	3
2. 您目前的常住地是:	A. E镇	21
	B. W区的其他乡镇	1
	C. 其他地区	0
3. 您认为印染企业对于E镇经济发展的作用:	A. 非常重要	14
	B. 比较重要	8
	C. 可有可无	0
	D. 不很清楚	0
4. 您的企业目前经营状况:	A. 良好	21
	B. 一般	1
	C. 比较艰难	0
	D. 非常艰难	0
5. 您的企业目前面临的主要压力是:	A. 市场竞争激烈	9
	B. 设备、工艺落后	3
	C. 人才缺乏	0
	D. 环保要求太高	8
	E. 国家政策不够稳定	6
	F. 其他方面的压力	0
	G. 没有压力	2
6. 您是否认为"将分散的印染企业集中迁入园区有利于保护环境"?	A. 有利于保护环境	20
	B. 不利于保护环境	0
	C. 迁与不迁差不多	0
	D. 不清楚	1

问题	选项	结果
7. 您是否认为 W 纺织循环经济产业园项目能够促进 E 镇经济发展？	A. 能	21
	B. 不能	0
	C. 不清楚	1
8. 您的企业搬迁入园的主要障碍是？	A. 入园要求过高	5
	B. 搬迁费用过大	12
	C. 影响生产秩序	4
	D. 其他障碍	0
	E. 没有障碍	4
9. 您了解政府关于入园企业的具体要求和相关政策吗？	A. 了解	6
	B. 不了解	14
10. 您对 W 纺织循环经济产业园项目的态度是：	A. 支持	17
	B. 不支持	0
	C. 无所谓	5

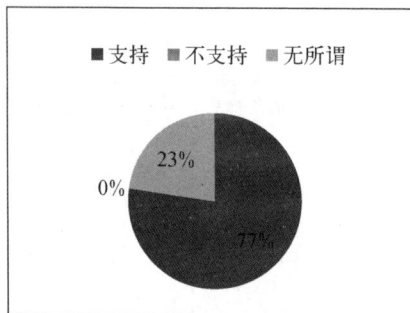

图 3-2-2-8　入园企业对项目的态度

（四）政府相关部门及基层群众组织的态度

1. 政府相关部门的态度

在对项目社会稳定风险因素进行初步识别的基础上，稳评小组对项目所在地 W 区和 E 镇政府的相关部门工作人员进行了访谈。

区、镇的发改、经信和规划、环保等部门认为：第一，园区项目建

设可以加快产业转型升级,促进区、镇经济健康发展。纺织产业作为
E镇的支柱产业,尽管为W区和E镇创造了较高的工业总产值,但其
产业工业增加值率偏低(低于18%),行业创造价值能力也较弱,特别
是纺织后整理水平不高,成为制约产品提升档次的瓶颈。园区项目
建设有利于调整E镇地区印染行业的产业布局和空间布局,为完善E
镇纺织产业链中的印染薄弱环节、面向高端纺织市场需求加快产品
结构升级步伐、逐渐突破纺织行业附加值低的被动局面提供空间和
平台;有利于加快推进E镇印染行业集聚集约发展以及纺织产业的
跨越式发展,为E镇建设"世界级纺织产业基地"创造条件。第二,园
区项目可以推动循环机构及建设,促进发展方式转变。园区项目通
过集中布局全镇印染企业,全面推广清洁生产技术和中水回用技术,
推动印染行业节能减排和循环经济发展,实现印染产业和环境保护
协调发展。园区项目建设通过一系列"减量化、再利用和资源化"措
施,降低污染排放总量,提升资源产出效率,有助于推动绿色低碳循
环发展、促进经济发展方式的转变。第三,园区项目建设服务太湖综
合治理,改善区域生态环境。作为江苏太湖流域的省界重要节点,E
镇水环境治理工作一直是太湖流域水环境综合治理工作的重点,而
印染行业的水污染防治则是重中之重。《太湖流域水环境综合治理
总体方案(2013年修编)》提出加强集中式污水处理设施建设,提高工
业废水集中处理能力;有条件的中小型企业,都要迁入工业园区或开
发区,推进废污水的循环利用和再生利用。产业园的建设将实现印
染产业向园区集中,配套建设集中的污水处理和尾水回用设施,提高
治污设施共建共享水平;同时,通过提高入区标准、污水接入"一企一
管"、加强运行监管等措施,实现"源头控制"与"末端治理"并重,形成
有利于水环境综合治理的产业布局。第四,园区项目建设可以优化
国土空间开发格局,奠定生态文明基础。E镇地区人多地少,经济总
量大,开发强度高,单位国土面积污染负荷较高,流域性水污染问题
尚未根本解决,生态环境总体上仍处在高污染、高风险阶段。园区项
目将城区印染企业进行整体搬迁改造,符合党的十八大报告指出的

"优化国土空间开发格局，促进生产空间集约高效"的要求，符合国家和省市的主体功能区规划、新型城镇化规划、生态红线区域保护规划、生态文明建设规划的要求，能够为 E 镇在有限的资源供给和环境容量基础上推进可持续发展和生态文明建设奠定基础。

E 镇负责征地拆墙工作的动迁办沈主任提出，园区的征地拆迁工作从 2016 年 7 月开始，已经推进了一年，436 户人家中已有 330 户签署了征地拆迁协议，多数家庭已经完成拆迁工作，总体进展比较顺利，按照计划，到 2017 年底，目前尚未签署协议的剩余 106 户人家将可完成征地拆迁工作。沈主任认为，征地拆迁工作比较顺利，主要是因为 E 镇征地拆迁政策较好，征地拆迁补偿标准是 S 市最高的，劳动就业、社会保障等配套政策较为完善，公寓化安置也能够让拆迁户得到最大实惠，现在政策、标准都是公开透明的，方式、方法讲求人性化。尚未签署协议的 106 户人家中，多数不是因为对征地拆迁工作本身不满，而是因为家庭内部关系复杂一时难以达成一致意见；少数是因为刚刚拆迁过或翻建过新房，不愿再折腾；也有几户属于观念问题或者身体、精神残疾等特殊情况，随着时间的推移和工作的深入，征地拆迁的利益和好处逐步显现，情况越来越好，估计年底能够完成任务。所以，征地拆迁方面不会引起大的争端与冲突。

E 镇负责信访、维稳等工作的政法办 L 主任认为，E 镇地区经济比较发达，群众生活比较舒适，对生态环境和生活质量也很看重，权利意识也强。印染行业污染相对较重，城区印染企业对群众的日常生活影响也较大些，常常被投诉，全部搬到离城区较远、居民较少的地方，对 E 镇整体的生态环境和群众生活是有利的，但是，也容易触碰到当地居民敏感的"环保神经"，这一矛盾是客观存在的。但现今产业结构转型，各级政府都在都在强调印染企业生产运作必须贯彻高标准、严要求，这与传统经济发展模式下粗放的管理模式存在本质的不同，如果我们能够合理规划并严把"入园关"，日后严格监管，这一矛盾就可消除，就不会产生什么问题。林主任提到，园区建设的推进工作做得还是不错的，容易引发矛盾的征地拆迁工作也没产生什么问题,截至目前,关于园区项目,还没出现一起信访或投诉事件,最近几年,整个E镇比较和谐稳定,没有发生过群体性事件,也没发生过其他严重事件。因此,林主任对产业园项目建设持较为乐观的态度。

图3-2-2-9　访谈E镇动迁办
工作人员

图3-2-2-10　访谈E镇政法办
工作人员

2. 基层群众自治组织的态度

调研中,稳评小组走访了征地拆迁范围内的Z村村委会、园区周边几个村的村委会,召开了座谈会,访谈了工作人员。从调研情况来看,基层群众自治组织对于纺织循环经济产业园项目建设总体上是支持的:一方面,将分散的污染严重的印染企业集中起来,对于保护环境,改善居民生活环境有重大的意义,在这个层面上,E镇的老百姓也是非常支持的;另一方面,将分散的印染企业集中入园,同时实现设备、工艺更新,提升企业管理水平,有利于实现产业升级,提高企业效益,从而推动E镇的经济发展,也为周边的村民创造了更多的就业机会。但是,同时基层群众自治组织也对这项项目提出了些许担忧,特别是有过涂层工业区前车之鉴的X、D两村,他们一致认为,园区应该合理规划,厂区离居民区尽量远一点,入园标准要高,基础设施要完善,要减少环境污染;对于园区的监管非常重要,政府一定要加强监管,不能发生安全事故和环境事故,E镇的经济要发展,征地拆迁和园区周边的群众的利益也要重视。

（五）社会公众态度与媒体舆论导向

1. E 镇民众态度

评估小组通过随机访谈、问卷调查和网络搜索等方式，了解社会公众对拟建园区项目的意见。评估小组在 E 镇城乡随机访谈了 20 余人，在城区 8 个社区发放问卷 200 份，回收问卷 189 份，其中废卷 7 份，有效问卷 182 份，对照图 3-2-2-12、3-2-2-13、3-2-2-14 和表 3-2-2-8、3-2-2-9 可以看出，调查对象在年龄结构、性别结构、学历结构等方面具有一定的代表性和合理性，因此能够较为系统、全面地反映 E 镇民众的意见和建议。

眼下 E 镇全镇 24 家印染企业分布零散，与居民区、商业区犬牙交错，对周边居民的日常生活产生了不少负面影响。同时，因为分散各处，不易监管和治污，对生态环境破坏也大。所以，绝大部分调查对象表示，在居民较少、离城较远的的地方建立园区，印染企业集中入园，整体上有利于保护环境，如果再将企业转型升级，也能促进经济发展。问卷调查显示，61% 的调查对象认为，认为 W 纺织循环经济产业园项目跟自己有关系，只有 18.7% 的调查对象认为跟自己无关；近 80% 的调查对象认为 W 纺织循环经济产业园项目能够促进 E 镇经济发展，而回答"不能"的为 5.5%；对于"您是否认为将分散的印染企业集中迁入园区有利于保护环境"这一问题，66% 的人选择了"有利于保护环境"，选择"不利于保护环境"的只有 4.4%。

访谈中，居民大多认为，园区项目是政府为老百姓做的一件好事，愿意支持项目的建设，同时也希望好事要落到实处，而不只是口头说说，应该加快项目的推进。问卷调查结果也显示，87.4% 的调查对象对 W 纺织循环经济产业园项目表示支持，只有 2.2% 的人表示"不支持"，进一步访谈得知，选择"不支持"的人认为，印染企业集中也有可能导致污染集中，治理起来可能更不容易。

通过网络搜索发现，有关"W 纺织循环经济产业园"的网上公众讨论共有两次，都是出现在"W 新闻网"的"东太湖论坛"。2016 年 7 月 24 日 13 时 21 分，网名"天真蓝"的网友在"东太湖论坛"发出一帖："关于 W 纺织循环经济产业园动迁 Z 村的重大事项，未见动迁公告及详细补偿安置方案，请依法公示。"其后，"W12345"于隔日 16 时 50 分回复："市民您好：经了解，关于 W 纺织循环经济产业园 Z 村拆迁公告和补偿安置办法，拆迁公司现场办公室均有公示，详情可直接咨询 Z 村现场指挥部，电话：63929327、63926327。谢谢您的关注！"网页显示，查看量为 5864 人次，13 位网友参与讨论，回复帖 22，其中，与园区项目相关的，除"W12345"的回复外只有两帖。网友"收音机"说："Z 村的拆迁比 E 镇任何一个地方都要来得好，好在什么地方？好就好在整体搬迁。而 E 镇其他地方的村民就享受不到如此高规格的待遇，E 镇其他地方的村民与工厂是犬牙交错住在一起的，废气、污水、噪声随时随地干扰着村民的生活，打群架是处处有发生。村民不堪其扰、苦不堪言。"网友"642151317"提到："这次拆迁为什么不让自己造房子，而要到人福拿安置房，而人福那边的人家拆迁却在我们南麻自己造房子？哪有这样的道理？"

　　另一次发生在 2017 年 5 月 9 日，查看量为 2753，回复帖为 25，16 位网友参与其间。讨论由网友"来生缘"发帖引起："E 镇人知道 E 镇将在南麻建造 E 镇纺织循环区，把 E 镇染厂、涂层厂等全部集中搬到纺织循环区内，但是将来 E 镇区没有染厂、涂层厂空气会改善吗？不见得，因为还有周边镇区这些染厂、涂层厂的空气污染过来，以前镇区到 E 镇汽车站甚至到知音酒店，空气中一股刺鼻的味道从北面污染而来，就是到盛洋物流中心也有一股味道，只因为平望到 E 镇平盛路、平望南面也有大量的染厂、涂层厂、复合厂存在，如没有加强管理，将来北风一吹，E 镇区还是有空气被污染，老百姓反映举报，E 镇没权管，平望领导闻不到，所以本人建议 E 镇纺织循环还应该由区政府管理，把近 E 镇周边镇区这些染厂、

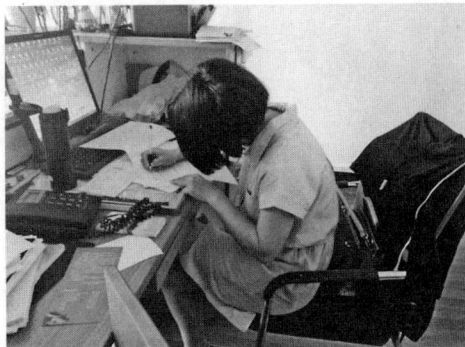

图 3-2-2-11　社会公众填写调查问卷

涂层厂企业一起集中搬到纺织循环区,这样 E 镇空气有可能会有大的改变,平望镇也可以把这些空置厂房的土地拍卖搞房产,把平盛路交通环境整治一下,马路拓拓宽,也就是大家一举两得!"8 位网友跟帖表示"顶"或其他称赞之意,只有一位"zzz1122"的网友发出两帖表示质疑:"搬到南麻? 南麻人不是人? 铜罗人不是人? 凭什么不污染 E 镇而污染铜罗、南麻?""那其他周边的怎么办? 铜罗的 K 村跟 Z 村一河之隔……桥南跟 Z 村直接接壤? 这种规划根本不合理! E 镇人金贵一点吗?"

已有的网上讨论显示,公众对 W 纺织循环经济产业园项目总体上持赞同和支持之意。

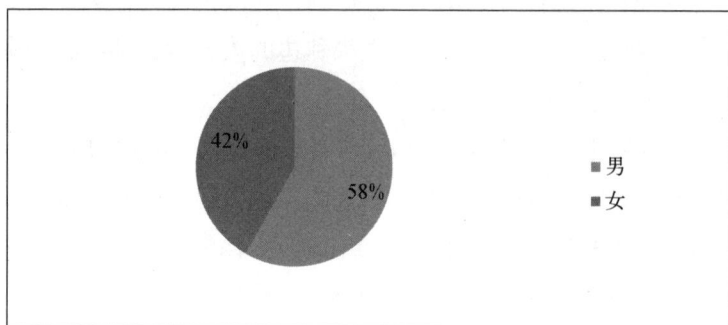

图 3-2-2-12　调查样本性别分布比例图

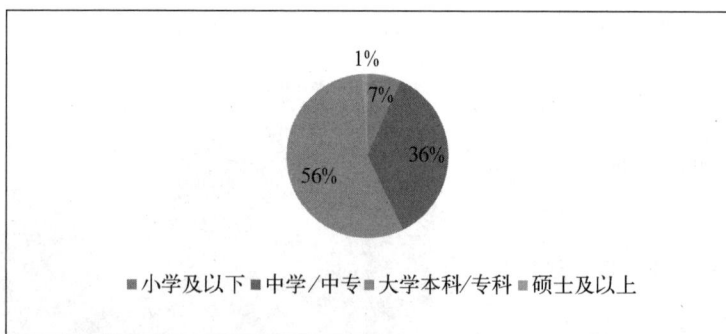

图 3-2-2-13　调查样本受教育程度分布比例图

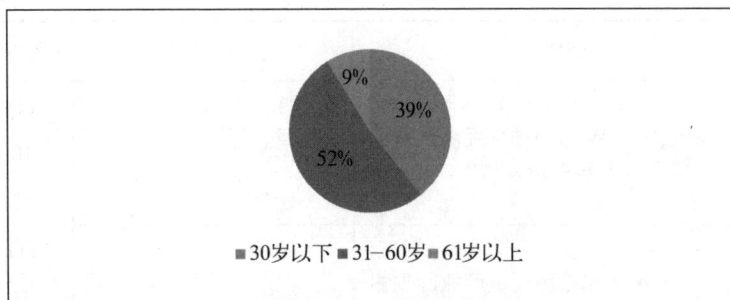

图 3-2-2-14　调查样本年龄分布比例

表 3-2-2-8　受访人员基本信息汇总

性别	男	95
	女	68
教育程度	小学及以下	12
	中学/中专	64
	大学本科/专科	100
	硕士及以上	2
年龄	30 岁以下	67
	31—60 岁	89
	61 岁以上	15

表 3-2-2-9　公众问卷调查结果统计一览表

问题	选项	结果
1. 您了解印染企业对于 E 镇经济发展的作用吗?	A. 比较了解	52
	B. 有点了解	90
	C. 不了解	40
2. 您是否认为"将分散的印染企业集中迁入园区有利于保护环境"?	A. 有利于保护环境	120
	B. 不利于保护环境	8
	C. 迁与不迁差不多	4
	D. 不清楚	50

问题	选项	结果
3. 您是否认为 W 纺织循环经济产业园项目能够促进 E 镇经济发展？	A. 能	145
	B. 不能	10
	C. 不清楚	27
4. 您认为 W 纺织循环经济产业园项目跟您有关系吗？	A. 有	111
	B. 没有	34
	C. 说不清	37
5. W 纺织循环经济产业园项目建设和运营对部分居民有一些影响，可能产生一些矛盾，您认为应如何解决？（多选）	A. 停止项目建设	15
	B. 加强管理，尽量避免不利影响	143
	C. 给予受影响居民合理补偿	80
	D. 为了整体利益，受影响居民可以做一点牺牲	7
6. 您对 W 纺织循环经济产业园项目的态度是？	A. 支持	159
	B. 不支持	4
	C. 无所谓	19

2. 专业人士意见

评估团队成员走访了南京大学、江苏省环科院、江苏省纺织工业设计研究院的公共政策、国土管理、环境科学、法律、纺织产业等领域的专家学者，听取了他们对于该项目建设的意见和建议。这些专业人士认为，拟建园区项目在技术上、经济上是可行的，整体上利于经济发展和生态保护，符合公共利益和公众意愿，在项目推进过程中，要与公众多沟通，进行充分的政策解释和舆论引导，协调好相关利益群体的关系，特别注意照顾弱势群体的利益，关注特殊群体的心理和行为取向，项目决策在程序和方式上要合法合规。

评估团队成员访谈了江苏省人大常委会法制工作委员会、环境资源城乡建设委员会以及江苏省发改委、经信委、环保厅、国土厅、水利厅、省政府法制办等部门相关工作人员、专业人士。这些政府实务部门的工作人员和专业人士认为,拟建园区项目如能按照规划实施,对于E镇和W的经济转型升级和生态环境保护会有促进作用,但是项目所在地属于生态环境敏感区,项目建设可能对整个太湖水域具有实际影响和溢出效应,项目完全实施目前还有法律障碍,所以整体项目推进需循序渐进、合法合规。

3. 媒体舆论导向

自2014年5月W区人民政府同意成立E镇地区纺织产业循环经济示范区以后,W当地的《W日报》、"W新闻网"以及区、镇政府网站对拟建园区的项目概况、推进工作等做了持续报道,"新华网""搜狐网"等网络媒体做了多次转载报道。

2015年7月10日,《新华日报》"W专版"对W纺织循环经济产业园做了相关介绍,随后,"中国江苏网""凤凰网""和讯网""全球纺织网"等网络媒体转载报道。

2016年10月,W区人民政府在上海举办"W高新区(E镇)纺织产业转型升级上海说明会",对W纺织循环经济产业园项目进行的推介,《文汇报》、"中国纺织网"、"中华建材网"等媒体做了报道。

2017年5月18日,中共W区委、W区人民政府在深圳举办"S市W区(深圳)创新驱动投资说明会","W纺织循环经济产业园"作为创新创业平台之一对外做了推介。《人民日报》《深圳特区报》《深圳晚报》以及"中国经济导报网""中国发展网"等媒体做了报道。

2017年7月3日,人民日报社主管主办的《中国经济周刊》(2017年第26期)以"江苏E镇:全球纺织业生产基地陷入'治污怪圈'"为题,对W纺织循环经济产业园项目的出台背景、推进障碍及突破途径做了较为全面的介绍和颇为深入的分析,"新浪网""搜狐网""和讯网"等多家门户网站做了转载。

截至目前,各类媒体关于"W纺织循环经济产业园项目"的报道和分析,多为说明和推介,尚无负面的报道和评论。

（六）同类项目的社会稳定风险情况

浙江与江苏同为国内纺织印染产业的重镇，整合印染企业集中入园方面，浙江也走在了江苏的前面，因此来自浙江的经验与教训可以为产业园项目的推进提供相应的参考。

图 3‑2‑2‑15　浙江省柯桥区滨海工业园

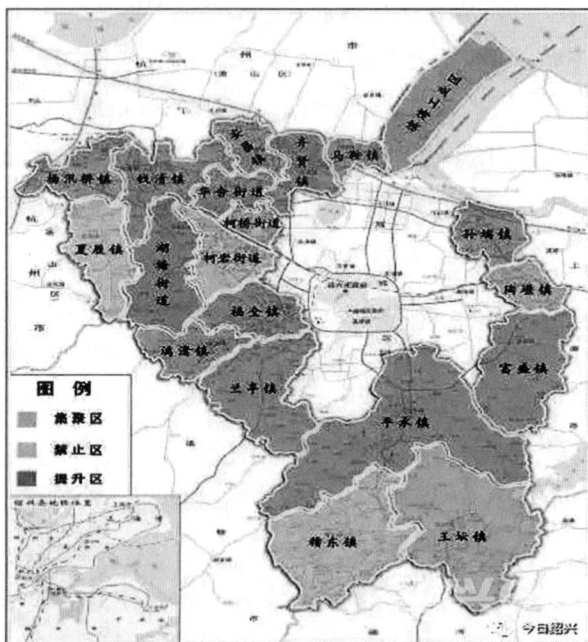

图 3‑2‑2‑16　浙江省柯桥区印染产业布局

浙江省绍兴市印染企业密集,滨海工业园是绍兴规模最大的纺织印染工业园区,于2002年6月挂牌成立。从2010年6月开始按照整治、淘汰、集聚、提升的思路,将80%以上的印染产能集聚到滨海工业区并按统一的标准严格提档升级,环境质量得到明显改善,成为浙江省印染产业转型升级试点区。依据官方公布的数据,2017年2月,印染集聚区已有52个项目建成投产。按照计划,到2020年,柯桥区印染企业全部集聚滨海工业园。

浙江占据了中国印染业半壁江山,而过于密集的印染工业园里流出的污水,也在逐渐侵蚀附近居民的生活。公众环境研究中心(IPE)主任马军认为,集中处理的技术和能力都不是万能的,责任不清导致对预处理缺乏有效的监督管理,进而导致污水排放超过污水厂的处理能力,实际上带来的是污染集中排放、环境集中污染。作为浙江省最集中的两个纺织工业园区之一,绍兴县滨海工业区与杭州市萧山临江工业园的污水最终都汇入杭州湾。根据《2016年中国近岸海域环境质量公报》,中国9个重要海湾中,杭州湾水质极差,属于劣四类海水,富营养化状态严重。浙江省环保厅表示,将深入实施《浙江近岸海域污染防治规划》,结合浙江开展的"五水共治",强化陆海统筹,进一步加强对重污染行业,特别是重污染企业整治,削减陆源污染物排放量,以减少对海洋环境的负面影响,同时加大对违法行为的打击力度,遏制海洋环境持续恶化的势头。

污泥是印染产业生产过程中另一大污染物。2014年,绍兴市柯桥区人民法院曾审理了一起轰动一时的印染污泥偷倒案,涉案的两名被告在从2012年8月至2013年9月共非法倾倒印染污泥2500多吨,非法获利35万多元。印染污泥中包含了铅、汞、铬、镉等重金属,随意倾倒对水体安全和人民生活都会造成严重威胁。绍兴市环保局起草制定了《绍兴市区工业污泥清运处置管理暂行办法》,于2013年9月10日起正式实施。同步配套出台了《绍兴市区工业污泥清运处置管理暂行办法实施细则》,对污泥产生、清运和处置单位等做了明确规定,以进一步规范污泥处置行为。为了防止半路偷倒污泥的情况发生，采取了类似建筑泥浆管理的"四联单"制度。每张污泥利用处置转移联单上都写有产生企业名称、运输企业名称、运输数量等信息，并一式四份，分别给印染企业、运输公司、环保部门和处置单位。除此以外还在每辆工业污泥清运车都配备了 GPS 导航系统，保证监管人员可以清楚地了解车辆的运行轨迹，确保车辆不在半途偷倒污泥。

除污水排放带来的环境污染以外，一些意外事故也让村民们叫苦不迭。2012 年 5 月 8 日，滨海工业园内一家印染厂发生管道爆裂，绍兴新二村一条贯穿全村的三四百米长的河流瞬间被染成了红色的"血河"，持续了两天才褪了颜色。村民说，"把脚伸到河里洗洗，回家后脚上就发出一颗一颗的东西"，"家里种的菜，倒贴钱我也不吃"。

位于浙江绍兴的三江村，原是一个有着 600 多年历史的古村，从江南水乡到不断陷入工厂的包围，三江村的消失，只用了短短十几年时间。它生命的最后一段日子，是在污染中度过的。2000 年 8 月，绍兴成立袍江工业园，三江村被纳入规划。各类工厂蜂拥而入，到 2010 年时，入驻工业园区的各类企业已多达 3800 余家。2011 年，村里因癌症过世的人突然之间增多，百年古村变成了当地人口耳相传的"癌症村"。2014 年，绍兴市环保局对袍江的环保评估是："袍江的污染物排放总量约占绍兴全市本级的 70%，是全市平均水平的 7 倍以上。"而三江村，正好坐落在这些重污染企业的中间。同年，在三江村村民强烈要求下，袍江开发区正式启动三江村旧村改造，袍江管委会表示，三江村拆迁是袍江实施的一项民生工程。10 月拆迁启动，截至当年 12 月底，签约率达 97% 以上。目前，签约户的房屋已基本腾空，不少三江村拆迁户已搬进新居。

产业园区建设与群众联系最紧密，也最容易引发社会稳定风险的就是环境保护的问题，一方面经济要发展，一方面环保工作也不能掉以轻心，2016 年 2 月 7 日，柯桥区实施"亮剑"行动，查处了印染企业在安全生产、环境污染、违章搭建、现场管理等方面存在的隐患和问题，首批 64 家企业被实施停产整治。随后，绍兴袍江经济技术开发区开展"清风"行动,对辖区内46家印染企业实施地毯式检查,又有10家印染厂关停整治。集中式的整治虽能治理一时的环境污染,缓解一时之间的民意之急,但如何从根源上避免这类状况的发生,才是政府和企业所考虑的问题。

滨海工业园项目实施以来,绍兴纺织产业实现了集聚、提升和减污、降耗,经济效益和生态效益较为明显;另一方面,偷排漏排污水、非法倾倒污泥以及相关法律诉讼等事件虽时有发生,但由此而起的大的群体性突发事件和个体极端事件却未发生,相对以往,印染行业引发的社会矛盾大大减少。

第三章　风险识别

一、识别内容与方法

风险识别是围绕项目建设和运行是否可能使群众的合法权益遭受损害,从项目建设生命周期内可能对外产生的负面影响,以及项目与当地经济社会的相互适应性等方面,全面识别、分析判断项目建设和运行可能诱发的社会矛盾和社会稳定风险事件,其最终目的是通过衡量风险的大小从而针对风险选择最佳的风险处置措施和方案。

风险识别一般可选用对照表法、专家调查法以及访谈法、实地观察法、案例参照法、项目类比法等方法。在本项目中,稳评小组根据项目工程的特点和具体的情况,先后采用实地观察法、调查问卷、走访访谈、座谈会以及对照表法进行风险因素的识别。

二、主要风险因素分析

(一)项目决策与审批阶段的风险

1. 项目合法性方面的风险

印染行业在E镇整个纺织产业中的占比约为10%,全镇目前共有24家(F集团及其分厂计为一家)印染企业,年生产能力约30亿米。2013年，W区政府在《关于进一步提升发展全区纺织产业的实施意见》(吴政发〔2013〕206号)中提出了"打破产业发展瓶颈，建设印染产业循环经济试验区"的相关要求，并明确"力争用三年时间将E镇主城区范围内不适应城镇发展规划、存在严重环保风险的印染企业进行整体搬迁改造"。2014年，经S市W区人民政府同意(吴政发〔2014〕70号)，E镇拟定址Z村，规划建设"E镇地区纺织行业循环经济示范区"(后更名为"W纺织循环经济产业园")，将现有印染企业集中搬迁入园，通过集中规划布局、高门槛准入、高标准建设、基础设施共建共享、污染物集中治理等措施，实现E镇印染行业的转型升级。然而，受太湖蓝藻事件影响，江苏省十届人大常委会于2007年9月27日修订通过了《江苏省太湖水污染防治条例》并于次年6月起实施。该《条例》第四十五条规定，太湖流域一、二、三级保护区禁止"新建、改建、扩建化学制浆造纸、制革、酿造、染料、印染、电镀以及其他排放含磷、氮等污染物的企业和项目"。依据2012年省政府办公厅公布的《太湖流域三级保护区范围的通知》，S市全部行政区域均在太湖流域三级保护区之中。根据一般理解，印染企业搬迁入园，并进行转型升级，即使不是"新建""扩建"，也应属于"改建"之列。所以，产业园项目设立的初衷是实现纺织产业集聚发展，淘汰落后产能，减少环境污染，但是受《条例》中"禁止新建、改建、扩建"有关现行规定的制约，产业园项目无法继续推进，虽然项目的总体规划水资源论证报告通过了江苏省水利厅的审查，但项目环评却未被省环保厅受理。

在《江苏省太湖水污染防治条例》第四十五条规定修改(增加"除外"情形)或"W纺织循环经济产业园"项目获准试行之前，若按产业园相关规划实施印染企业搬迁入园计划，可能引发以下风险：

(1)对其他产业和其他地区产生负面示范效应，进而引发种种风险和危机。若是E镇印染产业破规"改建"，《条例》第四十五条禁止的化学制浆造纸、制革、酿造、染料、印染、电镀及其他排放含磷、氮等污染物的企业和项目可能纷纷效仿"改建"，太湖流域其他地方也会起而效仿，由于没有统一的"改建"标准和要求，结果势必良莠不齐，极易产生污染事件。太湖流域生态环境脆弱，经济、文化发达，人口密集，公众权利意识和行动能力较强，稍有不慎，环境污染就会变成生态危机，进而引发严重的社会危机和政治风险，再次上演"太湖蓝藻事件"。

（2）成为某些组织、企业和民众批评、指控政府的一份证据或"把柄"，进而引发种种风险。虽然拟建园区项目总体上利于E镇和W的经济发展和生态保护，但是对于园区周边居民和单位来说始终存在一些隐患，也确有民众认为"将印染企业集中入园，其他地方是好了，但园区周围村子却糟了"。对拟建园区项目持反对意见，或项目推进过程中要求未能满足，以及因其他原因而对政府心怀不满的组织、企业、民众可能利用政府这一"违法行为"，或诉诸法庭，或通过媒体，对政府提出控告或批评，从而产生法律风险，在政府公信不足的现实情境下也极易引发舆情风暴。

（3）在越发强调依法治国、依法行政的背景下，这种明显的违反地方性法规的"违法行为"，极易导致对相关政府领导的严厉问责。

2. 园区规划方案方面的风险

根据W纺织循环经济产业园项目的特点以及园区所在区域的自然社会状况，园区规划方案中颇受关注的主要为项目选址、空间布局、入河排污口设置和准入标准四个方面。

（1）园区选址方面

如前文所述，拟建园区选址在E镇西南的规划工业区，属于待开发地区，地势平坦、开阔，离城区较远，居民点少，周边2公里范围内亦无学校、医院等敏感点。污水经处理后排放去向与原污水厂排放方向一致，即排入澜溪塘，向北流到平望，折向东流到运河，最终向南流入浙江。从E镇全局着眼较为理想，也得到绝大多数E镇民众认可、支持，同时也有少数周边居民表示疑虑，但并无强烈反对之意。产业园选址不占用生态红线区域，与生态红线区域保护规划相协调；不在太湖岸线周边5公里范围内，也不涉及入湖河道，规划污控措施和项目准入条件与太湖流域管理条例、太湖流域水环境综合治理总体方案、W环境保护"十三五"规划总体相符，符合S市W区E镇总体规划。

总体而言,拟建园区选址风险较小。

(2) 功能配置和空间布局方面

产业园总体布局分工业生产区、职工生活区、市政配套区三片(见图 3-2-3-1),各片区规划方案如下:

① 工业生产区

结合 E 镇地区纺织业产业升级和结构调整,打造以染整产业为主导核心、上下游产业之间协调发展的纺织产业。按照"染整产业着力做强、织造产业着力做专、服装家纺产业着力做精"的原则,配置和引导园区产业链,规划建设印染、纺织等主体功能区。规划工业用地总面积为 141.33 公顷,占规划建设用地的 60.96%,其中,纺织、印染企业用地面积 121.49 公顷,燃机热电厂用地 19.84 公顷;规划物流存储用地 2.68 公顷,占规划建设用地 1.15%。

② 职工生活区

为投资者、职工提供良好的工作环境和生活环境,配套生活区、商业服务机构设施等体现城镇化特征的基础设施。"高起点、高标准"规划是工业园区建设中的一大特色。由于产业园与 E 镇区相互融合,各种生活需要等配套服务设施的建设应与镇区进行有机整合、资源共享。产业园总人口 1.3 万人,规划居住用地面积 5.94 公顷,占规划建设用地的 2.56%;规划商业服务业设施用地面积 1.69 公顷,占规划建设用地的 0.73%。

③ 市政配套区

完善给排水、供热、供电、供气、道路、通信、环境保护等基础设施建设,提高产业园项目承载能力。按照绿色、低碳、循环发展的要求规划和建设产业园的环保设施,采用低废或无废工艺、高效低耗型的先进设备以及完善的管理措施,最大限度地减少污染物排放,确保从源头削减废水、废气等污染物产生量。对区内企业的生产污水采取统一收集、集中治理的方案,同时要求企业提高中水回用率,降低单位产品的用水消耗。规划公用设施用地总面积为 16.07 公顷,占规划建设用地的 6.93%;规划道路与交通设施用地 30.00 公顷,占规划建设用地的 12.94%,其中城市道路用地 29.51 公顷、社会停车场用地 0.49 公顷;规划绿化广场用地 34.12 公顷,占规划建设用地的 14.72%。

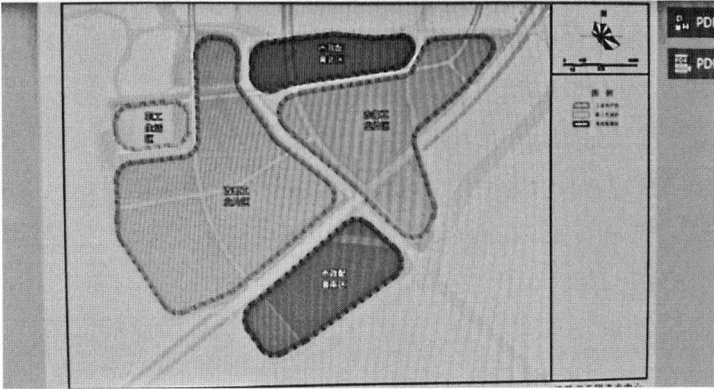

图 3-2-3-1　W 纺织循环经济产业园功能区规划

表 3-2-3-1　规划用地汇总表

用地性质			用地面积（公顷）			占建设用地比例（%）		
工业生产区	工业生产		144.01		141.33	60.96		62.12
	物流存储				2.68	1.15		
市政配套区	公用设施	供应设施	80.19	16.07	3.96	1.71	6.93	34.59
		环境设施			12.11	5.22		
	道路与交通设施	城市道路		30.00	29.51	12.73	12.94	
		社会停车场			0.49	0.21		
	绿化广场			34.12		14.72		
职工生活区	居住		7.63		5.94	2.56		3.29
	商业服务设施				1.69	0.73		
建设用地总计			231.83			100		
水域及其他			17.65			—		
规划用地总计			249.48			—		

园区空间布局体现了土地集约利用、人工开发与生态环境相融合原则：第一，园区内部生产、管理、生活等功能较为完备，相关实施较为齐全。第二，职工生活区设置于上风向的园区东北角，既可减少区内企业废气污染物排放对职工生活的影响，也可在产业园生产区与 T 镇 K 村居民区之间增设一道隔离带，同时还可以让园区职工、周边居民共享彼此设施和资源。第三，燃机热电厂位于 205 县道以南、京杭运河以北的园区南部。热电厂采用天然气为燃料，主要大气污染物是氮氧化物；拟采用干式低氮燃烧器，类比同类项目烟气中氮氧化物浓度控制在 49.2 mg/m³ 或更低，可满足《火电厂大气污染物排放标准》(GB13223—2011)中的特别排放限值(50 mg/m³)要求。这样，在产业园纺织、印染生产区与浙江嘉兴 Q 村居民区之间也增设了一道隔离带，减少了园区废气废水对周边居民的影响和可能的省际纠纷。第四，污水处理厂设于园区北侧中部偏东位置，其北为新兴产业园区，为周边居民区的最大距离，处理后的废水经管网排入澜溪塘，远离江浙边界，避免倒流对边界水质的影响和省界水事纠纷。第五，园区周界设置 50 m 以上大气环境防护距离，工业企业厂界与外部交界处设置 10—20 m 的防护绿带，以减少园区对周边居民、企业对外界的影响。第六，基础设施建设方案，特别是给水管道、回用水管道、污水管道、雨水管道、供热管道、燃气管道、电力电缆沟、通信管线、路灯线路等各类的路线设计和管体规格等符合要求，较为合理。

总体来看，拟建园区的功能配置和空间布局比较合理，座谈和访谈中，周边居民和入园企业基本认可，若能按照规划实施，不会产生社会稳定风险。

(3) 尾水入河排污口设置方面

根据规划，入河排污口设置在澜溪塘(四亭子交叉口)北侧约 500 m 处，铺设管道约 4.3 km。排放口位置为苏盛热电预留用地，尾水正常排放污染物浓度增量区域内无敏感取水户和居民集中居住区。

根据规划和预测，园区污水厂总规模 10 万 t/d，一期规模 2.5 万 t/d。对照《江苏省地表水(环境)功能区划》，受纳水域为澜溪塘 W 工业、农业用水区,该段水功能区上游自坛丘秀才浜,下游至平望与E镇界,长9.5km。

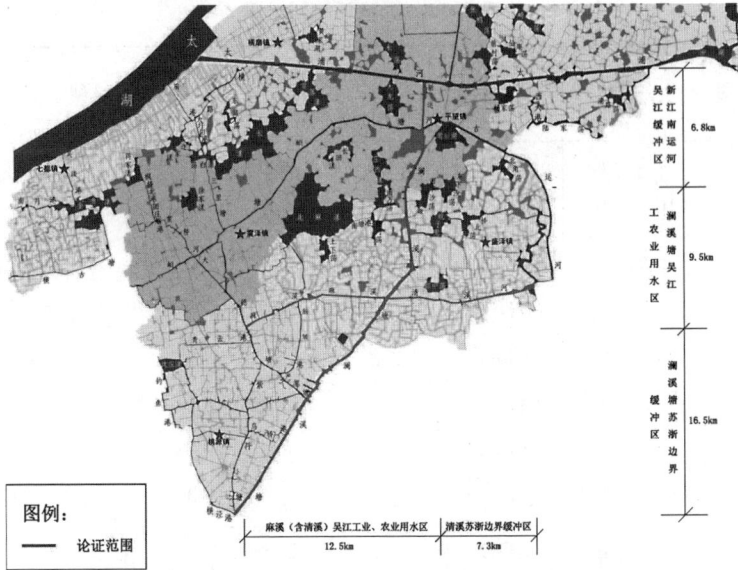

图例:
—— 论证范围

图3-2-3-2 入河排污口设置

① 入河排污口设置对第三者的影响

第一,对水功能区的影响。

根据《S市河网水系总体规划报告》中澜溪塘主导功能为防洪、排涝、航行、排水。在《江苏省地表水(环境)功能区划》中,排污口所在河段为澜溪塘W工业、农业用水区。本项目尾水排入澜溪塘对其主导功能影响较小。

根据尾水排放的影响预测分析,园区污水处理厂尾水正常排放澜溪塘顺流时,总规模(10万t/d)时,污染物增量最大影响距离为下游3532m左右,近期规模(5万t/d)时,污染物增量最大影响距离为下游1847m左右,一期规模(2.5万t/d)时,污染物增量最大影响距离为下游945m左右,增量影响范围仅局限于本水功能区范围内,均不会影响到下一个水功能区新江南运河W缓冲区的水质类别。而且由于园区项目的建设,南霄污水处理厂减少了3万t/d处理规模,排污规模相应减少,因此南霄污水厂排污对本功能区和下游功能区影响均要相对减小。

表3-2　影响预测统计表

流向	规模	预测指标	影响距离(m)		相对位置
			正常排放	事故排放	
顺流	总规模 (10万 t/d)	COD	728	26209	(1)排污口下游 3.9 km口门为乌桥港 口门 (2)排污口下游 6.4 km为新江南运河 W缓冲区 (3)排污口下游 13.2 km为太浦河
		NH_3-N	3249	3249	
	近期规模 (5万 t/d)	COD	378	17472	
		NH_3-N	1721	1721	
	一期规模 (2.5万 t/d)	COD	192	10717	
		NH_3-N	887	887	
逆流	总规模 (10万 t/d)	COD	777	28684	(1)排污口上游 3.1 km处为澜溪塘苏 浙边界缓冲区 (2)排污口上游 3.4 km处为苏浙交界 (3)排污口上游 5.2 km处为湖店省界 水质自动监测站
		NH_3-N	3478	3478	
	近期规模 (5万 t/d)	COD	403	18980	
		NH_3-N	1837	1837	
	一期规模 (2.5万 t/d)	COD	205	11560	
		NH_3-N	945	945	

在特殊水情下,澜溪塘也会发生倒流,如太浦河泄洪、局部暴雨等情况会发生倒流,但概率较小。在澜溪塘逆流时,一期规模(2.5万 t/d)或近期规模(5万 t/d)运行,污染物浓度增量影响局限于本功能区,不影响下游澜溪塘苏浙边界缓冲区水质,当总规模达到10万 t/d时,COD浓度增量基本能在本功能区范围内得到削减,NH_3-N尚有0.02 mg/L浓度增量,增量较小,未改变下游水功能区现状水质类别。由于本工程收集废污水中生活污水比例较小,与工业废水混合后,NH_3-N出水浓度也会降低,实际出水水质会低于设计出水水质,因此 NH_3-N实际影响小于预测影响。

第二,对省界断面的影响。

对双林港省界断面的影响。澜溪塘乌桥港口门下游9.2 km处

(与大运河交汇处)设有双桥桥省界断面,本项目排污口位置距乌桥港口门约3.9 km。本项目尾水正常排放,总规模运行,澜溪塘顺流时,污染物增量最大影响距离为下游3249 m左右,详见表3-2-3-2,污染物浓度增量未到达乌桥港口门,因此正常排放不会给双林港省界断面带来水质影响。

对湖店省界自动监测站的影响。澜溪塘苏浙交界位置位于本项目上游约3.4 km湖店省界自动监测站位于本项目上游约5.2 km。本项目尾水正常排放,总规模运行,澜溪塘逆流时,污染物增量最大影响距离为下游3478 m左右,详见表3-2-3-2,污染物浓度增量到达江浙边界基本已消除,更不会影响到湖店省界自动监测站的水质。

第三,对太浦河水质的影响。

从表3-2-3-2影响预测结果可以看出,尾水正常排放对太浦河水质无影响。

第四,对工业、农业影响。

经调查,在污染物增量影响范围内,主要的工业取水户有苏盛热电、F热电、F化纤、新民印染、旺申印染和F集团三分公司,这些企业针对澜溪塘水质现状设置了净水装置,园区项目尾水正常排放与澜溪塘水质混合后,未改变澜溪塘水质类别,因此园区项目排污口设置对污染物增量范围内的工业用水户不会造成不利影响。

除工业用水户外尚有少量的农业用水,而农业用水对水质的要求不高,根据《农田灌溉水质标准》GB5084—2005的规定,在水作时$BOD_5 \leqslant 60$ mg/L,$COD \leqslant 150$ mg/L。入河排污口设置后,据预测水体的上述两个指标都不会超过上述标准,因此入河排污口的设置对第三者农业用水也不会造成不利影响。

但是,当污水厂出现事故排放时,污染物浓度增量影响很难消除,因此必须杜绝事故排放。为预防突发环境事件,E镇水处理公司制订了《W市E镇水处理发展有限公司突发环境事件应急预案》。本项目调节池在出现事故时可临时作为事故应急池,近期工程共建设了 2 个污水调节池，每个池的容积为 25000 m³，合计为 50000 m³。如果某一组污水处理设施发生故障，先将污水导入池内，如果短时期不能恢复运行，立即通知有关印染厂停止生产，保证不发生事故排放。

根据上述分析，项目尾水排放对澜溪塘水功能区的水质影响有限，对第三者的影响也较小，对太浦河清水走廊没有影响，对双林港省界断面水质无影响，对苏浙边界缓冲区水质基本无影响，对湖店省界自动监测站水质无影响。但必须杜绝事故排放。

正常情况下，尾水入河排污口设置不会产生社会稳定风险。

（4）企业准入方面

如前文所述，拟建园区企业准入标准和条件合理、可行。

总体而言，拟建园区规划方案较为合理。但是，在项目推进过程中，有关部门与相关利益群体的沟通、解释不够充分，导致一些误解甚至抵触情绪。在调研过程中，拟建园区周边居民对要建"W 纺织循环经济产业园"的事基本了解，但对园区的空间布局和建设方案却不很清楚，座谈和访谈中，几乎所有人都会说："厂区离我们到底多远？能不能画个图给我们看看？""园区怎么减少污染？怎么让我们不受伤害？""如果园区对我们没什么危害，我们不会反对，否则肯定不行。"在评估小组对规划方案做了介绍以后，调查对象除对"以后能不能做到"存有疑虑之外，对项目本身基本表示认可。问卷调查结果也显示，23.56% 的调查对象对于"将分散的印染企业集中迁入园区是否有利于保护环境"这一问题表示"不清楚"，有 14.9% 的调查对象认为"迁与不迁差不多"。在与入园企业的座谈和访谈中，多位企业主或代表提到："对入园的具体标准和要求不清楚"，"政府在制定规划和政策过程中，要与企业多沟通"，"厂房等的设计要符合纺织和印染企业的特点，比如，'建设 4 层厂房，1—2 层为生产厂房，3 层为仓库，4 层为办公用房'，这一设计恐怕就不利于消防"。问卷调查结果显示，20 位调查对象中有 14 位对政府关于入园企业的具体要求和相关政策表示"不了解"。

所以，虽然园区规划方案本身合理、可行，但如果缺乏必要的沟通和解释，引起园区周边居民和搬迁入园企业的误解甚至抵触，在园区项目施工时，部分居民可能以投诉、现场设障等方式阻止园区建设，在园区建设完成后，部分印染企业也有可能拒绝搬迁入园；若能及时、充分沟通和解释，这些抵触行为基本可以消除。

（二）项目前期准备阶段的风险

1. 征地拆迁安置方面的风险

依据产业园规划，项目建设只涉及E镇Z村一个行政村部分村民和企业的土地征收与拆迁安置工作，具体包括436户、47家家庭作坊与5家企业。据E镇动迁办公室统计，自2016年7月启动以来，征地拆迁工作总体进展比较顺利，截止到2017年7月19日，已有330户村民、32家家庭作坊签署了拆迁协议，剩余106户人家、15家家庭作坊与5家企业未签协议。

征地拆迁安置居民的利益关切和主要诉求基本集中在社会保障、拆迁安置、经济补偿、适用对象、政策执行等几个方面。

第一，关于社会保障。

分别已于2014年12月1日起施行的《S市W区征地补偿和被征地农民社会保障办法（暂行）》、2015年2月1日起施行的《S市W区征地补偿和被征地农民社会保障实施细则》明确规定：以征地补偿安置方案批准之日为界限，将被征地农民划分16周岁以下（未成年年龄段）、16周岁以上至60周岁（劳动年龄段）、60周岁以上（养老年龄段）三个年龄段，"未成年年龄段被征地农民领取生活补助费后，不再作为被征地农民参加城乡社会养老保险"；"劳动年龄段被征地农民按照不低于本区上年度农民人均纯收入20%（按月折算）的1.1倍乘以139计算，养老年龄段被征地农民按照不低于本区上年度农民人均纯收入20%（按月折算）的1.1倍乘以240计算"。"劳动年龄段被征地农民在用人单位就业的，应当参加职工基本养老保险；从事非全日制工作或者自由职业（灵活就业）的，可以按照灵活就业人员的规定参加企业职工基本养老保险；劳动年龄段被征地农民因家庭经济情况困难等原因，依申请经核实，可以选择参加居民社会养老保险。劳动年龄段被征地农民符合按月领取养老金条件时，个人分账户资金仍有余额的，一次性支付给本人。""养老年龄段被征地农民从征地补偿安置方案批准次月起，按照不低于我区上年度农民人均纯收入20%（按月折算）的1.1倍按月领取养老补助金。""劳动年龄段被征地农民中征地补偿安置方案批准之日女性年满55周岁，已享受居民养老保险待遇，且未选择纳入企业职工基本养老保险的，可以按月领取养老补助金；选择纳入企业职工基本养老保险且补足15年缴费年限的，从补缴资金到账次月起享受企业退休人员基本养老待遇。"《办法》和《细则》同时规定，被征地农民享受职工医疗保险或居民医疗保险待遇，享受城乡统一公共就业服务和就业扶持政策以及失业保险待遇。

按照规定，2015年来，W区先后三次调整了被征地农民的相关补助标准，2017年7月1日起的标准为：未成年年龄段的被征地农民一次性领取生活补助费标准为2.2万元/人，劳动年龄段被征地农民和养老年龄段被征地农民社会保障资金以2016年W区农村常住居民人均可支配收入（27448.2元）20%（按月折算为457元）计算确定，农民养老补助金标准，调整为630元/月，符合《关于W市已被征地人员基本生活保障的意见（试行）》（吴政发〔2004〕33号）规定的实施货币安置已被征地人员保障待遇分别调整为610元/月和590元/月。

调研中，被征地村民除了希望尽快办妥相关手续，对目前的社会保障政策是比较满意的，并不担心被征地以后的基本生存和生活保障问题。

第二，关于拆迁安置。

根据2015年1月1日起实施的《W区集体土地住宅房屋拆迁补偿安置办法（试行）》规定，拆迁安置主要采取自建住宅房屋、货币补偿安置、产权调换安置三种方式，对于60周岁以上无子女的老龄人，无能力购房的，由政府给予妥善安置或由拆迁人提供不大于60平方米房屋供其居住使用。

2015年7月16日起实施的《E镇集体土地住宅房屋拆迁补偿安

置暂行办法》规定："城镇规划区、产业发展规划区不分内外所有因为项目建设需要实施拆迁的，原则上不再安排宅基地建房，实行货币补偿安置获定销公寓房安置。"2016年开始实施的《E镇公寓房安置实施细则》对安置对象、安置面积、安置程序、配套规定等做了详细、具体的规定。对于W纺织循环经济产业园项目项目的拆迁安置，E镇实行的是公寓房安置方式。

起初，部分拆迁村民对此并不同意，经过一年多的观望等待、比较分析，现在基本接受这种安置方式，因为：（1）拥有基本住房保障。一户中户籍在册农业人员人均不足40平方米的，按人均40平方米基准面积安置，但最高不得超过280平方米；一人户可按75平方米基准面积安置，二人户可按100平方米基准面积安置，三人户可按140平方米基准面积安置；对新分出的无房户，按人均40平方米作为安置面积基准，但最高不得超过160平方米。（2）公寓房便于交易，能够产生良好经济效益。拆迁户大多可以分得两套以上公寓房，除了可以满足居住需要，也可通过出租、出售等方式获取经济效益，更换、改善起来也较方便，而宅基地建房基本只有居住功能；（3）现在的公寓安置房的建筑质量、户型设计和小区环境比起以往有明显改进，入住以后舒适、方便；（4）相对自建住房，公寓房省时省力许多；（5）政策统一，等待无望，加之实施拆迁以来，居住环境已极为不便，转而希望早签早搬。

第三，关于经济补偿。

征地补偿。W区《征地补偿和被征地农民社会保障办法（暂行）》《征地补偿和被征地农民社会保障实施细则》规定："征收农用地的土地补偿费标准为24000元/亩。征收建设用地的土地补偿费按照征收农用地土地补偿费计算，但建设用地上房屋补偿土地使用权价值的，视同为已补偿土地补偿费。征收未利用地的土地补偿费按照征收农用地土地补偿费的0.5倍计算。""被征地农民的安置补助费标准为26000元/人。"同时，对青苗补偿的标准、种类、方式等做了具体规定。调研中，村民对征地补偿几无异议。一是因为，补偿标准符合中央和省市的法律法规,方式方法较为合理;二是因为,人均土地很少,农业收入早非一般村民的主要家庭收入来源。

拆迁补偿。《E镇农村居民房屋拆迁补偿安置办法(暂行)》规定了"房屋拆迁各类补偿标准和计算方法:(1)房屋重置评估价。按S市城镇房屋重置价结合成新的评估单价×合法建筑面积。(2)房屋装修评估值。按市场化评估结合成新计算。(3)附属物补偿。按市场化评估值进行补偿。(4)辅助补贴。(5)房屋区位补偿。720元/平方米×房屋安置基准面积。(6)购房补偿。250元/平方米×房屋安置基准面积。(7)拆迁奖励金。按时签订拆迁协议的,给予100元/平方米×房屋安置基准面积的奖励;按时搬迁的,给予每户10000元的奖励。因项目建设需要,拆迁奖励可以有项目动迁方案另行规定。"规定可谓周全、细致、合理,拟建园区项目房屋重置评估价为877元/平方米,在S市同类地区中已属最高。

调研中,无人对征地拆迁补偿的补偿标准和计算方法提出异议。

第四,关于适用对象。

《E镇公寓房安置实施细则(暂行)》规定政府定销公寓房安置对象为"拆迁区域在册农业人员(含原农村户籍的现役义务兵、在校生、服刑人员),被批准的于拆迁户",同时对"就地农转非的情况""分户和离婚人员"的具体情形及相关权利做了明确界定和细致规定,也对"本人为拆迁区域在册农业人员,但无独立合法房屋的""被拆迁人农业户籍已迁离拆迁区域,但在拆迁区域有合法房屋的"以及"非本村农业人员在动迁区域购买集体土地住宅房屋的""城镇居民在动迁区域购买集体土地住宅房屋的""本村农业人员已有一处宅基地住宅,又在动迁区域购买他人宅基地住宅的"等不同情形的补偿方式做了具体规定。可以说,拆迁补偿安置的适用对象涵盖了所有利益相关人员,且在分门别类基础上详细规定了各自权利,明确而大体合理。

第五,关于政策执行。

近年以来,在省、市相关法律法规、政策规定之外,W区政府和E镇政府先后出台《关于W市已被征地人员基本生活保障的意见(试行)》《S市W区征地补偿和被征地农民社会保障办法(暂行)》《S市W区征地补偿和被征地农民社会保障实施细则》《S市W区集体土地住宅房屋拆迁补偿安置办法》《关于农村集体土地住宅房屋建设和拆迁中农村户籍在册人员的认定意见》《E镇集体土地住宅房屋拆迁补偿安置暂行办法》《E镇公寓房安置实施细则(暂行)》《E镇农村居民房屋拆迁补偿安置办法(暂行)》等11项办法、规定,形成了较为完整的政策体系和成熟有效的实施方式。E镇政府动迁办将其集成《E镇征地拆迁便民手册》,具体政策、基本程序、实际过程基本做到公开、透明。同时,具体执行也会视农村的特殊原因和实际情况予以人性化进行。比如,关于安置面积计算,一般规定皆为"以原房屋合法建筑面积作为安置基准面积",但是,一般农村家庭都会建有各类辅房,即使主房也少有严格按照证件规定面积建造的,所以,实际面积计算基本按照"证件面积"和"证件面积以外部分"进行,在此基础上做相应补偿。访谈中,动迁办沈主任说:"各项政策非常细致、明确,并且都能公开查询,非常透明,老百姓都清楚。再说,现在各个方面都抓得很严,这项工作涉及430多户、1500多人,一旦出现问题,后果很严重。所以,大家也都不敢马虎,更不敢违法违规。"调研中,征地拆迁居民也对政策执行表示基本满意。

但是,根据调研情况及其他案例,评估小组认为,拟建园区项目的征地拆迁安置工作可能产生以下问题进而引发相应风险:

第一,个别特殊家庭,成员之间因利益纠葛和意见分歧,无法就补偿安置等达成共识,继而产生矛盾和冲突,造成身体和心灵的伤害。座谈和访谈中,Z村村民就多次提到因家庭矛盾而无法鉴定征地拆迁协议的情形。

第二,搬迁以后,少数村民应无法适应新的环境,产生各种身体、精神等问题,进而引发一些风险。部分村民,特别是一些老人、病人或有乡村情结、家园情结的等特殊群体,离开了熟悉的邻居、宗亲或喜爱的田野、树林,日常空间和活动方式陡然改变,产生一些身体和心理的种种不适,严重的会导致精神和身体的疾病,进而引发一些家庭和社会问题。

第三，拆迁致富以后，部分村民可能陷入享乐挥霍之中，甚至沾染毒、赌、黄等恶习，导致迅速返贫、疾病缠身等，从而引发一些家庭危机和社会问题。这种案例，比比皆是。

第四，实务操作过程当中，工作人员的违规、疏忽或态度、方式不当，引起征地拆迁安置民众甚至社会公众的不满，进而引发种种风险。此次征地拆迁安置工作，虽然程序、方式等规定非常细致、明确，但依然会有人为操弄空间，无法绝对避免问题产生。2016年12月31日19时32分，W新闻网"东太湖论坛"即有网友发出一帖："在E镇拆迁办选房的时候不是应该公平公正的吗？不是先签先选吗？为什么我们先选选不到的房子，后面的人家却选到了，而且拆迁办不肯给出解释呢？到底是什么原因呢？"时隔9天以后，此帖下面回复一帖："市民您好：W纺织循环经济产业园项目拆迁公寓房安置工作自2016年12月16日启动以来，严格按照先签约先选房（以交验旧房钥匙为前提）的安置原则进行安置，如有不明事宜，具体咨询E镇人民政府动迁办公室，电话63959445。"仅从舆论平复和公众知情来看，政府无论是拆迁安置还是问题处置等工作皆有明显不足。问卷调查中，就有73%的调查对象表示"房屋拆迁后担心的主要问题"是"拆迁款不能及时拿到"。

第五，无法预知的特殊情形。村庄事务、家族关系错综复杂，征地拆迁涉及村民根本利益，往往家务、公务杂糅其间，历史、现实盘根错节，无论多么周全的政策体系也都难以穷尽一切，因此，征地拆迁安置过程中，会不时出现事先无法预知的特殊情形，进而引发种种问题。

总体而言，拟建园区征地拆迁居民对补偿安置政策及其执行情况基本满意。问卷调查中，对于"为了园区建设，如果您家被列入拆迁范围，您是否愿意"这一问题，没有人选择"不愿意"；同时，村民表达意见和诉求的方式也是温和的，对于"您怎么反映您的意见和要求"这一问题，57人选择"找村里干部"，9人选择"找镇里干部"，没有人选择"找区里甚至省市领导""找媒体记者"和"其他"。相关部门及其工作人员若进一步规范操作过程,做细具体工作,征地拆迁安置方面不会引发大的社会稳定风险。

与居民类似,征地拆迁企业对于此次征地拆迁的总体政策和基本做法表示满意,可能产生的问题及风险主要在以下方面:

第一,用地指标迟迟不能落实,影响正常生产和运营,可能引起部分企业不满,导致种种抗议行为。目前,Z村拆迁范围内5家企业尚未签署征地拆迁协议。与家庭作坊不同,企业有土地证,对企业进行征地拆迁必须要有其他土地进行安置。E镇动迁办负责人表示,近几年E镇的工业用地指标较少,需要等到另一块土地征收完成之后才能给予相应安置。拆迁以后,村民陆续离开了村子,环境方面也越来越差,企业用工工方面存在困难,生产经营受到影响。与此同时,5家企业实际使用面积大多超过土地证上面积,虽然动迁办相关责任人表示届时会考虑按照实际情况进行安置,但同时表示因为指标有限,企业最终的安置面积可能缩减。若是土地指标问题久拖不决,导致企业长期无法正常生产经营甚至停产、倒闭,势必引起企业不满,可能引发上访、堵占政府大门等抗争事件,进而产生社会稳定风险。

第二,企业对于政府给予的各类搬迁费用、停产停业补贴等额度不满,进而上访、堵占政府大门等抗争,产生社会稳定风险。

第三,项目推进过程之中,企业正常生产秩序受到影响,产生安全生产事故,进而引发相应社会稳定风险。

2. 入园企业配套政策方面的风险

W区政府《关于建设E镇地区纺织行业循环经济示范区实施意见》在明确准入条件的同时,提出了相应的配套政策:

(1)搬迁补贴政策。按照有资质的中介机构出具的评估报告补贴设备、存货搬迁和停产、停业补费用,由区镇两级各半补贴。

(2)运行费用政策。① 供水:按目前价格约1元/吨,如有超过实行政府补贴。② 供汽:低压蒸汽供应价格与物价局核定的燃煤汽价等同,中压蒸汽与低压蒸汽差价约30元/吨,用汽大户继续享受优惠价格。③ 供电：管线到入区企业用地红线，争取并列入年度建设计划。④ 排污：污水管网铺设至企业用地红线，污水处理费按物价部门核定价格收取费用，预处理、中水回用费按物价部门核定成本价收取费用。

（3）设备、工艺更新补贴政策。入区企业所需淘汰印花、染缸、定型机等设备按评估报告净值补偿35%。对符合先进工艺技术、节能环保要求，按新增生产设备和生产性配套软件系统投资额由区财政给予15%贴息，一次性补偿。

（4）供地政策。按照节约利用要求对安置用地实行双控，入区企业供地按环保部门核定排污量分段计算：核定排污量2000吨/日以下，按每100吨/日供地2亩计算；核定排污量2000吨/日，按最低40亩标准供地，以下为累加计算原则；核定排污量大于2000吨/日且小于等于4000吨/日的，超过2000吨/日部分按6亩/500吨供地，不足500吨的按500吨计算；核定排污量大于4000吨/日且小于等于6000吨/日的，超过4000吨/日部分按5亩/500吨供地，不足500吨的按500吨计算；核定排污量大于6000吨/日的，超过6000吨/日部分按4亩/500吨供地，不足500吨的按500吨计算。土地出让价格按土地最低保护价挂牌取得，企业新建厂房涉及行政事业性规费予以全免，经营服务性收费予以减半。入区的印染企业自土地摘牌之日起3年内缴纳的土地使用税，区留成部分全额返还给E镇专项用于示范区建设。

（5）鼓励升级、退出、重组政策。第一，入区升级企业，原有土地根据城建规划原则上由政府全部收回，按地类认定，制定相应补偿办法。① 退二优二。政府对入区印染企业原有土地及其地面构筑物按照评估价进行补偿，或原有土地的使用按"退二优二"原则发展生产。② 退二进三。入区企业原有土地如政府规划调整为三产经营性用地，按实际成交价超出搬迁总成本单价的差额与企业搬迁土地面积（有证）之积的25%予以奖励，并适当扣除奖励比例。在退二进三的操作过程中，除土地换社保的2%及上缴省8.4元/平方米这部分外，将拍卖存量土地上缴区级的规费全额留给E镇政府。入区企业原有土地如政府规划转为公共设施或绿地，按该地段地类认定（三产经营性用地或工业用地）进行评估奖励。第二，退出转型企业。① 退二进三。对自愿退出印染业的企业，其企业用地在符合 E 镇总体规划的前提下，允许调整为三产经营性用地，补偿奖励政策参照入区企业同类政策。注销营业执照，取消全部核定排污量，按每吨 4000 元由区镇各半补偿。② 退二优二。对自愿退出印染业的企业，其用地不能改变用途的，注销营业执照，取消全部核定排污量，按每吨 4000 元由区镇各半补偿，并按其退出的原实际用于印染企业的土地面积每亩奖励 2 万元。原业主或新业主在该地块新办符合 E 镇产业导向的鼓励类项目，其相关行政事业性规费全免，经营服务性收费予以减半；需变更或补办《国有土地使用证》《房屋所有权证》的，在符合 E 镇总体规划、不改变原工业用地性质的前提下，其出让可分配区级净收益全额返还给 E 镇专项用于示范区建设；该项目自投产之日起 5 年内实缴税收区留成部分全额返还给 E 镇专项用于示范区建设。第三，并购重组企业。鼓励企业以合作方式入区，以股份制等形式组建节能环保新型印染企业合并为一家印染企业执照，其余执照予以注销，原各企业排污量可以合并。印染企业被并购或整合重组后，按入区升级企业政策执行。

（6）其他鼓励措施。对入区企业原有土地允许进行复垦整治，异地盘活，尽可能将土地性质调整为三产经营性用地。对入区的印染企业收取的排污费按 50% 给予奖励，暂定三年。区国土、规划等部门及时调整、安排符合产业要求的工业用地规划和供地指标，示范区基础设施建设，确保印染企业入区运行。鼓励区内外金融机构加大对入区印染企业集聚升级的信贷支持力度，探索设立印染产业集聚升级工程专项银团贷款、金融租赁或专项引导基金，切实解决印染企业集聚初期土地、厂房、设备所需的启动资金。分类制订年度工作计划，按照"早集聚、早得益"原则，研究出台分年度时限的激励政策。

总体而言，入园企业配套政策较为全面和细致，对于园区项目的有效实施和入园企业的顺利搬迁能够起到保障和促进作用。就制定与实施的具体细节和整个过程来看，主要的问题及相应的风险在于以下几点：

第一，沟通不足，企业主及企业高管对政策意图和具体内容未能充分理解，对企业命运和未来发展缺乏稳定预期，影响正常的经营决策和生产秩序，进而可能引发生产事故等问题及相应社会风险。问卷调查结果显示，20位的企业主、高管中有14位"不了解"政府关于入园企业的具体要求和相关政策。座谈和访谈中，多位企业主提到，这几年政策常变，也不知道以后会怎么样，企业无所适从，影响正常生产经营。

第二，部分企业可能认为政策不够公平，因而到时拒绝搬迁或者提出其他要求，进而引发相应社会风险。企业情况千差万别（参见表3-2-3-6、3-2-3-4），诉求也各不相同，同一政策在不同企业往往产生不同效果。比如，实施意见提出，16家印染企业将首批入园，供地指标根据排污量进行分配，座谈、访谈中，有的企业主提出应根据排污量分配用地指标，但也有企业主提出以原有用地进行置换；有的企业希望早日搬迁，但也有企业不愿首批入园（参见表3-2-3-3）。再如，像入区企业淘汰设备按评估报告净值补偿35%这类具体指标是如何确定的？标准是否合理？等等。如果没有充分的意见征询，缺乏完整的政策程序，即便公正、合理的政策亦有可能引起质疑、不满，产生高昂的遵从成本。

第三，部分企业，或自愿退出印染行业，或因搬迁成本过高、不符准入条件而被迫关闭企业，由此导致职工失业，进而引发相应社会风险。印染企业一线职工多为外地民工，不享有本地职工的就业、失业等社会保障政策，如果政府、企业没有相应的安置、扶持政策，部分失业者可能一时陷入生活、生存困境，致使政府面临相应的道德风险，或引起一些社会治安问题。

第四，部分企业因事先未与职工就搬迁事宜充分沟通、协调，导致职工拒绝搬迁，从而引发社会稳定风险。2014年1月，广州番禺利得鞋业传出将搬离番禺迁至南沙的消息，但厂方并没有就搬厂相关事宜正式知会工人,更没有协商安置方案,结果导致2700多名工人发起三次全面罢工,震惊全国。

表3-2-3-3 E镇印染企业用工人数及入园意愿

序号	企业名称	企业人数	是否愿意第一批入园
1	W毕晟丝绸印染有限责任公司(新生分厂)	530	是
	W毕晟丝绸印染有限责任公司(新森林)	220	
2	W新生针纺织有限责任公司	255	是
3	W市E镇金涛染织有限公司	465	是
4	W港申纺织印染有限公司	970	是
5	W祥盛纺织染整有限公司	460	否
6	W市E镇盛利织物整理厂	272	否
7	W市永前纺织印染有限公司	621	否
8	S亮贝印染有限公司(时代)	650	是
9	S新民印染有限公司	554	否
10	S东宇印染有限公司	232	是
11	S宇泽纺织有限公司	560	否
12	W吴伊时装面料有限公司	530	是
13	W德伊时装面料有限公司	296	是
14	W绸缎炼染一厂有限公司	1000	是
15	W飞翔印染有限公司	750	是
16	W中服工艺印花有限公司	366	是
17	S欧倍德纺织印染有限公司	405	否
18	W市第二印染厂	240	是
19	W创新印染厂	350	是
20	W旺申纺织厂	350	是
21	S市颖晖丝光棉有限公司	75	是
22	W新江和服绸织造有限责任公司	300	是
23	江苏华佳丝纱线有限公司	40	是

序号	企业名称		企业人数	是否愿意第一批入园
24	F集团有限公司	一分厂	1404	否
25		六分厂		
26		二分厂	447	是
27		三分厂	643	否
28		四分厂	2782	否
29		五分厂、精品、新纤维		
30		镇东分厂	946	是

表3-2-3-4 E镇印染企业用地情况

序号	企业名称	用地面积					
		印染用地(亩)	有证面积	无证面积	房屋面积(平方米)	有证面积	无证面积
1	W毕晟丝绸印染有限责任公司(新生)	52.92	52.92	0	59520	11761	47759
	W毕晟丝绸印染有限责任公司(新森林)	35.28	35.28	0			
2	W新生针纺织有限责任公司	36.71	36.71	0	17800	0	17800
3	W市E镇金涛染织有限公司	83.6	55.81	27.8	41000	0	41000
4	W港申纺织印染有限公司	135.6	113.51	22.09	70983.94	36952.5	34031.44
5	W祥盛纺织染整有限公司	67	67	0	34650.44	34650.44	0
6	W市E镇盛利织物整理厂	65.4	62.65	2.75	46088.27	46088.27	0
7	W市永前纺织印染有限公司	124.87	115.31	9.56	68987.6	21289.78	47697.82

序号	企业名称	用地面积			房屋面积（平方米）	有证面积	无证面积
		印染用地(亩)	有证面积	无证面积			
8	S亮贝印染有限公司(时代)	40.42	40.42	0	25034.52	20034.52	5000
9	S新民印染有限公司	108.6	108.6	0	40841	24583.15	16257.85
10	S东宇印染有限公司	30.59	30.59	0	19600	1334.63	18265.37
11	S宇泽纺织有限公司	83	60.66＋长租11.55	10.77	38917.4	17577.55（＋昌久9339.86)	12000
12	W吴伊时装面料有限公司	58.5	40.07	18.43	38078	19627.81	18450.19
13	W德伊时装面料有限公司	45.19	45.19	0	27241.17	27241.17	0
14	W绸缎炼染一厂有限公司	91.1	91.1	0	75517.28	33608.55	41908.73
15	W飞翔印染有限公司	69.93	69.93	0	51902	20824	31078
16	W中服工艺印花有限公司	31.2	31.2	0	27500	21283.13	6216.87
17	S欧倍德纺织印染有限公司	70.41	46	24.41	39910	7908.98	32001
18	W市第二印染厂	23	18.56	4.44	16800	11080.39	5719.61
19	W创新印染厂	75	70.41	4.6	43200	18855.84	24344.16
20	W旺申纺织厂	58.43	24.79	长租33.64	21800	6566.67	15233.33
21	S市颖晖丝光棉有限公司	18.95	18.95	0	7786.32	5986.32	1800
22	W新江和服绸织造有限责任公司	59	59	0	20993	20993	0
23	江苏华佳丝纱线有限公司	88.4	52.31	36.09	41831	0	41831

续表

序号	企业名称	用地面积					
		印染用地（亩）	有证面积	无证面积	房屋面积（平方米）	有证面积	无证面积
24	一分厂	211.68	211.68	0	60311.02	45763.19	14547.8
25	六分厂						
26	F集团有限公司 二分厂	70.66	70.66	0	27338.74	18725.64	8613.1
27	三分厂	72.27	72.27	0	32118.23	25077.99	7040.24
28	四分厂	397.6	397.6	0	171994	171994	0
29	五分厂、精品、新纤维						
30	镇东分厂	61.53	61.53	0	27861.19	25497.05	2364.14

（三）项目施工建设阶段的风险

1. 环境影响方面的风险

项目建设期间，各项施工活动不可避免地将会对周围环境造成破坏和影响。施工活动主要包括土地平整、厂房建设、管网敷设、设备安装等几部分，环境影响主要包括以下几个方面。

（1）大气影响

① 施工废气。施工过程中废气主要来源于施工机械和运输车辆所排放的废气，此外还有施工队伍因生活使用燃料而排放的废气等。排放的主要污染物为 NO_2、CO 和烃类物等。

② 粉尘及扬尘。粉尘污染主要来源于土方的挖掘、堆放、清运、土方回填和场地平整等过程产生的粉尘；建筑材料如水泥、白灰、砂子等在其装卸、运输、堆放过程中，因风力作用将产生扬尘污染；搅拌车辆和运输车辆往来将造成地面扬尘；施工垃圾在堆放和清运过程中将产生扬尘；拆迁过程中将产生大量粉尘。

施工过程中产生废气、粉尘（扬尘）将会造成周围大气环境污染，其中又以粉尘的危害较为严重。粉尘污染主要由施工作业方式、材料堆放及风力等因素决定，其中受风力的影响最大。在一般气象条件下，平均风速为 2.5 m/s，建筑工地内 TSP 浓度为其上风向对照点的 2—2.5 倍,建筑施工扬尘的影响范围在其下风向可达 150 m,影响范围内 TSP 浓度平均值可达 0.49 mg/m³。当有围栏时,同等条件下的影响距离可缩短 40%。当风速大于 5 m/s,施工现场及其下风向部分区域的 TSP 浓度将超过空气质量标准中的三级标准,而且随着风速的增加,施工扬尘产生的污染程度和超标范围也将随之增强和扩大。

伴随着土方的挖掘、装卸和运输等施工过程,施工期间可能产生较大的扬尘,将给附近的大气环境和居民、职工生活带来一定不利影响。

(2) 噪声影响

施工中使用的打桩机、挖掘机、推土机、混凝土搅拌机、运输车辆等都是噪声的产生源。根据有关资料,将主要施工机械的噪声状况列于表。

表 3-2-3-6　施工机械设备噪声

施工设备名称	距设备 10 米处平均 A 声级 dB(A)
打桩机	105
挖掘机	82
推土机	76
混凝土搅拌机	84
起重机	82
压路机	82
卡车	85

由表 3-2-3-6 中可以看出,现场施工机械设备噪声很高,在实际施工过程中,往往是各种机械同时工作,各种噪声源辐射的要相互叠加,噪声级将会更高,辐射值也会更大。此外,进入施工区的公路上流动噪声源的增加,还会引起公路沿线两侧地区噪声污染。

(3) 污水影响

① 施工废水。包括开挖、钻孔产生的泥浆水和各种施工机械设

备运转的冷却及洗涤用水。前者含有大量的泥沙,后者则会有一定量的油污。

② 生活污水。它是施工队伍的生活活动造成的,包括食堂用水、洗涤废水和冲厕水。生活污水含有大量细菌和病原体。

③ 清洗废水。它虽然无大量有互有害污染物质,但其中可能会含有较多的泥土、砂石以及一定的地表油污和化学物品。

施工中上述废水量不大,但如果不经处理或处理不当,同样会危害环境。

(4) 施工垃圾影响

施工垃圾包括建筑垃圾和生活垃圾。在施工期间也将有一定数量废弃的建筑材料如砂石、石灰、混凝土、木材、废砖、土石等。规划建设工程有相当的工作量,必然要有大量的施工人员,其日常生活将产生一定数量的生活垃圾。施工垃圾如不及时清运处理,会产生扬尘,或腐烂变质,滋生蚊虫苍蝇,产生恶臭,传染疾病,从而给周围环境和作业人员的健康带来不利影响。

2. 交通影响方面的风险

依据 E 镇综合交通规划,未来将有四条道路可以进出园区,其中一条快速路、一条主干路、两条次干路。然而目前,园区周边可用道路数量较少,设备与建材的运输必须经过 X 村、K 村以及 Z 村未拆迁区域。园区周边道路多为乡村便道,等级不高,质量一般。项目施工期间,各类工程车辆、办事车辆数量众多,特别是大型工程车辆,来来往往,进进出出,极易损坏道路,引起交通拥堵;同时,石子、黄沙、水泥等建筑材料、工程渣土等在运输中也容易出现抛撒,从而损害路面,影响车辆行驶和居民出行。

若是管理不善,不仅影响人们的交通出行,还会造成交通事故。

3. 社会治安方面的风险

项目建设期间,各类人员数量激增,构成复杂,管理不便。特别是部分施工人员,长期离家在外,工作艰苦,生活艰辛,身处偏僻工地,孤单寂寞;加之大型项目施工容易损害基础设施、公私财物,影响周边居民、单位的生活、工作,从而产生矛盾和冲突。如若管理不善,极易滋生盗窃、斗殴等社会治安问题。

项目施工的环境影响如果不能有效处理,会对周边居民、单位的正常生活、工作造成诸多不便甚至严重影响,周边居民、单位可能通过投诉等方式寻求政府部门介入处理,或者设置路障、破坏设备甚至殴打工作人员等方式阻止施工,从而爆发严重冲突,影响项目建设和社会稳定。

4. 作业事故方面的风险

施工单位因设备、技术、管理或无法预知的自然灾害等原因而发生作业事故的事屡见不鲜。拟建园区项目用地面积 249.48 公顷,其中建设用地 231.83 公顷,工程较大;有工厂生产区、员工生活区,要建燃气发电厂、污水处理厂等等,类型繁多,技术复杂。所以,施工要求高于一般项目。如若施工单位技术设备、作业经验、管理水平等不足,极易造成生产事故,从而引发一定社会稳定风险。

5. 劳资纠纷方面的风险

虽然 E 镇公共财政、民间资本实力雄厚,但是园区项目类型复杂,细分工程众多,因而施工单位的种类、数量也多,企业信誉、管理能力参差不齐,拖欠工资、劳动保障等方面的劳资纠纷难以绝对避免。施工单位与工人的劳资纠纷涉及的往往不是个别劳动者的利益,更多情况下是连带性的群体利益。当施工单位拖欠工人工资时,当事人没有得到应得的劳动报酬,失去了生活来源,常常采用非理性方式进行维权,稍微处理不慎就容易造成集体上访、堵塞交通等影响社会稳定的群体性事件。

6. 工程质量方面的风险

若是监管不到位,施工中偷工减料、以次充好,或者工艺不精等,造成工程质量问题,不仅引发作业事故,危害施工人员安全,也会在投入使用以后产生生产事故,给园区职工和周边居民造成生命财产损失,并引发相应社会稳定风险。

7. 债务纠纷方面的风险

拟建园区属于政府重大项目，因工程款拖欠等债务纠纷也有可能引发施工单位、材料供应商和设备供应商当政府有关部门上访、堵门等事端，虽说政府可能并非债务一方，但这种情况下最终找政府的麻烦事，在各类政府项目中亦比比皆是。

（四）项目运营管理阶段的风险

1. 企业违规导致污染事件方面的风险

由于湿加工、化学加工的特点，印染行业的废水量、COD 和 $NH_3- N$ 的排放量分别占整个纺织产业的 64.8%、86.7% 和 86.0%；COD、$NH_3- N$ 和 SO_2 的排放量分别占到全镇总污染排放量的 54%、56% 和 40%，是 E 镇主要的污染源。为了淘汰落后产能，实现企业技术改造和产品升级，印染企业在入园之际被设置了严格的准入门槛，在企业工艺设备、单位产品能耗、新鲜水取水量、单位产品用电量、废水产生量、COD 产生量等方面在入园时都有严格的标准进行审查。在项目建设完成投入之后，如果企业在市场竞争压力之下，为了节约成本或者追逐暴利，不执行入园要求的各项生产标准，使用污染较大的各类染化料，违规排放"三废"，就极容易引起环境污染。2012 年 8 月至 2013 年 9 月间，绍兴市柯桥区就发生过多起印染污泥偷倒案，共非法倾倒印染污泥 2500 多吨，对当地生态环境和民众生活构成重大侵害，引起舆论关注和民众抗议。

2. 生产事故导致污染事件方面的风险

生产过程中，因生产操作失误、生产设备故障造成危险物料等流失，对工作人员身体造成危害，对园区及周边环境产生影响。储运过程中，贮罐因老化破损，造成物料泄漏，也将对环境产生污染。污染处理中，当废气收集、处理装置或者洗涤系统等发生损坏和故障，废气污染物将弥散车间，也会造成大气污染；废水处理设施发生故障，或投加药剂不足时，会对污水处理厂纳污水体产生影响，造成环境污染。

特别是，印染工业的原材料与成品均为布类。布料易燃，一旦发生火灾若在现场没有第一时间处理,火势将会迅速蔓延。2016年4月浙江一工业园区内某布业有限公司发生火灾,12名人员被困。杭州、绍兴两地消防部门出动47辆消防车、300余名官兵,扑救了17个小时后火情才得到控制。与此同时,印染布匹的燃烧通常伴随着有毒的浓烟,处理不慎则后果严重。除消防隐患之外,印染企业生产的过程需要大量的化学染料和助剂,其中不乏一些危险化学品。这类原料在运输、印染的过程中稍有不慎,很易引发事故。2015年3月,广东某印染厂发生化学泄漏事故,43人因吸入有毒化学气体送院治疗。印染企业分工复杂,从业人员较多,因管理失当导致的泄漏事故对员工身体健康造成极大的危害,很容易引起他们的不满,进而引发对抗企业的群体性事件。

印染企业内部分工复杂,从业人员较多。企业集聚以后,事故概率和频率也会随之增大,还有可能"火烧连营"。所以,一旦发生火灾之类事故,扑救难度大,传播速度快,经济纠纷多,社会面影响大。

3. 监管不严及意外事故方面的风险

监管不够到位,或因刑事犯罪、自然灾害、意外事故,导致管网受损,产生污染事件。

园区管网复杂,特别是从污水处理厂到入河排污口的4.3公里尾水排放管线,有4公里左右在园区之外,管理起来难度较大,若是日常检修不够到位,或是遭遇突发自然灾害、工程施工意外损坏甚至人为蓄意破坏,极易产生污染事件。此外,在运输过程中,可能因意外交通事故造成运输车辆翻覆、包装破损,原、辅料大量溢出,从而造成环境污染或人员伤害。

当前,E镇地区环境容量十分有限,整个太湖流域生态系统极其脆弱,园区周边居民和整个社会公众的环保意识和权利意识越来越强,如果政府监管和应急措施不能到位,一旦发生环境污染事故,就会触动民众敏感的"环保神经",从而引发社会稳定风险。

4. 外来人员管理方面的风险

E镇是工业重镇和经济强镇,而纺织产业又是E镇的优势产业和主导产业，作为劳动力密集型产业，纺织行业用工量庞大，而劳动条件比较艰苦、工作环境相对恶劣的一线用工几乎招不到"养尊处优"的当地人，尤其是印染行业。于是，大量外地人口蜂拥而入。2016年末，全镇户籍人口13.3万，而外来人口则超过了30万，其中大部分在纺织产业中就业。随着24家印染企业集中搬迁入园，大量外来人口也将随迁入园。根据规划，园区正常运营以后，人口将达1.3万人，其中，外来人口估计在1万人以上。外来人口大量积聚，会给园区管理造成巨大压力，处置不当就会产生矛盾和冲突，引发社会稳定风险。

① 工作环境恶劣，福利待遇较差，引起外来职工不满，产生劳资冲突。部分企业，长期以来忽视工人权利保障，特别是外来民工工作和生活环境恶劣，福利待遇偏低，缺乏人格尊重，导致工人起而抗议。近年以来，全国各地罢工潮、讨薪潮层出不穷。2015年3月，广东东莞兴昂与兴雄两家鞋业公司员工8000余人、中山坦洲欣昌鞋业10000万余名工人因住房公积金问题罢工，举国哗然。据不完全统计，2015年3—8月，全国地区共发生大型员工罢工、讨薪事件近200起，近100万人参与罢工游行，企业陷入危机，地方陷入混乱。

② 社会治理不够到位，外来人口遭受歧视，引发外地人与当地居民、当地政府的冲突。作为外来人口集中的区域，本地居民与外来人口之间在经济、文化、观念等方面存在的差异容易产生摩擦，当外来人口在社会保障、子女就学、参政议政等方面的需求得不到满足时，二者之间的矛盾可能被放大。2011年6月，广州增城市（今增城区）新塘镇一名四川籍的孕妇在街边摆摊时遭到城管驱赶，混乱中跌倒在地，引发上千四川籍民工聚集抗议，新塘镇连续三个晚上爆发骚乱，威胁社会稳定。

③ 外来人口中不同地域群体之间的矛盾和冲突。在缺乏关爱和尊重的底层社会，抱团取暖往往成为一种理性选择。外来人口中，因地缘、亲缘关系结成的或紧或松、或有形或无形的团体、组织林林总总，彼此之间因风俗习惯、利益情感等问题而起的矛盾、冲突也属普遍、

平常之事,若是园区管理部门、企业重视不够、治理不当,这些矛盾、冲突就会日积月累、由小而大,最后变成威胁社会稳定的种种事件。

第四章 风险估计及初始风险等级判断

一、风险等级评判标准与方法

(一)事件—风险关系评判法

风险等级判定可参考表3-2-4-1,结合各风险因素风险程度、综合风险指数、风险事件等进行分析,达到其中一项标准即可判定为相应等级。

表3-2-4-1 重大建设项目整体风险等级评判参考标准

风险等级 参考标准	高 (重大负面影响)	中 (较大负面影响)	低 (一般负面影响)
单风险因素 程度	2个及以上重大或5个及以上较大单风险因素	1个重大或2到4个较大单风险因素	1个较大或1到4个一般单风险因素
整体综合风险 指数	>0.64	0.36—0.64	<0.36
调查结果	采用面向特定对象征求意见的方式,征求意见结果,明确反对者超过33%	采用面向特定对象征求意见的方式,征求意见结果,明确反对者占10%到33%	采用面向特定对象征求意见的方式,征求意见结果,明确反对者低于10%
可能引发的 风险事件	大规模群体性事件,如围堵施工现场、堵塞交通、冲击党政机关、集体械斗、聚众闹事、人员伤亡等	一般群体性事件,如集体上访、静坐请愿、非法集会、集体散步、示威等	个体矛盾冲突,如个体信访、网络发布、散发宣传品、挂横幅等
风险事件 参与人数	单次事件200人以上	单次事件10—200人	单次事件10人以下

（二）群体—风险关系评判法

利益相关群体总体规模、组织状况，与拟建项目的利益关切程度、受损程度，及其可能采取的维权方式，是判断拟建项目是否引发群体性事件及相应社会稳定风险的重要依据。

根据是否有组织、是否有直接利益诉求两个基本分析维度，我们将群体性事件分为四大类："有组织—有直接利益诉求"的群体性事件、"有组织—无直接利益诉求"的群体性事件、"无组织—有直接利益诉求"的群体性事件、"无组织—无直接利益诉求"的群体性事件。其中，有组织的群体性突发事件通常有较为明确的目标指向，事件的形态相对稳定，影响范围也比较固定，并且在发生之前很容易被相应的党政部门觉察，从而可以有一个提前防范的时间差。事实上，有关部门已经在长期实践过程中形成了一套系统的"接访"制度和侦察、防控手段，较为有效地防范了此类群体性事件；与之相反，无组织的群体性突发事件通常难以发觉，且很多时候并无明显征兆，管理难度比较大，特别是"无组织—无直接利益诉求"的群体性突发事件，参与者通常以发泄情绪为主，事件形态多变，影响范围难以控制，可能在瞬间急剧扩大，处理起来比较棘手，因此很多情况下需要重点考虑处理此类事件的方式方法问题以及解决问题的时机问题。政府部门对待群体性事件应该有一个理性认识，而且不是每一个这类事件都是恶性的，政府完全可以借助媒体舆论等工具引导群体性事件的良性化操作；此外，借助群体性事件，政府部门可以充分了解到社会群体的利益诉求以及民众心声，这也是检验政策效果的一条途径。

（三）风险后果评判法

从风险因素导致风险形成和发生后可能产生的结果以及为化解风险而不得不付出的代价来考虑，我们可以根据风险可能导致的政治成本和经济代价确定主要风险因素。所谓"政治成本"，指的是项目所在地地方政府在风险发生后承担的行政管理的责任，即按照行政责任追究制度的要求，在发生严重的社会稳定风险后，地方政府的相关人员必须承担相应的责任。在某种意义上，如果某个风险因素导致的风险致使政府主要领导被追究责任，我们可以将该风险因素定义为高风险因素或主要风险因素；如果致使相关行政主管部门的领导被追究责任，我们可以将该风险因素定义为中风险因素或重要风险因素；如果致使行政管理的直接责任人被追究责任，我们可以将该风险因素定义为低风险因素或一般风险因素。所谓"经济代价"，指的是从投资者的角度，其在风险发生后必须支付的经济代价。对于投资者而言，如果风险导致的结果是投资成本大幅度上升并且超过投资者的承受能力，致使项目建设被迫停止，对应的风险因素为高风险因素或主要风险因素；如果风险导致的结果是投资成本较大幅度增加并且严重影响项目建成后的投资利润水平，对应的风险因素为中风险因素或重要风险因素；如果风险导致的结果是投资成本上升但对投资利润没有特别大的影响，对应的风险因素为低风险因素或一般风险因素。确定了主要风险因素的判断标准后，可以建立相应的风险衡量指标。

采用定性与定量分析相结合的风险分析方法对风险程度进行判断，需要注意两个方面，一是定性方法要注意分析前后因果逻辑关系的建立，二是定量方法要注意选取相关参数的客观性、准确性。由于社会稳定风险源自项目与人、与当地社会之间的相互作用和影响，风险形成、产生和爆发的过程中，各个利益相关者的意识和行为充满了多样性和不确定性，很难像技术经济论证指标那样可以采用直接的量化指标来进行衡量，只能通过观察、描述、分析和预测的定性分析方法来进行判断。在这种情况下，通过对项目与受影响的利益相关者之间、项目与社会之间的相互作用和影响的因果逻辑关系的分析，可以合理地解释风险形成、产生和爆发的完整过程，解释风险事件背后各个利益主体的行为，进而对风险程度进行判断。

二、风险因素估计

(一) 单风险因素

根据上述的分析以及风险因素清单表，现将各主要风险因素及其程度汇总于表3-2-4-3：

表3-2-4-3　主要风险因素及其汇总表

阶段	序号	风险因素（W）	风险概率（P）	风险影响（C）	风险程度（P×C）
项目决策和审批阶段	1	项目合法性方面的风险	较高	较大	较大
	2	园区规划方案方面的风险	较低	较小	较小
项目前期准备阶段	3	征地拆迁安置方面的风险	较低	中等	较小
	4	入园企业配套政策方面的风险	较低	中等	较小
项目建设施工阶段	5	环境影响方面的风险	中等	中等	一般
	6	交通影响方面的风险	中等	中等	一般
	7	社会治安方面的风险	较低	较小	较小
	8	作业事故方面的风险	中等	较小	较小
	9	劳资纠纷方面的风险	较小	中等	较小
	10	工程质量方面的风险	较小	较大	一般
	11	债务纠纷方面的风险	较低	较小	较小
项目运营管理阶段	12	企业违规导致污染事件方面的风险	较低	较大	一般
	13	生产事故导致污染事件方面的风险	较低	较大	较大
	14	监管不严及意外事故方面的风险	较低	较小	较小
	15	外来人员管理方面的风险	较低	较大	较大

(二)利益群体与风险关系

表 3-2-4-4 群体-利益-风险关系

群体类别	规模	组织化程度	利益相关度	维权行为		
				方式	激烈程度	发生概率
征地拆迁居民	436 户 1594 人	一般	高	找村镇干部、上访、围堵政府、网络炒作等	一般	较低
征地拆迁企业	5 家	高	高	找村镇干部、上访、围堵政府、网络炒作等	一般	较低
园区周边村民（500 米内）	约 1600 人	一般	较高	找园区管理部门、围堵园区及企业、破坏生产设备、殴打施工人员、上访、投诉、围堵政府、网络炒作等	中	中
搬迁入园企业	24 家 16713 人	高	高	上访、围堵政府、游行示威、网络炒作等	一般	低

三、项目初始风险等级判断

本项目共有 15 个单风险因素,其中较大风险因素有 3 个、一般风险有 4 个、较小风险有 8 个。通过调研并综合分析判断,本项目聚集上百人规模风险事件的可能性很小,但存在引发一般性群体性事件和极端个人事件的可能性。但从风险后果来看,在当前的政治和社会环境下,项目合法性方面风险可能导致相关行政主管部门领导甚至基层政府主要领导被追究责任。因此,经综合评判,我们可以将拟建园区项目风险等级确定为中级。

第五章　风险防范和化解措施

前文中针对本项目进行了风险分析和评估，并据此确定了本项目可能引发社会稳定风险的主要因素及其相对应的风险等级，那么结合前期所进行的社会调研状况、政府相关部门的态度和意见以及W纺织循环经济产业园项目的实际情况，在此提出针对性的建议和对策。

一、推动修改法规　破除法律障碍

从调研过程及后续综合分析得知，W纺织循环经济产业园项目无论是在项目决策的合理性、可行性以及可控性方面均符合相关文件政策的要求。但由于项目位于太湖流域，项目建设受现行的《江苏省太湖水污染防治条例》第45条制约，在合法性方面存在不足，可能会影响项目的正常运行，结合项目的实际情况与E镇相关政府部门的建议，可以采取以下几点措施化解风险：

（一）积极推动修改《江苏省太湖水污染防治条例》

W纺织经济产业园项目推进工作的主要障碍在于现行的《江苏省太湖水污染防治条例》第45条规定，因此破除障碍的基本途径在于推动修改这一条款。省级层面的法规修改事关省域全局利益和长远发展，因此推动这项法规修改工作，必须具有宽广眼界和深邃眼光，应当跳出E镇和W的狭小域界，从整个太湖流域的生态治理和江苏全省的未来发展着眼和布局；此外，法规修改工作程序严格，过程繁杂，必须理据充分，循序渐进。

《江苏省太湖水污染防治条例》是由江苏省人大常委会制定并颁布实施的地方性法规，根据现行《宪法》《地方各级人民代表大会和地方各级人民政府组织法》《立法法》等法律规定，只有江苏省人大及其常委会有权对其修改或废止。在现有制度框架内，可以通过以下渠道和方式推动修改工作：

1. 通过省人大代表、省人大常委会委员以及省政协委员提案方式推动法规修改工作。省人大代表杨知评、省政协委员高纪凡等曾分别于2014年、2015年提交过关于对《江苏省太湖水污染防治条例》相关条款进行修订的建议和提案，引起一定关注和反响。今后，可继续通过代表、委员利用两会渠道单独或联合提出议案和建议，推动这项法规修改。

2. 通过省环保厅、发改委、经信委、水利厅、法制办、太湖办等职能部门和工作机构，向省政府提出关于法规修改的相关工作建议。2016年10月，江苏省人大常委会组织开展《条例》执法检查后，向省政府印送了《条例》实施情况报告和审议意见。实施情况报告提出，"省政府及相关部门要先期开展《条例》修订的相关调研论证，待条件成熟时提交省人大常委会进行审议"。

3. 通过省委政策研究室、省政府研究室、参事室等机构，在专项调研基础上，向省委、省政府提交调研报告、工作建议，进而推动修改《江苏省太湖水污染防治条例》工作。

4. 通过S市委、人大、政府、政协等机构向省级相关部门提出相关工作建议。

5. 通过学术机构、专家学者等向省有关领导、相关部门提出决策咨询、政策建议等，积极推动修改《江苏省太湖水污染防治条例》工作。

2017年8月23日，由省政府法制办牵头，发改委、经信委、编办、太湖办、环保厅、水利厅等省相关部门已一起对《江苏省太湖水污染防治条例》的修改事宜进行了研究讨论。现需加大力度，推动修改工作取得实质性进展，早日将"江苏省太湖水污染防治条例修订草案"提交省人大常委会审议。

（二）争取特别授权进行试点

法规修改程序要求严格，所需时间较长，最终结果不得而知。建议市、区、镇三级政府及相关部门借鉴上海自贸区设立思路，在"全面深化改革、推动提档升级""立法与改革同频共振"等名义之下，建议省政府向省人大提出建议，在省人大常委会修订《江苏省太湖水污染防治条例》前对 W 纺织循环经济产业园所涉项目审批等事项做出特别授权，以扫除法律障碍。

二、增加土地指标　依法依规用地

作为 W 区的经济强镇和工业重镇，同时也是全国首批强镇扩权的试点镇，E 镇肩负着整个 W 区"强起来"的历史使命和责任担当；作为全区着力打造的"三个新兴产业园区"之一，"W 纺织循环经济产业园"项目则是 W 区和 E 镇实现转型升级和良善治理的战略举措。但是，受制于供地指标，"W 纺织循环经济产业园"项目推进遭遇了较大困难：计划外迁企业，因土地指标尚未落实而难以搬迁，正常生产经营受到影响；园区建设用地无法充分保证，功能配置和发展规划受到限制。基于 E 镇及拟建园区项目的独立地位、未来角色和现实处境，市、区政府相关部门，一方面，可以通过新增计划、"增减挂钩，总量占补平衡"、争取列入省级示范园区等方式，设法增加 E 镇的工业用地供应；同时，科学规划，合理配置，集约使用土地，并为未来发展留有余地。另一方面，加强监管和督查，确保合法合规使用土地，避免用地风险。

三、政策解释到位　争取民意支持

（一）广泛听取各方意见

拟建园区项目属于典型公共项目，应该体现民利，合乎民心，顺乎民意，只有广泛吸纳社会参与，积极听取各方诉求，才能实现公共利益，保障公众权利。同时，园区建设牵扯方方面面，政治、经济、社会、技术等各种因素混杂其间，只有相关各方都能参与其间，从各个方面揭示问题并提供办法，才能使建设方案相对完善并切实可行。

倾听利益相关群体意见和诉求。随着公众维权意识和生态环保意识的增强，他们要求对项目建设相关技术指标和园区建设方案有一个系统、翔实的了解，同时期望与园区就施工中和运营后的问题保持沟通，使自己的正当诉求和合理建议得到尊重和吸纳。W 纺织经济产业园项目涉及征地拆迁村民和企业、入园企业和园区周边村民及单位的相关利益，通过走访、信访、问卷、网络等途径，及时了解他们的想法和诉求，告知园区建设方案、配套政策和实施计划，听取意见和建议，监督补偿资金落实到位，了解后续搬迁、安置情况，及时关注搬迁后村民的生产生活，及时解决相关问题。

听取社会公众意见。在产业园决策规划、建设施工、运营管理过程中，采取多种手段，诸如信访、网络、走访等方式，有效了解倾听社会公众的意见和建议，收集社会公众对于W纺织循环经济产业园的建议，及时予以回复，完善园区建设方案，树立政府良好形象。此外，W循环经济产业园项目的建设情况也需要及时对外公布，扩大宣传，开设信访电话，畅通社会公众监督举报渠道，使社会公民融入W循环经济产业园建设运营中，增强对W本地纺织产业发展的自豪感和支持度。

听取专家、专业人士的建议。咨询社会管理等相关专业专家，了解拟建项目的政治影响和社会效应，预测可能产生的社会风险，制定可能产生的群体性事件的化解措施；咨询纺织行业和工程建设领域相关专家学者，对产业园设备、工艺、管理以及相关技术标准予以研讨，发现其中可能隐藏的潜在问题，做到早发现早预防；咨询环保方面的专家学者，对产业园的污染物处理方式手段、技术标准以及监控措施等重新论证研讨，制定污染物排放标准，对潜在的污染点进行再一次排查，做好废水、废气以及废物的达标排放。

（二）做好政策解释和说明工作

针对调查中发现的许多利益相关者和社会公众对项目初衷、规划内容和实施方案不甚了解的情况，政府部门必须进行充分的政策解释和项目说明。一方面，细化条款，明确赔偿的原则和标准，形成一套切实可行的政策细则和具体措施，统一实施，区分责任，从而使具体的政策执行者和方案实施者可以有效地加以应用；另一方面，对于拟建园区项目所涉及的利益相关者做更深入的政策解释，通过多种渠道阐明政策意图。政策执行中和项目建设中要与征地拆迁安置居民和企业、入园企业及园区周边居民和单位及时沟通，保障利益相关者特别是园区周边居民、单位等的知情权，项目方案和实施计划要向相关人员或组织及时告知或展示，消除利益相关群体的各种疑虑，同时密切关注社会反应，及时了解和准确把握项目相关者的思想和行为动态，为适时修正和完善有关政策和方案，提供准确信息。

四、细化实施意见　完善政策体系

区、镇政府及有关部门应在《实施意见》的基础上尽快出台实施细则和配套措施，进一步完善政策体系，使总体上好的拟建园区项目能充分执行到位。这套政策体系至少应该包括以下几个方面的细化内容：

第一，政策的依据和标准。调研中，我们经常遭遇园区周边居民的质疑："园区为什么建在我们这儿？其他地方人的利益要保护，我们的利益就不要保护吗？""凭什么说污染会减少？规划得很好，到时候能完全执行吗？"我们也常常遇到企业主的追问："企业准入的条件和标准是怎么确定的？""企业的情况不一样，那些配套政策公平吗？"等等。确定合法、合理的依据和科学、具体的标准，利于对民众进行政策解释，便于相关部门执行，能够在一定程度上消除相关利益群体和社会公众的质疑和抵触。

第二，实施的程序和方式。调研中，我们发现，企业主基本清楚政府产业政策导向，大体了解相关法律、法规，也都认为印染企业集中集中入园和转型升级乃大势所趋，但是企业到底怎么搬？什么时候搬？对于其中的具体政策和实施细节，他们说不清楚。在未与他们做必要沟通和充分解释的情况下，有关政策便"从天而降"，感觉自己的人格和权利不被尊重，于是可能采取一些不合作行为。科学的程序和合理的方式既是对行政相对人合法权利的保护，也是对公共政策有效执行的保障。

第三，企业转产、转业的扶持政策。鼓励搬迁（包括迁出、迁入）企业按照国家法律法规和政府产业政策导向转行转业，并为其项目选择、登记注册、税费减免等提供信息引导和政策支持。

第四，职工安置政策。制定切实措施，保障搬迁（包括迁出、迁入）企业职工的合法权益不受侵害，特别是退出企业职工，妥善解决其就业安置和工资福利问题，要特别注重解决企业老职工的福利待遇、"五险一金"续缴和外地职工的就近转业、失业补偿、疏散遣返、子女转学等问题，绝对杜绝拖欠职工工资现象。

第五，园区周边居民、单位的补偿、帮扶政策。基于园区项目特点，不管是建设施工时期，还是生产运营时期，园区周边居民和单位都会受到诸多不利影响，政府部门应根据公正和适当原则，比如为受园区建设影响较大的村组单修一条出行通道，拿出一定比例园区就业岗位定向招聘周边居民，让周边居民共享某些园区设施，等等。

需要指出的是，在完善政策体系的过程中要着重体现公共政策的公平、正义、效率、发展、权益等价值关怀，并利用公共政策的作用来平衡和处理各类社会关系，预防并减少社会风险，从而实现社会的和谐稳定。

五、优化征地拆迁方式　做好补偿安置工作

进一步完善征地拆迁相关政策，细化工作程序和方式方法，研判其中存在的矛盾点、问题点，及时予以研究解决。加强过程监督和细节监管，设置监督电话，接受居民监督以及意见反馈，及时处置突发情况并将结果公之于众。

重点关注特殊家庭、特殊人群和5家企业等特殊征地拆迁对象，在"公平公正、一视同仁"的基础上尽量满足其合理要求，争取其理解支持。政府职能部门、基层党群组织、村庄贤能人士及邻里亲友通力协作，动之以情，晓之以理，持之以恒，切忌简单粗暴。

及时发放征地拆迁补偿款，及时办理社会保障等相关手续。

关注拆迁安置居民的后续生活、工作等情况，特别是老人、病人、残障人士、困难家庭等特殊群体，社区党群组织、志愿团体等保持日常关注和关照，政府相关职能部门定期走访，及时解决相关问题。

六、加强施工管理　维护各方权利

（一）加强招标管理，确保企业资质

园区项目规划建设期限从 2014 年到 2023 年，涉及众多企业的生产厂房和配套设施，时间跨度长，施工强度大，质量要求高，施工单位的资质与实力将成为影响项目整体建设进度与建造质量的重要因素。《中华人民共和国建筑法》第二十六条规定，承包建筑工程的单位应当持有依法取得的资质证书，并在其等级许可的业务范围内承揽工程。拟建园区以省级循环经济示范项目为标准，在园区整体建设方面更应高标准、严要求，因此在建设施工单位的招标过程中，政府应加大审查力度，仔细考察投标单位的实力，避免出现没有资格的施工企业借用法定资质建筑施工企业名义签订合同并承揽工程，在后续建设过程中严格监管，确保园区项目建设的高效率、高质量。

（二）加强作业监管，规避施工风险

1. 选择具备相关资质的监理公司对 W 循环经济产业园项目进行监理，避免建设过程中因建筑材料质量问题引发的建设安全事故，后期对整个项目进行验收，确保产业园保质保量顺利完工。

2. 建立安全施工建设体系，落实安全责任制，完善安全管理体系。项目建设公司设专职安全管理人员，作业班组设兼职安全员，做到分工明确，责任到人，杜绝安全事故发生。

3. 对施工人员进行安全生产教育，组织学习《安全技术操作规程》，并结合此次建设工程，制定详细安全生产措施。施工人员应熟悉安全技术操作规程，经考试合格，持证上岗。

（三）加强源头控制，减少环境污染

1. 噪声控制。为了减轻本工程施工期噪声的环境影响，可采取以下控制措施。加强施工管理，合理安排施工作业时间，禁止夜间进行高噪声施工作业，拆除作业中尽量避免使用爆破手段；施工机械应尽可能放置于对厂界外造成影响最小的地点；尽量使用液压工具施工，周围设置掩蔽物；尽量压缩工区汽车数量与行车密度，控制汽车

鸣笛;做好劳动工资保护工作,让在噪声源附近操作的作业人员佩戴防护耳塞。

2. 粉尘控制。对施工现场进行科学管理,砂石料应统一堆放,水泥应设专门库房堆放,尽量减少搬运环节,搬运时轻举轻放,防止包装袋破裂;开挖和拆迁时,对作业面适当喷水,使其保持一定的湿度,以减少扬尘量。而且,开挖的泥土和拆迁的建筑材料和建筑垃圾应及时运走;谨防运输车辆装载过满,并尽量采取遮盖、密闭措施,减少其沿途抛洒,并及时清扫散落在路面的泥土和灰尘,冲洗轮胎,定时洒水压尘,减少运输过程中的扬尘;现场施工要围栏或部分围栏,减少施工扬尘扩散范围,尽可能减少扬尘附近居民的环境影响;风速过大时应停止施工作业,并对堆放的砂石等建筑材料进行遮盖处理。

3. 污水控制。施工期间,结合 W 区降水特征和产业园内部的路面状况,制定具体的排污方案,设置相应的排水设施;在排污工程不健全的情况下,应尽量减少物料流失、散落和溢流现象;施工现场必须建造集水池、沉砂池、排水沟等水处理构筑物;污水分类收集,按其不同性质,做相应处理后排放;利用积水沉沙地,收集高浊度泥浆水和含油水,通过沉沙、除渣、隔油等措施处理后排入市政管网;对施工过程中可能使用的有毒、有害或者其他危险化学品等材料妥善管理,避免泄露而产生的连带影响;加强对其施工人员管理,生活污水按照要求排入市政污水管,同时设置移动卫生间等卫生设施,委托环卫部门定期实施清运。

4. 垃圾控制。园区改造工程必然会产生各种固体废弃物,而且会对周边的生态环境产生负面影响,因此要求能够及时采取应对措施:对整个园区施工区域的挖土、填土等要有统一的规划,明确是外运还是借土;施工过程产生的固体废弃物尽快及时处理,如果暂时难以处理,则可以采取压实、遮盖等措施防范二次污染;对于园区与周边村民或单位的公共区域应当派专门人员进行定期整治和维护。

5. 严格监管。环境管理要做到贯彻国家的环保法规标准,建立各项环保管理制度,做到有章可循,科学管理。园区建设管理部门要定期对施工单位的施工环境进行检查和反馈，要加强与周边村民和单位组织的沟通和联系，以便及时发现问题并迅速加以解决。施工单位应详细编制施工组织计划并建立环境管理制度，要有专人负责施工期间的环境保护工作，对施工中产生的"三废"要有相应防治及处置措施。

（四）加强道路管理，保障交通安全

调研过程中，稳评小组发现，园区周边人流密集区如 X 村，路口未设置交通警示灯，时常发生交通事故。产业园建设需要大量工程车辆进出工地，周边村庄人流量较大，在道路交通方面应该完善交通设施，维护交通秩序，合理规划各类车辆限行时间，及时清理运输过程中撒漏在路面的建材或建筑垃圾、防止意外事件的发生，保护居民人身财产安全。主要采取以下几点措施：

1. 督促并协同企业负责人加强对其运输人员的教育和管理，令其严格遵守道路行驶中的相关规范。

2. 要合理进行产业园附近的交通组织工作，设置道路指示标志，以保障园区附近村民的出行方便，并确保居民安全出行。

3. 联合市政部门和社区组织，对路面上撒漏的工程渣土、石子、建筑垃圾等进行及时清理。加大监管力度，对建筑工地运输车出场冲洗、覆盖情况进行严格检查，对于存在的问题，要求施工单位严肃整顿，并对相关责任人进行批评教育或处罚。

4. 运输车辆尽量避免在交通流量的高峰期行驶，防止出现交通堵塞现象。

（五）资金落实到位，维护工人权益

1. 资金落实到位

结合园区项目改造计划，合理规划资金安排，并尽早将资金落到实处，及时支付项目建设工程款。

为了避免项目建设过程中可能产生的重大损失，可以尝试办理工程保险，从而实现工程风险的转移，这也是减少项目资金损失的可取之径。

2. 维护工人权益

(1) 在园区建设施工过程中，加大宣传教育力度，增强施工单位和工人遵规守法意识，要求双方用工时自觉签订劳动合同，约定各自的权利义务，明确工资报酬数额或计算方法。加强对施工单位的监督，保障工人的合法权益。同时，通过正反面案件的宣传教育，帮助工人了解应通过正确的途径维护其合法权益，一旦发生劳动纠纷，由政府相关部门按相关规定予以解决。

(2) 政府在及时支付项目建设工程款的同时，督促施工单位按时发放劳动报酬，避免因劳资纠纷带来稳定风险。

(3) 健全完善协调机制。在E镇有关部门的协助下，采取有力措施，尽快组建调解委员会，通过调解的方式化解矛盾纠纷，便捷、高效地维护劳资双方的利益。

七、严格运营监管　实现减污目标

产业园建成运营以后，政府相关部门要加强管理，保障企业正常生产，杜绝偷排漏排和事故污染，确保实现减污目标，维护各方正当权益。

（一）加强监督监察　规范企业管理

完善管理机构。健全园区管理架构和组织机构，抽调和选聘富有专业知识和实践经验的技术人员充实相关岗位，建立绩效考核和奖惩制度，督促其切实履行自身职责。

监控企业生产。加强对企业负责人和相关工作人员的引导教育，建立相关惩戒机制，使企业自觉遵守园区相关规定，使用清洁原材料、先进设备和工艺；全程监控和实时督查企业的生产行为，对于可能突发的重大事件，早察觉，早预防，确保污染物达标排放。

加强日常检查。政府职能部门和园区管理机构要强化日常监管，定人定岗加强管网巡查，定期对园区外的尾水入河口和产业园内各个管口进行取样检查，加强对大气的监测，保证污水废气达标排放。

（二）加强教育培训，谨防安全事故

1. 对企业职工进行安全教育与培训，提高职工安全素质，使每个职工都重视安全，又懂得如何安全地进行生产。根据职工的性格特点合理安排工作，注意疏导不良情绪，以免精神不集中于工作而导致行为差错引发事故。

2. 企业生产条件安全化。具备安全生产条件并做好设备、安全设施维护的保养；加强重大危险源的管理，做好登记、建档、评估、安全监控、应急预案制定等工作。

3. 加强安全生产的各项管理工作，建立健全安全生产责任制度，用制度规范安全生产行为，建立安全生产秩序，惩戒违章行为，加强安全检查及时纠正违章行为；加强现场安全生产管理；加强安全生产档案管理等。

4. 制定事故应急救援预案，建立救援组织、配备必要的救援装备并维护保养好，进行应急救援演练，完善救援预案。

（三）建立协作机制，实现共管共治

1. 建立由园区项目方、生产企业、设计单位、周边社区组织以及政府职能机构等相关利益各方组成的协调小组，设置专门联络员，加强彼此之间的沟通和联系，对园区运作中可能出现的问题及时、有效地解决，保证项目能够按照预期目标运行，切实保护生态环境，减少对周边居民、组织可能产生的不良影响，在根本上抑制不稳定事件的发生。

2. 畅通园区周边居民反映问题的渠道，采取电话、网络等形式，实时反映各类问题和意见建议，杜绝园区运营过程中对居民生产生活可能产生的不利影响。帮助周边村庄建设基础设施和公益事业，与周边居民、单位建立和谐关系。园区在可能涉及周边居民、单位的事项处理过程中，务必保证周围居民、单位的知情权，听取其意见与建议。

八、优化社会治理　保障和谐稳定

2011年6月广州增城市(今增城区)新塘镇爆发了严重的外来人口与本地人口之间的对立与冲突,威胁着社会稳定。但与增城市相邻、经济结构较为脆弱、外来人口压力更大的东莞市,却没受到这类事件的影响。两地的差异源于东莞市的社会治理创新。从2007年开始,东莞市进行了一场以建立地域公民身份为本位的社会改革,通过包容性的社会治理政策、消除身份差异的新社会保障体系、义务教育均等化、协商与自治机制,快速吸纳了外来人口,提升了他们的对所在地方的认同感与归属感、对当地人口和政府的亲切感与信任度。这从正反两个方面,给外来人口已占绝大多数的E镇及未来园区提供了治理经验。

(一) 做好外来人口登记、管理等工作,保障外来人口的人身财产安全;督促企业规范劳动用工,改善工作环境,保障职工基本权利,鼓励企业不断提高职工福利待遇。

(二) 积极开展各类人际交流和文化娱乐和活动,丰富园区外来人员的业余生活;促进本地人口与外来人口的日常交流,帮助外来人口熟悉本地文化、观念和风俗,促进相互了解,拉近彼此距离,使外来人口尽快融入E镇这个大家庭。

(三) 推进社会治理创新,完善社会保障政策,满足外来人口在社会保障、子女就学、参政议政等方面的需求;健全外来人口申诉保障机制,通过网络、电话、信访等各种途径广泛收集他们的利益诉求,及时予以解决,维护外来人口基本权益。提升外来人口对所在地方的认同感与归属感,保障E镇乃至W区的社会和谐稳定。

九、关注舆情变化　引导社会舆论

在项目推介、政策解释及后续项目设施和政策执行的整个过程中,应当充分发挥媒体舆论的宣传导向作用,积极营造良好的社会舆论氛围,扩大园区项目在整个社会和民众之中的影响度和支持度。

虽然，截至目前，社会舆论和公共媒体尚未出现对园区项目的方面报道和评论，但是，园区周边居民对项目建设及运营对其的影响始终存有疑虑和警觉，一旦项目施工，各类不利影响开始显现，若周边居民的合理诉求和正当利益未能满足，媒体舆论和社会舆情可能逆转。因此，在项目建设和运营的整个过程，相关部门必须保持对利益相关群体和社会公众的态度及行为的高度关注，随时做好政策宣传和舆论引导工作。

十、明确维稳责任　制定应急预案

为了保障拟建园区项目的顺利推进，及时发现并解决项目实施和运营过程中可能出现的不稳定因素，有必要在调研和综合分析的基础上建立快速、有序、高效的处置社会稳定风险工作机制，同时也需要利用此机制提高政府解决矛盾和问题的能力与水平。

在区、镇两级成立 W 纺织循环经济产业园项目维护社会稳定工作领导小组，由区、镇人民政府作为分别两级维稳工作的领导者和综合统筹者，相关职能部门的社群组织共同参与，协同处理可能出现的社会不稳定因素。

在建立维护社会稳定工作领导小组的基础上，需要进一步明确相关政府主体在此过程中的职责构成，以便清晰权责、各司其职：

1. 区人民政府负责园区项目的综合统筹工作。

2. E 镇人民政府具体负责园区项目的维护社会稳定工作。

3. 区政府办负责牵头协调工作。

4. 区发改委负责指导循环经济示范区的规划引导和项目报批工作。

5. 区经信委负责完善政策激励机制引导和技改指导工作。

6. 区环保局负责区域环评、企业搬迁环评的报批工作，指导和帮助入区企业做好环保示范和管理工作。

7. 区国土局负责用地规划调整和增减挂钩工作。

8. 区规划局、住建局、水利局负责园区规划、建设施工、水域保护等工作。

9. 区、镇信访部门负责处理项目中可能出现的上访行为,并与公安等相关部门保持沟通。

10. 区、镇宣传部门和新闻媒体负责项目宣读和政策解释工作,以便争取民意支持。

11. 区、镇公安局、分局及派出所负责维护项目事实和运营中的正常社会秩序,重点警惕和妥善处理可能出现的群体性事件。

12. 区、镇工商管理部门负责搬迁企业相关证照处理工作。

13. 区、镇司法行政部门负责关停政策可能出现的各类涉法、涉诉问题的处理。

14. 区、镇民政、人社部门负责征地拆迁居民和关停企业经济困难职工的社会保障、再就业等问题。

15. 区交通局、建设局负责处理项目工作可能引发的对道路等基础设施的损害问题。

16. 区教育局负责处理征地拆迁居民和搬迁企业职工的子女教育问题。

17. 区、镇财政部门负责为园区项目提供财政保障。

18. 区、镇安监、质监部门负责对搬迁企业生产安全问题进行全面的评估和监察。

19. 区、镇环保部门负责园区项目可能对环境造成的不利影响加以评估,同时出台相关环保方案,严格执行相关环保政策。

20. 市、区发改、规划等部门协助处理企业的转产、转业问题,并为关停企业的未来发展提供支持。

21. 区、镇农林、城管部门负责处理园区的绿化工作。

22. 国税局、地税局、金融办、消防大队、供电公司、华衍水务、港华燃气等相关部门要各司其职,确保循环经济示范区顺利推进。

23. T镇负责做好本镇相关维稳工作。

24. 拆迁安置居民、搬迁企业及园区所在社区居(村)委会负责协助上述各部门开展工作。

相关政府部门及社区组织、企业事业单位需要按照"谁主管、谁负责"的原则，未雨绸缪，提前制定应急预案，及时化解各种矛盾和风险。

第六章　落实措施后的预期风险等级

在采取以上风险防范和化解措施之后，W 纺织循环经济产业园单项风险因素中有 2 个一般风险，13 个较小风险（如表 3－2－6－1 所示）。特别是，一旦项目合法性问题得到有效解决，本项目的最大风险因素即可消除，风险等级则随之降低。经综合评判，我们可以将落实措施后拟建园区项目的风险等级确定为低风险。

表 3－2－6－1　落实措施后的预期风险等级

项目阶段	序号	风险因素（W）	风险概率（P）	风险影响（C）	风险程度（P×C）
项目决策和审批阶段	1	项目合法性方面的风险	较高→较低	较大→较小	较小
	2	园区规划方案方面的风险	较低	较小	较小
项目前期准备阶段	3	征地拆迁安置方面的风险	较低	中等→较小	较小
	4	入园企业配套政策方面的风险	较低	中等	较小
项目建设施工阶段	5	环境影响方面的风险	中等→较低	中等→较小	一般→较小
	6	交通影响方面的风险	中等→较低	中等→较小	一般→较小
	7	社会治安方面的风险	较低	较小	较小
	8	作业事故方面的风险	中等→较低	较小	较小

项目阶段	序号	风险因素 （W）	风险概率 （P）	风险影响 （C）	风险程度 （P×C）
	9	劳资纠纷方面的风险	较小	中等	较小
	10	工程质量方面的风险	较小	较大→ 中等	一般
	11	债务纠纷方面的风险	较低	较小	较小
项目运营 管理阶段	12	企业违规导致污染 事件方面的风险	较低	较大→ 较小	一般→ 较小
	13	生产事故导致污染 事件方面的风险	较低	较大→ 中等	较大→ 一般
	14	监管不严及意外事故 方面的风险	较低	较小	较小
	15	外来人员管理 方面的风险	较低	较大→ 较小	较大→ 较小

第七章　基本结论

一、拟建项目的合法性、合理性、可行性与可控性

（一）项目合法性

W纺织循环经济产业园项目建设致力于将散布在主城区的纺织印染企业集中布局,将当地的纺织印染产业进行提档升级,推动经济可持续发展,符合《中华人民共和国循环经济促进法》《中华人民共和国环境保护法》《中华人民共和国大气污染防治法》《中华人民共和国水污染防治法》《太湖流域管理条例》和《江苏省"十三五"纺织产业发展规划》等现行相关法律法规以及国家有关政策规定,与《印染行业准入条件(2010年修订版)》(工消费〔2010〕第93号)对印染企业的生产企业布

局提出"工业园区外企业要逐步搬迁入园"的要求相吻合。

但是现行的《江苏省太湖水污染防治条例》规定太湖流域一、二、三级保护区禁止"新建、改建、扩建化学制浆造纸、制革、酿造、染料、印染、电镀以及其他排放含磷、氮等污染物的企业和项目"。因此，目前 W 纺织循环经济产业园项目建设仍然受到该《条例》的制约，面临合法性不足的问题。目前，该《条例》修订程序已经启动，根据有关部门的计划，这项工作将于 2017 年底完成，到时合法性不足的问题可能得到解决，相应的社会稳定风险即可消解。

综上所述，该项目符合国家法律法规的立法精神和基本原则，随着《江苏省太湖水污染防治条例》修订工作的最终完成，其合法性风险亦可消解。

（二）项目合理性

综合分析该项目的宗旨和规划方案，其以 E 镇地区纺织印染产业集聚和提档升级为主要内容，符合科学发展的客观要求及经济社会发展规律。该项目规划将城区散布的 24 家印染企业集中到产业园，解决了因企业与居民区交错而产生的扰民和污染难以处理的问题，便于镇区进一步科学规划，并且企业入园需进行设备更新、提档升级，不仅减少对环境的负面影响，更提高了本地区纺织印染行业的市场竞争力。在项目决策和前期准备阶段，与征地拆迁村民和周边社会组织进行了深入坦诚的沟通和协商，了解且充分尊重利益相关方的诉求和意见，并在此基础上进行了方案的设计和完善，因此符合社会公共利益、人民群众的现实利益和长远利益，也兼顾了不同利益群体的诉求；

由于该项目在规划方案定型之前已经与利益相关方进行了交流，对他们的利益诉求和意见建议等有较为清晰全面的掌握，所以针对各方意见诉求，规划方案可以在中期施工建设阶段和后期运营管理阶段采取有效且适当的改进措施和完善手段，便于更好地维护周边群众与社会组织的合法权益。

综上所述，该项目具有合理性。

（三）项目可行性

该项目响应了当下国家以及江苏省经济社会特别是纺织产业发展的相关要求，立足于优化产业区域布局，推进绿色可持续发展。拟迁入产业园的24家印染企业大部分一直散布在镇区，对周边生态环境和居民生活产生较大影响，经常遭到居民的投诉，并且由于受到《江苏太湖水污染防治条例》的制约，加上在镇区受到厂区规模的限制，企业也难以进行全面系统的技术改进和设备更新升级，限制了当地纺织印染产业的进一步发展，因此，拟入园企业总体上都支持项目建设。

近年来E镇紧紧围绕"建设以纺织为主导的创新型产业基地，建设现代化的新型小城市，建设全方位的城乡一体化发展新格局，实现人民群众生活水平质的提升"的总目标，已经成为中国纺织业内颇具影响的纺织企业集群，是国内重要的纺织品生产基地。2013年全镇已经实现GDP328.01亿元，全口径财政收入完成53.2亿元，公共财政预算收入实现25.52亿元，全社会固定资产投资完成136.17亿元，中国东方丝绸市场交易额突破千亿元。E镇的经济社会发展水平相对较高，项目建设与当地经济社会发展水平和客观发展要求相适应，并没有超越本地区的财力承受能力。此外，项目方通过不断与群众和社会组织进行沟通和协商，获得了利益相关方的认可与支持。

综上所述，该项目具有可行性。

（四）项目可控性

在项目的决策和审批阶段，由于政府能够及时向群众和社会反馈项目建设的相关信息，将相关决策及时公布和宣传，因此引发社会负面舆论、恶性炒作以及其他影响社会稳定问题的可能性极小；在项目前期准备和中期施工建设阶段，当地政府与有关群众和社会组织进行了多次坦诚的沟通和联络，对他们的利益诉求和忧虑担心有了充分的了解，而且项目方与群众具有利益上的一致性也有实现共赢的可能性，当地居民和周边社会组织也对该项目表达了充分的理解和支持，在此基础上，当地政府结合群众意见对其项目规划方案进行了改进，进一步完善进行征地拆迁的有关政策和措施，严格控制项目施工阶段多周边生态环境和居民生活的影响，所以不会引发群众性事件或者集体上访现象；在项目运营管理阶段，产业园能够按照项目建设既定规划进行生产管理和运行，有关各方能够严格遵守产业园运营有关规定，进行安全生产。而针对可能出现的社会稳定风险，项目方制定了一系列防范和化解措施，而且这些措施能够紧密结合实际问题，因此可行且有效。

综上所述，该项目具有可控性。

二、主要风险分析结论

（一）W 纺织循环经济产业园项目社会稳定风险评估报告的编制是在项目单位的统一安排和指导下，通过实地调研走访和调查问卷等形式对规划产业园周边的社区居民、单位组织进行详细的了解，并先后征询了相关政府部门的意见和建议，在此基础上秉持客观、全面、科学的原则，进行了社会稳定风险的调查和分析。

（二）根据调查研究状况，对该项目社会稳定风险的单项风险因素进行了识别和分析，总共识别出项目决策和审批阶段、项目前期准备阶段、项目中期施工建设阶段、项目后期运营管理阶段等 4 个阶段总计 15 个风险因素。

（三）经综合分析和判断，拟建园区项目风险等级确定为中度。虽然本项目引发上百人规模群体性事件的可能性很小，但目前从风险后果来看，项目合法性方面风险可能导致相关行政主管部门领导甚至基层政府主要领导被追究责任。这就要求项目决策和实施部门，能够综合考虑多方利益诉求，合法合规地实施项目，并建立有效的风险应急处置机制，严防因各种突发事件引发社会稳定风险。

（四）在综合考虑群众调研、政府相关部门意见以及项目自身实际情况的基础上，本报告提出了针对性的风险防范和化解措施，随后对采取措施后的风险因素进行了二次评估，从而得到了采取处置措施之后的风险因素等级。经综合评判，风险等级确定降为低风险。

附 件

附件1:园区周边居民/单位问卷调查表

尊敬的先生/女士:

您好!我们正在进行 W 纺织循环经济产业园项目社会稳定风险评估研究,我们需要对周边居民相关信息进行切实的调查和评估,并在此基础上提出针对性的改善措施。据此,本问卷中设置了居民参与的相关问题并期望您能够回答,可能会耽搁您一些时间。本次调查采取匿名的方式,根据国家《统计法》,您的所有回答将只用于统计分析,决不对外公开或用作他途,您不必有任何顾虑。本调查的答案没有对错之分,但您的意见对我们非常重要,请您根据自己的实际情况,在每个问题的备选答案中,选择您认为合适的选项(在选项号上打上"√",或在"_____"写上您的意见)。

衷心感谢您的支持与合作!

调查时间: 2017 年 7 月____日

调查地点:_____市_____区(县、市)_____镇(乡、街道)

_____村(社区)

您的性别:A. 男 B. 女   您的年龄:_____

您的学历:A. 小学及以下 B. 中学/中专 C. 大学本科/专科

D. 硕士及以上

一、基本情况

1. 您目前从事的工作是:

A. 在家务农 B. 企业职工 C. 党政机关/事业单位职工

D. 经营企业 E. 打零工   F. 退休在家 G. 其他

2. 您的家庭收入主要来自:

A. 种植农田 B. 经营企业 C. 工资收入 D. 打零工

E. 其他

二、认知度调查

3. 您是否认为"将分散的印染企业集中迁入园区有利于保护环境"？

　　A. 有利于保护环境　　B. 不利于保护环境　　C. 迁与不迁差不多

　　D. 不很清楚

4. 您是否认为 W 纺织循环经济产业园项目能够促进 E 镇经济发展？

　　A. 能　　B. 不能　　C. 不清楚

5. 你认为园区建设时期对您日常生活的主要影响是：(多选)

　　A. 噪声　　B. 施工车辆多,影响出行和安全

　　C. 建筑垃圾乱堆放,影响环境

　　D. 施工人员管理不严,发生偷窃等扰民事件

　　E. 没有什么影响

6. 你认为园区建成以后对您日常生活的主要影响是：(多选)

　　A. 废水处理不好,污染湖、河、塘　　B. 噪声大　　C. 废气排放污染空气　　D. 交通出行不便　　E. 社会治安变坏　　F. 没有什么影响

　　如果有影响,您最担心的是：_____

三、意愿调查

7. 对于园区建设可能的影响,您的态度是：(多选)

　　A. 采取措施后,不会产生不利影响　　B. 影响较小,可以接受

　　C. 如果影响大,会找项目单位或地方政府解决　　D. 无所谓

8. 您怎么反映对 W 纺织循环经济产业园项目的意见和要求？

　　A. 找村里干部　　B. 找镇里干部　　C. 找区里甚至省市领导

　　D. 找媒体记者　　E. 直接找园区单位　　F. 其他

9. 您对 W 纺织循环经济产业园项目的态度是：

　　A. 支持　　B. 不支持　　C. 无所谓

　　如果支持,原因：

　　_____

　　如果不支持,原因：

　　_____

10. 您对W纺织循环经济产业园项目建设工作的其他意见和建议:

_____

_____

再次感谢您的大力支持与协助,祝您身体健康、万事如意!

南京大学

2017年7月

附件2:入园企业主/高管问卷调查表

尊敬的先生/女士:

您好!我们正在进行W纺织循环经济产业园项目社会稳定风险评估研究,我们需要对社会公众的相关信息进行切实的调查和评估,并在此基础上提出针对性的改善措施。据此,本问卷中设置了居民参与的相关问题并期望您能够回答,可能会耽搁您一些时间。本次调查采取匿名的方式,根据国家《统计法》,您的所有回答将只用于统计分析,决不对外公开或用作他途,您不必有任何顾虑。本调查的答案没有对错之分,但您的意见对我们非常重要,请您根据自己的实际情况,在每个问题的备选答案中,选择您认为合适的选项(在选项号上打上"√",或在"_____"写上您的意见)。

衷心感谢您的支持与合作!

调查时间:___2017___年___7___月____日

调查地点:_____区(县、市)_____镇(乡、街道)_____村(社区)

您的性别:A. 男 B. 女   您的年龄:_____

您的学历:A. 小学及以下 B. 中学/中专 C. 大学本科/专科

　　　　　　D. 硕士及以上

一、基本情况

1. 您的户籍所在地是:

　A. E镇 B. W区的其他乡镇 C. 其他地区

2. 您目前的常住地是：

　　A. E 镇　B. W 区的其他乡镇　C. 其他地区

3. 您认为印染企业对于 E 镇经济发展的作用：

　　A. 非常重要　B. 比较重要　C. 可有可无　D. 不很清楚

4. 您的企业目前经营状况：

　　A. 良好　B. 一般　C. 比较艰难　D. 非常艰难

5. 您的企业目前面临的主要压力是：

　　A. 市场竞争激烈　B. 设备、工艺落后　C. 人才缺乏　D. 环保要求太高　E. 国家政策不够稳定　F. 其他方面的压力　G. 没有压力

二、认知度调查

6. 您是否认为"将分散的印染企业集中迁入园区有利于保护环境"？

　　A. 有利于保护环境　B. 不利于保护环境　C. 迁与不迁差不多　D. 不清楚

7. 您是否认为 W 纺织循环经济产业园项目能够促进 E 镇经济发展？

　　A. 能　B. 不能　C. 不清楚

8. 您的企业搬迁入园的主要障碍是？

　　A. 入园要求过高　B. 搬迁费用过大　C. 影响生产秩序　D. 其他障碍　E. 没有障碍

9. 您了解政府关于入园企业的具体要求和相关政策吗？

　　A. 了解　B. 不了解

三、意愿调查

10. 您对 W 纺织循环经济产业园项目的态度是：

　　A. 支持　B. 不支持　C. 无所谓

　　如果支持，原因：

　　_____

　　如果不支持，原因：

　　_____

11. 您对W纺织循环经济产业园项目建设工作的其他意见和建议:

_____

_____

_____

_____

再次感谢您的大力支持与协助,祝您身体健康、万事如意!

南京大学

2017年7月

附件3:计划征地、搬迁居民问卷调查表

尊敬的先生/女士:

您好! 我们正在进行W纺织循环经济产业园项目社会稳定风险评估研究,我们需要对相关信息进行切实的调查和评估,并在此基础上提出针对性的改进措施。据此,本问卷中设置了居民参与的相关问题并期望您能够回答,可能会耽搁您一些时间。本次调查采取匿名的方式,根据国家《统计法》,您的所有回答将只用于统计分析,决不对外公开或用作其他用途,您不必有任何顾虑。本调查的答案没有对错之分,但您的意见对我们非常重要,请您根据自己的实际情况,在每个问题的备选答案中,选择您认为合适的选项(在选项号上打上"√",或在"_____"写上您的意见)。

衷心感谢您的支持与合作!

调查时间: <u>2017</u> 年 <u>7</u> 月 ____ 日

调查地点:<u>W</u>区 <u>E</u>镇 _____村(社区)

您的性别:A. 男 B. 女 　 您的年龄:_____

您的学历:A. 小学及以下 B. 中学/中专 C. 大学本科/专科

　　　　　　D. 硕士及以上

您的家庭人口:_____ 　 您家拥有责任田/地_____亩

263

一、基本情况

1. 您目前从事的工作是：

    A. 在家务农　B. 企业职工　C. 事业单位、党政机关职工

    D. 经营企业　E. 打零工　F. 退休在家　G. 其他

2. 您的家庭收入主要来自：

    A. 种植农田　B. 经营企业　C. 工资收入　D. 打零工

    E. 其他

3. 您平常主要住在：

    A. 村里　B. E镇上　C. W城里　D. 其他地方

二、认知度调查

4. 您了解印染企业对于E镇经济发展的作用吗？

    A. 比较了解　B. 有点了解　C. 不了解

5. 您是否认为"将分散的印染企业集中迁入园区有利于保护环境"？

    A. 有利于保护环境　B. 不利于保护环境　C. 迁与不迁差不多

    D. 不很清楚

6. 您认为W纺织循环经济产业园项目能改善您的居住环境吗？

    A. 能　B. 不能　C. 说不清

7. 您认为W纺织循环经济产业园项目建设会对您的生活产生不利影响吗？

    A. 不会　B. 采取措施后,不会

    C. 影响较小,可以接受　D. 会有较大不利影响

三、意愿调查

8. 为了园区建设,如果您家被列入拆迁范围,您是否愿意？（可以多选）

    A. 愿意　B. 不愿意　C. 心里舍不得,但为经济发展和保护环境,可以考虑　D. 如果补偿合理,愿意　E. 如果迁入的小区环境好,愿意

9. 为了园区建设需要,如果您家的责任田/地被列入征用范围,您是否愿意？

    A. 愿意　B. 不愿意　C. 如果补偿合理,愿意

10. 如果您家需要拆迁,您担心的主要问题是:(可以多选)

A. 拆迁款不能及时拿到　B. 买不到满意的房子　C. 一时没地方住　D. 老邻居们分开了,不习惯

11. 如果您家的责任田/地被列入征用,您担心的主要问题是:(可以多选)

A. 家庭收入减少　B. 以后生活会受影响　C. 如果征用费合理,没什么好担心

12. 您对 W 纺织循环经济产业园项目的态度是:

A. 支持　B. 不支持　C. 无所谓

如果支持,原因:

_____

如果不支持,原因:

_____

13. 您怎么反映您的意见和要求?

A. 找村里干部　B. 找镇里干部　C. 找区里甚至省市领导

D. 找媒体记者　E. 其他

14. 您对 W 纺织循环经济产业园项目建设工作的其他意见和建议:

_____

_____

_____

_____

再次感谢您的大力支持与协助,祝您身体健康、万事如意!

南京大学

2017 年 7 月

附件4：社会公众问卷调查表

尊敬的先生/女士：

您好！我们正在进行W纺织循环经济产业园项目社会稳定风险评估研究，我们需要对社会公众的相关信息进行切实的调查和评估，并在此基础上提出针对性的改善措施。据此，本问卷中设置了居民参与的相关问题并期望您能够回答，可能会耽搁您一些时间。本次调查采取匿名的方式，根据国家《统计法》，您的所有回答将只用于统计分析，决不对外公开或用作他途，您不必有任何顾虑。本调查的答案没有对错之分，但您的意见对我们非常重要，请您根据自己的实际情况，在每个问题的备选答案中，选择您认为合适的选项（在选项号上打上"√"，或在"_____"写上您的意见）。

衷心感谢您的支持与合作！

调查时间：__2017__年__7__月____日

调查地点：_____区（县、市）_____镇（乡、街道）_____村（社区）

您的性别：A. 男　B. 女　　　您的年龄：_____

您的学历：A. 小学及以下　B. 中学/中专　C. 大学本科/专科
　　　　　D. 硕士及以上

1. 您目前从事的工作是：

　A. 在家务农　B. 企业职工　C. 事业单位/党政机关职工

　D. 经营企业　E. 打零工　F. 退休在家　G. 其他

2. 您的户籍所在地是：

　A. E镇　B. W区的其他乡镇　C. W以外地区

3. 您了解印染企业对于E镇经济发展的作用吗？

　A. 比较了解　B. 有点了解　C. 不了解

4. 您是否认为"将分散的印染企业集中迁入园区有利于保护环境"？

　A. 有利于保护环境　B. 不利于保护环境　C. 迁与不迁差不多

D. 不清楚

5. 您是否认为 W 纺织循环经济产业园项目能够促进 E 镇经济发展?

A. 能　B. 不能　C. 不清楚

6. 您认为 W 纺织循环经济产业园项目跟您有关系吗?

A. 有　B. 没有　C. 说不清

7. W 纺织循环经济产业园项目建设和运营对部分居民有一些影响,可能产生一些矛盾,您认为应如何解决?(多选)

A. 停止项目建设

B. 加强管理,尽量避免不利影响

C. 给予受影响居民合理补偿

D. 为了整体利益,受影响居民可以做一点牺牲

8. 您对 W 纺织循环经济产业园项目的态度是:

A. 支持　B. 不支持　C. 无所谓

如果支持,原因:

_____

如果不支持,原因:

_____

9. 您对 W 纺织循环经济产业园项目建设工作的其他意见和建议:

_____

_____

_____

再次感谢您的大力支持与协助,祝您身体健康、万事如意!

南京大学

2017 年 7 月

附件5：入园企业基本情况调查表

企业名称		
企业地址		
创建时间		
企业性质	1 = 国有；2 = 私营；3 = 民营；4 = 中外合资； 5 = 外商独资；6 = 集体；7 = 其他	
技术水平	设备使用	
	生产工艺	
	核定排污量	
土地利用及 建设情况	企业占地总面积（亩）	
	建筑物基底总面积（m²）	
	总建筑面积（m²）	
企业投入状况	企业实际总投资（万元）	
	企业年投资额（万元）	
	固定资产投资总额（万元）	
	资产折旧额（万元）	
企业产出状况	年总产值（万元）	
	年利润总额（万元）	
	年缴纳税费（万元）	
	资产负债（万元）	
企业职工情况	现有职工人数（人）	
	其中，外来务工人员（人）	
	离、退休职工人数（人）	

附件6:E镇建设局访谈纪要

访谈时间:2017年7月17日下午

访谈地点:S市W区E镇建设局企业拆迁部办公室

访谈对象:E镇建设局S主任(本次征地拆迁工作主要负责人之一)

访谈人员:笪素林、张欢、江同茜、胡泽新、薛永康

S主任介绍本次征地拆迁工作具体情况:

第一,此次征地和拆迁工作进展较为顺利。从去年7月开始,已经推进了一年,涉及436户,目前拆掉329户,75.4%完成拆迁工作,总体来看,拆迁征地工作比较顺利,按照计划,在2017年年底将只剩下大概50户。43户家庭作坊,目前拆掉一半多。5家企业,目前因为没有土地指标所以还没有签拆迁协议。

第二,拆迁补偿按照2013年和2015年发布的房屋重置价进行。房屋拆迁各类补偿标准和计算方法如下:(1)房屋重置评估价。按照镇房屋重置价结合成新的评估单价乘以合法建筑面积。(2)房屋装修评估值。(3)附属物补偿。(4)辅助补贴。

第三,关于拆迁重置按照以下相关规定进行。拆迁中涉及原以宅基地审批方式取得的住宅房屋,一户安置基准面积不得超过280平方米。选择货币补偿安置方式的,拆迁人以现金方式付给被拆迁人。为鼓励选择货币补偿安置,房屋安置时拆迁人对被拆迁人选定的定销公寓房,以安置时点采样评估的市场基价结合层次进行回购。安置房的基价为拆迁时安置房屋的重置等级单价+房屋区位补偿单价。安置面积在基准面积内按安置基价结算。超过安置基准面积20平方米以内按110%结算,超过安置基准20平方米以上的部分按市场价结算。全部超购的面积不得超过50平方米。

表1　多层定销公寓房价格

安置房基价 （安置时执行层次调节系数）	安置基准面积内基价	1500 元/m²
	超 20 m² 内基价	1650 元/m²
	超 20 m² 外价格	按市场评估价
阁楼		200 元/m²
汽车库		2200 元/m²
自行车库		500 元/m²
（无卫生洁具、内门）补贴		75 m² 以下每户 1500 元、75—100 m² 每户 1650 元、100 m² 以上每户 1800 元。
定销公寓房回购价		按市场评估价

表2　多层（五层）房屋层次系数调节价格表

层次	一层	二层	三层	四层	五层	六层
调节系数	+2%	+10%	+10%	0	−22%	−30%
基价	1530	1620	1650	1500	1170	1050
超 20 m² 内基价	1683	1815	1815	1650	1287	1155

第四，以征地补偿安置方案批准之日为界限，将被征地农民划分为下列三个年龄段：

（一）16 周岁以下（未成年年龄段）

（二）16 周岁以上至 60 周岁（劳动年龄段）

（三）60 周岁以上（养老年龄段）

16 周岁以上的征地农民个人分账户的资金按照灵活就业人员参加企业职工基本养老保险缴费比例换算为企业职工基本养老保险缴费年限 8.5 年。

第五，在征地和拆迁过程中比较特殊的几类情况。三分之一的未拆迁户主要在补偿资金方面存在争议，后续通过谈判等方式解决；还有一部分人户口迁到城镇，这类群体不予安置；房屋所有者去世的，给予相关补偿不予安置；有些村民户口迁到城镇，但是在村里有宅基地，给予补偿不予安置。其中全村没有享受安置政策的大约有3至4户。村民在安置过程中可以超购二十平方米,十平方米以内按安置基价结算,超出十平方米不足二十平方米的按照定销公寓房市场价结算。对于安置房项目,签署了协议,取了钥匙,原则上不允许反悔退房。

附件7:W区E镇政法办访谈纪要

访谈时间:2017年7月18日下午
访谈地点:W区E镇政法办办公室
访谈对象:E镇政法办林主任
访谈人员:笪素林、张欢、江同茜、胡泽新、薛永康

一、E镇近年来维稳情况简介

E镇近些年并没有出现明显的群体性冲突事件,但少数人群访的现象还是存在的。社会稳定取决于基础性的工作,基础的工作做好了,自然就稳定了。

二、对项目本身社会稳定风险的评价

E镇的新兴工业区避开了纺织、印染等传统行业,大多引进的是新兴的产业类型,老百姓比较认可。纺织循环经济产业园的建设必须要做得比之前的园区更好,否则容易带来风险。印染企业会排放污水,城区的印染企业和群众之间是存在矛盾的。循环经济产业园的建设可能使矛盾在短时间内集中爆发,影响社会稳定。其中最根本的因素就是环境因素,这就涉及在园区建成之后具体的管理和运营机制。而与传统粗放的管理模式不同,如今从上到下都在强调高标准严要求,因此整体上来说,林主任对纺织循环经济产业园的建设和运营持相对乐观的态度。

附件8：Z村内拆迁状况及企业拆迁访谈纪要

访谈时间：2017年7月19日下午

访谈地点：S市W区E镇综合执法局

访谈对象：E镇综合执法局企业拆迁部沈科长

访谈人员：笪素林、张欢、薛永康

一、Z村拆迁进程简介

纺织循环经济产业园建设需要对Z村进行征地拆迁，其中包括436户人家、47家家庭作坊、5家企业。47家家庭作坊中约一半是运用机器生产，其中最大的作坊有100多台机器。5家企业中规模最大的占地20余亩，有200余台机器，员工50余人，年利润在300—500万左右。最小的企业有40余台机器，年利润在100万左右。从去年11月14号开始组织签协议，目前已有330户人家、32家家庭作坊签署了拆迁协议，项目总体推进较快。住宅拆迁方面，本次取消了原先的宅基地安置，采用公寓房安置。农村拆迁安置"低出低进"，老百姓拿到安置房后还能用政府补贴的费用进行装修，经济上的压力宽松多了。家庭作坊原则上鼓励出售设备，关闭作坊，如果有意继续经营，政府将会另批一块地，新建标准厂房后出租给相关作坊主。

二、拆迁具体政策与难点介绍

1. 土地指标未落实，5家企业尘埃未定。周围居民拆迁后，招工方面存在困难，5家企业出于发展考虑表示愿意配合搬迁，对拆迁政策暂无异议。与家庭作坊不同，企业有土地证，因此对企业进行征地拆迁必须要有另外的土地进行安置。E镇近几年土地指标较少，需要等到另一块土地征收拆迁之后才能给予安置，目前预备进行安置的土地上的拆迁征收尚未完成，所以并没有签协议。此外，大部分企业的实际使用面积与土地证上的并不相符，虽然到时会考虑按照实际占用面积进行安置，但因为土地指标不够可能对安置面积进行压缩，土地证上的部分不打折扣，无证的部分会考虑实际情况而定。

2. 剩余106户人家拆迁进展缓慢主要有以下三大原因。

一是户口问题,政策规定2003年7月4日之后迁入户口的在征地拆迁时不予安置。在剩余的106户未签协议的人家中存在几种不同类型的"户口问题":① 离婚后户口迁回原所在地,但已失去安置资格;② 政府征用父辈宅基地补偿不予分户,兄弟二人一个在镇上,一个在农村,内部协调存在纠纷;③ 早年户口迁出,家中老人去世,房子仍在但是拿不出相关证件;④ 户口迁出但是依旧住在原地,补偿时不被认可,情感上难以接受。

二是家园情怀问题,其中部分老一辈人认为新的拆迁政策没有了原来的宅基地安置,不愿离开生活多年的老房子,目前政府正在通过游说他们家中的年轻一辈做思想工作的方式来解决问题。另一部分是经历过第一次拆迁的居民(约17户,协调后已有6户签约),补偿宅基地新建的住房交通方便,不愿意再次搬离。

三是拆迁户存在身体或精神上的缺陷,这部分群众一方面难以自主地对拆迁协议进行判断和签署,另一方面拆迁后也需要更进一步的生活保障。

综上所述,虽然项目的整体前期拆迁进程较快也较顺利,但在企业土地补偿指标、由户口等问题所引发的协议拒签两大方面,政府还应该予以足够的重视,一方面使得项目土地征用及时完成,另一方面也要充分照顾到群众和企业的利益要求。

附件9:Z村村干部及村民代表座谈纪要

访谈时间:2017年7月18日上午

访谈地点:S市W区E镇Z村

访谈对象:Z村村干部及村民代表等9人

访谈人员:笪素林、张欢、江同茜、胡泽新、薛永康

一、基本情况介绍

Z 村位于 E 镇的西南，全村有 40 个村民小组，1145 户人家。在 W 纺织循环经济产业园建设中，Z 村是唯一一个在征地拆迁范围内的行政村。Z 村在早年因新兴产业园的建设进行过一次拆迁工作，被拆迁户统一给予宅基地补偿。本次项目计划拆迁 429 户，目前已经有 330 户签署拆迁协议，109 户未签，后续工作仍在进行中。

二、访谈情况介绍

本次针对 Z 村的调查主要采用访谈和问卷两种形式。通过与村主任沟通，选取村干部在内的 9 名村民代表至其所在村委会会议室，在告知他们本次调研目的的基础上，让其充分发表个人意见以便能更好地了解该村村民对本次征地和拆迁过程中的真实想法和基本态度；此一过程中，为了进一步获得效度和信度都相对较高的调研信息，我们结合先期制作的调查问卷，由相关村民群体加以填写。

从访谈的基本情况看，该村村民对当地纺织相关产业的发展历史有相当程度上的认知和了解，同时对新建 W 纺织循环经济产业园总体上持认可的态度，积极配合本次的征地和拆迁工作，对本次征地和拆迁的政策比较拥护，但是在具体的征地和拆迁工作中由于家庭内部矛盾、历史遗留问题也存在一些问题。

第一，村民希望尽快落实社会保障政策。按照《S 市 W 区征地补偿和被征地农民社会保障办法》的规定，国家将农民集体所有的土地征收后，依法给予被征地农民和农村集体经济组织补偿，安排被征地农民的社会保障费用，将被征地农民纳入城乡社会保障体系。例如，有村民提出，他们已经完成了征地和拆迁工作，但是目前还未被纳入城乡社会保障体系，对于村里 60 岁以上的老年人来说，时间拖得越长，领取养老金的次数也相对减少。

第二，被拆迁村民家庭内部矛盾阻碍征地和拆迁工作的顺利开展。被拆迁村民对征地和拆迁政策表示拥护，征地拆迁工作推进得也很顺利，但是从征地拆迁工作开展至今，还剩下将近 110 户农民没有完成征地拆迁工作。究其原因，有些家庭的内部成员之间关系复杂,家庭成员对于如何分配拆迁征地的补偿款项还没有达成共识,所以导致个别拆迁征地工作不能正常推进。根据我们的了解,这些家庭内部有矛盾的家庭对于此次项目还是比较支持的,他们表示,一旦家庭内部达成一致意见就会马上配合拆迁征地工作的进行。

第三,个别未涉及拆迁的村民对于环境污染和基础设置的建设非常关注。第一批拆迁安置的村民表示,园区建设在后期要做好管理工作,防止产生污染诸如空气污染、水污染,考虑到是印染企业,村民们主要比较关心水污染,防止他们自建房贬值。另外,在园区建设后,未拆迁的原住民希望控制好噪声、卫生等问题,清理好河道,完善基础设施建设。

综上所述,大多数村民对征地和拆迁的相关政策表示拥护,对于征地和拆迁工作也积极予以配合,政府安置房建设以及补贴费用发放等相关工作开展也比较迅速,但在这个过程中由于历史遗漏问题,家庭内部矛盾问题也阻碍了项目的正常开展,因此不仅仅在项目改造之前做好补偿安置工作,在项目建设之中以及项目建成之后如何保障Z村园村民的利益和诉求将是项目方应当着重考虑的内容。

附件10:Q村村干部及村民代表座谈纪要

访谈时间:2017年7月18日下午
访谈地点:浙江省嘉兴市秀洲区C镇Q村村委会会议室
访谈对象:Q村村干部及村民代表
访谈人员:笪素林、张欢、江同茜、胡泽新、薛永康

一、Q村基本情况介绍

Q村位于浙江省和江苏省交界的秀洲区C镇的最北面,全村共有18个村民小组,730户人家,2978口人。靠近纺织循环经济产业园区的主要是运河边上的14组、15组、16组,三组计112户、350余人。村主任王金泉介绍,目前Q村约有1400余劳动力,因为与E镇

距离相近(约2公里),村里劳动力一半以上都在E镇的企业中工作。

二、访谈情况介绍

总体上看,Q村的受访对象对纺织循环经济产业园区的建设是支持的。主要原因可归纳为以下三方面:(一)地理环境方面,Q村处于上游,E镇处于下游,园区工业用水的排放并不会影响到Q村的水域环境。(二)Q村和E镇地域临近,关系密切,循环经济产业园经过合理规划并顺利投入运营后有利于更好地解决Q村劳动力就业问题,提高村民的家庭收入,改善生活质量。(三)纺织行业中优胜劣汰是必然趋势。目前浙江省也在淘汰落后产能,对污染企业进行产业升级整改,江苏省的印染产业示范园建设也是十分必要的。

与此同时,Q村的村干部和村民代表也表达了对循环经济产业园建设的忧虑。

村主任王金泉表示:"现在老百姓最关心的就是两大问题,社会治安和环境保护。"虽然Q村的水域不会被影响,但是村庄位于产业园的正南方,如果纺织循环经济产业园区中的企业存在偷排的现象,一旦刮起西北风、东北风,就会影响村庄的空气质量。一些E镇的企业曾在周末偷排废气,对村镇空气污染严重。"一到冬天,村子里的气味会很难闻。"两地在整治环境问题联合执法时就曾处理过企业偷排污水问题,希望能够引起足够重视。如果有可能,希望一两百米的距离不要建印染企业,可以建使用清洁能源(天然气)的发电厂。"老百姓最敏感的还是环境问题,无论是江苏的土地还是浙江的土地,只要环境被污染,老百姓肯定会反感、肯定要举报。"

村民代表表示:循环经济产业园区内企业的环保工作一定要做好,现在人们的环保意识越来越强,最近就发生了一起因为环境污染问题(夏天厨房垃圾处理站异味)激发矛盾的群体性事件。村民们主要担心的是空气污染问题,"如果空气不好,老百姓肯定有意见"(村民孙先生,前任村长),E镇的一些企业,尤其是南三环一带的涂层工业园区,平时味道很大,许多在那里打工的老百姓内心"爱恨交加""虽然挣的是他们的钱,但是心里对他们还是有意见""会觉得江苏省是故意把污染型的企业放在省际交界处"(村民纽先生)。

综上所述,Q村受访村干部和村民代表整体上对纺织循环经济产业园的建设持欢迎态度,但更希望产业园在建设与运作的过程中一定要按标准办事,在经济发展的同时要强调环境保护,尽可能把问题想在前面,而不是出现了问题再治理。

附件11:D村村干部及村民代表座谈纪要

访谈时间:2017年7月19日上午
访谈地点:E镇D村村委会会议室
访谈对象:D村村干部及村民代表
访谈人员:笪素林、张欢、薛永康

一、D村基本情况介绍

D村共有33个村民小组,916户人家,3400多人,其中19、20组距离Z村最近,两组目前合计约有55户人家。D村村庄内部及附近建有多家涂层企业。

二、访谈情况介绍

总体上D村村干部及村民代表认为,目前土地已经开始征用,项目建设已然箭在弦上,政府对印染企业进行整体的规划是有利于发展的,但从D村周边涂层企业生产的实际状况出发,针对W纺织循环经济产业园的建设,村民主要存在两点忧虑:

1. 企业是否具有环保意识和社会责任感? 之前政府对村里及附近的涂层企业进行整治,企业虽然安装了相应的设备,但是只应付检查时使用。一些企业厂房经过转租之后,存在废水、废气乱排的现象(村民马先生)。村民普遍认为,当地的环境污染给他们的身体健康带来了极坏的影响,"村里癌症很多,每年都要增加十多例"(村民马先生),"癌症病人当中,肺癌的比例最高,严重怀疑和涂层企业有关"(村民丁先生)。印染企业在搬迁进入产业园后,虽然企业会按照政府要求改造设备、提档升级，但是能否实际投入、长期使用就成了问题。

2. 上级监管是否到位？之前政府对 D 村的涂层企业进行过监督改造，然而并没有取得实质的成效，"老百姓会反映问题，但是情况并没有得到改善"（村民李先生）、"有几家污染企业在小学附近，家长一起反映也没用"（村民徐先生）、"政府要求对设备进行更新，企业并没有按照要求执行"（村民陆先生）。"集中零散的印染企业是好的，就怕说归说，做归做，到时候污染依旧，没人管理，就像我们村子附近的涂层企业一样。"

综上所述，村民们认为，印染产业园的建设能带动地区经济的发展，但是如果在运营过程中执行监管不到位，以村民的身体健康和村庄周围的生态环境作为发展代价就是得不偿失的。

附件 12：X 村村干部及村民代表座谈纪要

访谈时间：2017 年 7 月 19 日上午
访谈地点：S 市 W 区 E 镇 X 村
访谈对象：E 镇 X 村村干部及村民代表
访谈人员：江同茜、胡泽新

一、基本情况介绍

X 村位于 E 镇西南，西与 Z 村一河之隔，南与 Z 村接壤。全村共19 个村民小组，总户数 503 户。村内民营企业 4 家，省重点建设项目恒力二期工程落户在 X 村。

二、访谈情况介绍

本次针对 X 村的调查主要采用访谈和问卷两种形式。通过与村主任沟通，选取 4 名居民代表至其所在村委会会议室，在告知他们本次调研目的的基础上，让其充分发表个人意见以便能更好地了解该村村民对本次 W 纺织循环经济产业园建设的真实想法和基本态度；

此一过程中,为了进一步获得效度和信度都相对较高的调研信息,我们结合先期制作的调查问卷,由相关村民群体加以填写。

从访谈的基本情况看,该村村民对当地纺织相关产业的发展历史有相当程度上的认知和了解,同时对新建W纺织循环经济产业园总体上持认可的态度,但是表现出一定程度上的担忧,表示"建设纺织循环经济产业园文是一项政府政策,在不影响本村村民正常生产生活的基础上,村民对该项目的建设表示理解"。

与这种认可态度形成鲜明对比的是,该村村民更多表达了自己对循环经济产业园区建设期间以及建成之后的担心和顾虑:

第一,基于对W循环经济产业园项目本身的不了解而产生的担忧。在与本村村民的座谈中,村民表示对该项目建设的基本情况不了解,村民担忧的焦点在于项目建设的具体位置以及相关的污染物处理是否达标排放,明确表示希望在项目建设前能够被告知相关具体情况,享有知情权。其中一村民表示:"很多项目建设在建设之前表示没有污染,但是建设之后却造成严重污染,人民群众不得不上访,村民们现在基本对这些项目不怎么支持。"

第二,村民们着重关心的一个焦点问题就是产业园与本村的距离问题。本村七组距离产业园较近,如果产业园区规划的具体位置离本村七组太近,肯定会影响到村民生活,而村民宅基地在那里,也无法搬离,能否在项目建设前进行项目微调,使得产业园与本村七组保持一定的距离。

第三,X村村民担心循环经济园区建成后会导致交通拥挤,增加安全隐患。有村民介绍,本村村民出行的交通道路比较单一,在现有的村民人口数量及结构的分布下,单一的道路基本上能满足村民出行的需要,只会在上下班高峰期有一些小的拥堵。但是,循环经济园区建成以后,人口的数量和结构会更加的复杂,现有的道路和交通秩序肯定不能够满足多元的需求。一方面,道路拥堵问题会给村民的出行带来不便,尤其是上下班高峰期这种情况可能会更严重。另一方面,道路安全和交通秩序问题成为隐患。循环经济园区建成后,一定会有更多的车辆通行,从而有可能形成比较混乱的道路交通秩序,直接危害到村民的出行安全。

第四,X村村民担心工业园区建成后不能带动本村就业,并不能从中受益。据该村村主任介绍,本村的就业率很高。由于本村附近已经有很多工厂,很多村民已经在附近的工厂找到了合适的工作,不会因为循环经济园区的建设而换掉原有的工作。而村里未就业的一些人都是一些老弱病残,也并不适合去新建的循环经济园区工作。也就是说,新建的循环经济园区和原有的工业结构没有太大的差异,按照以往经验,并不能带动本村的就业。另外,之前恒力集团建设征掉本村大量土地,但是村民表示,并不能在恒力集团受益。对于W循环经济产业园,本村村民对于其对经济发展等方面的促进作用持漠然态度。

第五,本村村民担心循环经济园区会对本村造成空气污染,影响本地的生活环境,降低本村村民的生活质量。有位村民表示已经对有污染的企业深恶痛绝。由于本村靠近涂层区,而涂层区企业发展参差不齐,对本村的环境造成了严重的影响。涂层造成的空气污染使本村村民深受其害,有些村民常年不敢开窗户通风。

综上所述,尽管居民大体上对W纺织循环经济产业园建设表示些许支持,但其更多表达的却是忧虑和担心,因此在项目改造之前、项目建设之中以及项目建成之后如何兼顾园区周边村民的利益和诉求将是项目方应当着重考虑的内容。

附件13:入园企业主/高管座谈纪要

访谈时间:2017年7月19日下午

访谈地点:E镇综合执法局二楼会议室

访谈对象:24家入园印染企业主、管理人员代表23人

访谈人员:笪素林、张欢、薛永康

一、印染企业表态

从整体上来说，24家印染企业都支持纺织循环经济产业园的坚持并表示在条件允许的情况下搬迁进入园区。主要原因有以下两点：

1. 许多印染企业位于镇区，距离居民区较近。当前居民的环保意识和维权意识正在不断增强，印染企业在生产过程中本身就容易对周边环境有影响，企业经常因为噪声、排污、排废等原因而被居民投诉。

2. 受《江苏省太湖水污染防治条例》（下简称"《太湖条例》"）的影响，印染企业的生产与发展受到了较大限制，原来的老厂房设备都很陈旧，再过些年，企业只能倒闭，希望通过搬入园区完成企业的设备更新与产业升级。目前，浙江的印染行业整体上的发展态势高于W地区。印染行业作为W地区的支柱型产业之一，将零散的印染企业进行集中管理有利于提高地区整体的印染产业的竞争实力。

二、入园的困难

针对能否入园、什么时候入园、如何入园、入园后如何经营，印染企业的代表也表达了目前的难处。

一方面，企业主希望项目是否推进能够尽快落实。早在2012年E镇政府就通知企业要搬迁，但目前产业园区项目仍没有得到上级政府的批示。项目能不能办、该怎么办都是未知数，目前没有办法为搬迁早做打算，"搬和不搬应尽早有定论，不能过一天算一天""在项目落实之前，政府和企业的接洽没有实质性的意义"。

另一方面，一旦项目获批，企业代表希望能够政府能够在以下五个方面满足他们的要求：

1. **整体发展政策方面**：第一，《太湖条例》很大程度上限制了印染产业的发展。与没有受到条例规制的浙江地区的印染企业相比，W的印染企业整体缺乏优势。面对越来越高的环保要求，怎么样管理、升级产业才是重点，而不是一刀切管死，"如果有机会修改太湖条例，还是希望E镇、W政府能够争取，把条例的内容改动得更科学一些"，使得条例的内容对W地区印染产业的发展更加宽容、更加有利。第二，搬迁入园后，政府能够从发展的角度出发，扶持印染产业的发展，创建公平竞争的平台。"印染是纺织中间的重要一环，缺了 E 镇的纺织产业链就不完整"，"不能搬进去之后就让企业自生自灭，条件不能太苛刻，入园以后要让企业做强做大"。第三，政府政策能够稳定，不要朝令夕改。市场经济的环境下，改进是企业自身都能做得好的。政策变来变去，"锅炉今年造了明年拆"极大地增加企业的运营成本。

2. 入园土地指标方面：从整体上来说，印染企业均不希望入园后获得的土地指标小于目前经营面积。针对具体的指标方案，有企业代表提出了以下几种不同的看法：① 得到的土地面积不要缩水，能够满足生产要求；② 实行土地置换；③ 能够按照实际排污量的标准分配土地。

3. 入园建设标准方面：园区建设方面，不建议为了节约土地指标而采取浙江的"向上发展"模式，将车间建成高层很容易给印染产业的生产带来极大的安全隐患。

4. 搬迁和建设补贴方面：一方面，企业也希望政府能够进一步明确入园的要求标准并传达到位，如需要进行更新换代的设备类型等；另一方面，印染企业均希望政府能够在搬迁过程中给予更多的优惠政策，"搬进去最好不要让我们自己再出钱""搬过去如果设备能够更新，自己不用贴很多钱，那肯定是愿意的，如果要自己到银行去举债搬迁，那肯定是不太愿意的"。

5. 入园奖励性政策方面：企业代表认为，搬入产业园区后，政府对企业生产运营的标准提高了，企业的运转成本也会相应地增加。希望政府能应对 W 的印染行业加以扶持，对入园企业也应给予一些优惠待遇，如折扣用水、用电、用气，完善园区内设施建设等。对于入园和没有入园的印染企业，代表们希望政府能够做到同等对待，避免因为园区内外企业间生产成本的差距而影响到企业自身经营的利益。如果要求满足不了，企业还是希望政府能够抱着发展的眼光在企业生存经营与令行禁止之间找到一个平衡点。

综上所述,24家印染企业从长远发展的角度考虑均表示愿意支持纺织循环经济产业园的建设并搬迁入园。但在具体落实搬迁的过程中交织了过多的利益,对政府工作也相应地提出了更多的要求,这是在产业园项目后续推进中所必须重视解决的问题。